Dave Francis, Don Young · Mehr Erfolg im Team

■**WIND**MÜHLE

MEHR ERFOLG IM TEAM

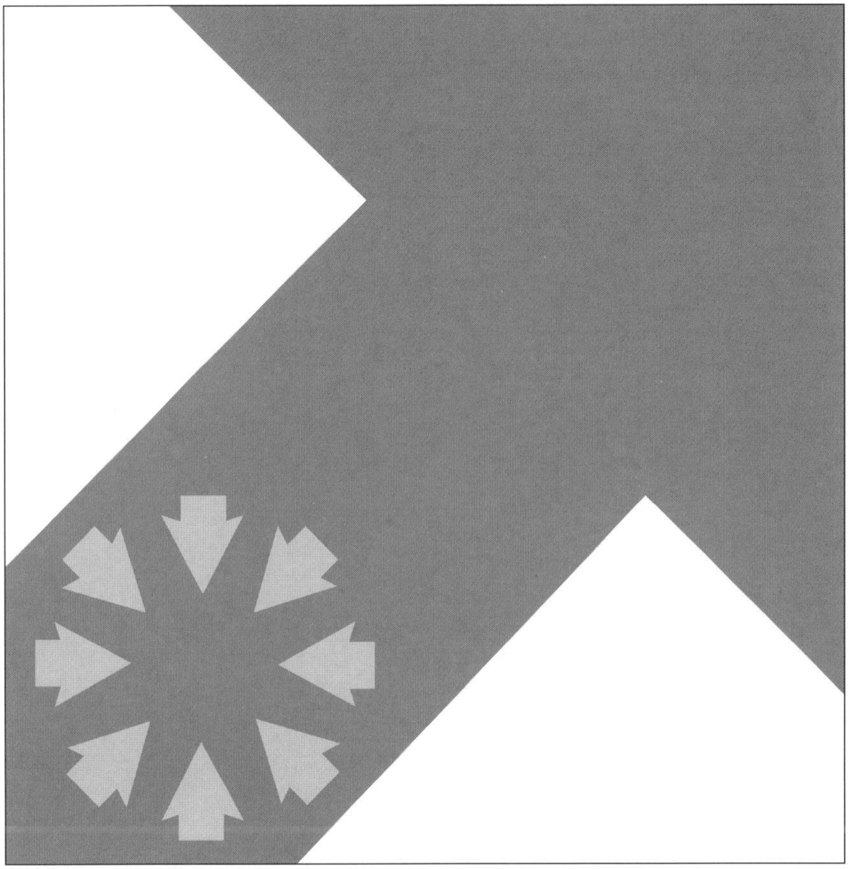

Dave Francis · Don Young

Aus dem Amerikanischen übersetzt
von Hermann Weber

Ein Trainingsprogramm mit 46 Übungen
zur Verbesserung der Leistungsfähigkeit
in Arbeitsgruppen

WINDMÜHLE

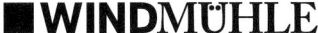

Titel der Originalausgabe:
Improving Work Groups
A Practical Manual for Team Building
University Associates Inc.
8517 Production Avenue, P. O. Box 26240
San Diego, CA 92126, USA

ISBN 978-3-937444-11-6

Alle Rechte vorbehalten
Das Werk und seine Teile sind urheberrechtlich geschützt. Jede Nutzung bedarf der schriftlichen Zustimmung des Verlages. Nachdrucke, Fotokopien, elektronische Speicherung oder Verbreitung sowie Bearbeitungen – auch auszugsweise – sind ohne diese Zustimmung verboten! Verstöße können Schadensersatzansprüche auslösen und strafrechtlich geahndet werden.

Copyright © 1979 by International Authors, B. V.
4., unveränderter Nachdruck 2013
Über alle Rechte der deutschen Ausgabe verfügt:
WINDMÜHLE VERLAG GmbH
Postfach 73 02 40
22122 Hamburg
Telefon +49 40 679430-0
Fax +49 40 67943030
info@windmuehle-verlag.de
www.windmuehle-verlag.de

Satz und Gestaltung: FELDHAUS VERLAG, Hamburg
Übersetzung: Hermann Weber
Druck und Verarbeitung: WERTDRUCK, Hamburg

Bibliografische Information der Deutschen Nationalbibliothek
Die Deutsche Nationalbibliothek verzeichnet diese Publikation in der Deutschen Nationalbibliografie; detaillierte bibliografische Daten sind im Internet über http://dnb.d-nb.de abrufbar.

Inhaltsverzeichnis

Vorwort 9

Einleitung 11

Kapitel 1 *Von der Gruppe zum Team – Die Entwicklung* 13

1.1	Gebrauchsanweisung	15
1.2	Teamtraining: Was – Warum – Wie?	18
1.2.1	Was ist ein Team?	18
1.2.2	Was heißt Teamtraining?	20
1.2.3	Warum Teamtraining?	24
1.2.4	Wie startet man das Teamtraining?	31
1.2.5	Der Ablauf des Teamtrainings	35
1.3	Der Berater im Teamtraining	44

Kapitel 2 *Der Fragebogen zum Teamaufbau – Die Diagnose* 51

2.1	Die Anwendung des Fragebogens	53
2.2	Der Fragebogen zum Teamaufbau	55
2.3	Die Auswertung des Fragebogens	62

Kapitel 3 *Die zwölf Teamverstärker* 71

Teamverstärker I: Führung	76
Teamverstärker II: Qualifikation	80
Teamverstärker III: Engagement	83
Teamverstärker IV: Klima	85
Teamverstärker V: Leistungsniveau	90
Teamverstärker VI: Rolle in der Organisation	92
Teamverstärker VII: Arbeitsmethoden	95
Teamverstärker VIII: Organisation	102
Teamverstärker IX: Kritik	106
Teamverstärker X: Persönliche Weiterentwicklung	110
Teamverstärker XI: Kreativität	116
Teamverstärker XII: Beziehungen zu anderen Gruppen	123

Kapitel 4 Die Übungen — 129

4.1	Die Instrumente des Teamtrainings	131
4.1.1	Planung	131
4.1.2	Anwendung	133
4.2	Aktivitätenindex	135
4.3	46 Übungen	144

1. Feedback-Kommunique — 144
2. Planung eines Teamtrainings — 148
3. Vorbereitung einer informellen Sitzung — 150
4. Checkliste: Beratung und Beurteilung — 152
5. Der Sin-Obelisk — 157
6. Die Phasen der Gruppenentwicklung — 160
7. Führungsprofil — 162
8. Der beste Chef, den ich kenne — 166
9. Verteilte Rolle — 168
10. Wunschzettel — 170
11. Talent-Bilanz — 172
12. Das neue Mitglied — 176
13. Team zu verkaufen! — 177
14. Das Spaßmachometer — 179
15. Weißer Fleck — 182
16. Konklave — 183
17. Der Fall Ulrich Bohn — 185
18. Fragebogen zum Gruppenklima — 188
19. Signale — 191
20. Verschüttet! — 193
21. Leistung und Kontrolle — 199
22. Die Erfolgskurve — 201
23. Rostopschin — 203
24. Standortbestimmung — 205
25. Orgavigation — 206
26. Auf Herz und Nieren — 209
27. Wie gut sind Ihre Sitzungen? — 211
28. Weg-Ziel-Analyse — 213
29. Problemlösungsinventar — 216

30.	Ziele und Vorsätze	218
31.	Kommunikation im Team	220
32.	Startschuss	221
33.	Entscheidungstypen	224
34.	Neigungen und Abneigungen	228
35.	Leistungsbilanz	230
36.	Neue Karrieren	232
37.	Ich soll – soll ich?	234
38.	Checkliste für Führungskräfte	236
39.	Das Beratungsgespräch	242
40.	Brainstorming	244
41.	Kreativer Wandel	246
42.	Werbefunk	248
43.	Spiegelbild	249
44.	Einflusssphären	250
45.	Wolkenkuckucksheim	252
46.	Cartoon-Time	254

Vorwort

Es ist mir ein besonderes Vergnügen, einige einleitende Worte zu diesem Buch von Dave Francis und Don Young zu schreiben. Mit beiden habe ich intensiv zusammengearbeitet, und ich teile viele ihrer Ansichten und Prinzipien über die Arbeit mit Gruppen. Aus persönlicher Erfahrung weiß ich, dass Dave und Don großes Geschick darin besitzen, die Leistungsfähigkeit von Organisationen mit einfachen Methoden entscheidend zu verbessern, und diese Methoden sind in dem vorliegenden Buch »Mehr Erfolg im Team« sehr eindrucksvoll beschrieben. Außerdem ist dieses Buch eine Ergänzung zu »Unblocking Your Organization« (University Associates 1979), einer revidierten Fassung von »People at Work: A Practical Guide to Organization Change«, das ich mit Dave zusammen verfasst habe.

Doch das ist nicht der Grund, weshalb ich Ihnen dieses Buch empfehle. Vielmehr stimme ich mit den Autoren darin überein, dass ein Leitfaden zum Aufbau von leistungsfähigen Teams notwendig und seit langem überfällig ist, und ich glaube, dass das Buch dieses Thema umfassend abdeckt. Erfolgreiche Organisationen zeichnen sich mehr und mehr dadurch aus, dass ihre Mitarbeiter die Fähigkeit zu wirksamer Kooperation besitzen. Der Leser, der einen solchen Prozess auslösen will, findet in diesem Buch eine reiche Auswahl an Ideen und praktischen Erläuterungen.

Ich hoffe, Sie finden »Mehr Erfolg im Team« genauso anregend, amüsant und hilfreich wie ich.

Mike Woodcock
Organizational Consultant and Managing Director
University Associates of Europe

Einleitung

Die Leistungsfähigkeit eines Unternehmens hängt weitgehend davon ab, wie gut die Zusammenarbeit zwischen den einzelnen Abteilungen und zwischen den einzelnen Mitarbeitern klappt. Aus diesem Grund geben viele Unternehmen viel Geld für Teamarbeit-Trainings aus. Diese Aktivitäten haben uns eine Menge Kenntnisse über Gruppenprozesse eingebracht, die sich auf jede Organisationsform übertragen lassen.

Wir haben versucht, unsere Erfahrungen hier zusammenzutragen. Das in diesem Buch beschriebene Teamtraining ist also in vielen verschiedenen Organisationen bereits erprobt worden, sowohl in kommerziellen Unternehmen als auch in Sportvereinen, kirchlichen Institutionen und Behörden. Wir wollen Sie dazu ermuntern, kreativ mit diesen Trainingsmethoden umzugehen und sie auch auf neue Gebiete zu übertragen. Denn dieses Buch kann tiefgreifende Veränderungen in einem Unternehmen bewirken.

Einer unserer Freunde bemerkte einmal über ein großes multinationales Unternehmen: »Das Mysteriöse an dieser Firma ist die Kunst, mit der sie Durchschnittsmanager zu einer überdurchschnittlichen Leistung bringt.« In dieser Aussage steckt eine tiefe Weisheit. Der Mann hatte einen geheimnisvollen »Geist« in den Teams entdeckt, der die Mitglieder anspornt. Wir hoffen, dass Sie sich mit uns zusammen auf die Suche nach diesem »Geist« machen werden. Wie eine Heirat ist auch die Entwicklung zum Team eine verheißungsvolle, aber risikoreiche Sache. Sie stellt hohe Anforderungen an alle Beteiligten. Jeder, der sich auf diesen Prozess einlässt, muss sich für neue Ideen und Erfahrungen öffnen. Nur die Bereitschaft, eingefahrene Verhaltensgleise zu verlassen und neue Beziehungsmuster aufzubauen, kann diesen Versuch gelingen lassen.

Die Beschäftigung mit den Tätigkeiten und Verhaltensweisen des Teams muss sehr vorsichtig vonstatten gehen. Wenn Sie sich für diesen Weg entscheiden, dann kann das Buch eine konstruktive, dauerhafte und kreative Änderung im Leben Ihrer Gruppe hervorrufen.

Wir haben das Buch für Leute geschrieben, die »an der Front« stehen. Deshalb haben wir versucht, unsere Gedanken ohne Umschweife und verständlich zu formulieren. Sie werden also vergeblich nach Sätzen suchen wie: »Die kritische Evaluation der relevanten Laborexperimente führt in einer provisorischen Approximation – respektive supplementärer Resultate – zu folgender Präliminarhypothese...«

Trotzdem haben wir die für die Praxis wichtigen Ergebnisse der neuesten Forschung berücksichtigt, und unser Programm stimmt auch, soweit wir wissen, mit den laufenden Forschungen in den Sozialwissenschaften überein.

Bücher zum Teamtraining gibt es viele. Ein praktischer Leitfaden ist jedoch selten. Wir hoffen, dass das vorliegende Werk diese Forderung erfüllt und Sie ermuntert, etwas Neues zu wagen.

Danksagung

Viele Menschen aus Forschung und Praxis haben an diesem Buch mitgewirkt. Besonders dankbar sind wir den Leuten vom Fach: Peter Samuel, John Haipin, Bob Rogers, Pat Maule, Alan Savage, Mick Crews und Bret Medlam, außerdem Bill Pfeiffer, John Jones, Roger Harrison und Barry Goldfield, deren Gedanken hier mit eingeflossen sind. Eine erste wertvolle Anregung waren uns die von E. R. Danzig und E. C. Nevis entwickelten Trainingsprinzipien. Wir danken auch unserer Herausgeberin Phyllis Russell, die unseren Text überarbeitete, unseren Gedankenfluss ordnete und sich mit unserer britischen Ausdrucksweise herumschlagen musste. Das Buch ähnelt in seinem Aufbau dem Werk »Unblocking Your Organization«; dabei wollen wir dankbar den wichtigen Beitrag von Mike Woodcock anerkennen. Eine weitere Kollegin, Celia Palfreyman, versorgte uns mit vielen Ideen und Tipps, die uns eine große Hilfe waren. Dank schulden wir auch Maureen Young, Pauline Wyatt-Ingram, Lois Kelly und Shirley Jackson für Manuskript, editorische Arbeit und allgemeine Betreuung. Für Fehler und Irrtümer sind natürlich einzig und allein die Autoren verantwortlich.

Zum Schluss laden wir Sie ein, liebe Leser, uns mitzuteilen, wie Sie dieses Buch in der Praxis einsetzen. Ihre Briefe können Sie direkt an den Windmühle Verlag in Hamburg richten, der Ihre Anregungen an uns weiterleiten wird.

Dave Francis, Don Young
Richmond, Surrey, England

Kapitel 1
Von der Gruppe zum Team – Die Entwicklung

1.1 Gebrauchsanweisung

Dieses Buch ist ein praktischer Leitfaden für all diejenigen, die das Leistungs- und Kreativitätspotenzial einer Gruppe voll ausschöpfen wollen. Es ist ein Buch über Teams, denn Teams kann man gezielt aufbauen. Und die Fähigkeit, diesen Prozess in Gang zu setzen, kann man sich ebenfalls aneignen. Wir haben diesen Leitfaden in Programmschritte gefasst, die dem Leser helfen, sich die Fertigkeiten für den Aufbau eines leistungsfähigen Teams zu erwerben.

Der Gruppenleiter

Das Buch »Mehr Erfolg im Team« wendet sich an die Personen, die sich in der Praxis damit beschäftigen, die Leistungsfähigkeit von Gruppen zu verbessern. Das können einzelne Gruppenmitglieder sein, gewöhnlich ist es aber der Gruppenleiter. Dieser Gruppenleiter spielt eine wesentliche Rolle beim Aufbau eines Teams. Wir sehen in dieser Methode einen besonderen Führungsstil, bei dem es nicht darum geht, das Potenzial einer Gruppe zu beherrschen wie ein Puppenspieler seine Marionetten, sondern es voll und ganz zur Entfaltung kommen zu lassen. Denken Sie einmal einen Moment an Ihren eigenen Führungsstil. Sehen Sie sich in Ihrer Tätigkeit eher als Konstrukteur oder als Kontrolleur? Wie konsequent halten Sie an Ihrer Auffassung fest? Solche Fragen werden Ihnen helfen zu beurteilen, ob diese Art der Zusammenarbeit Ihrem persönlichen Führungsstil entspricht. Die Führung einer Gruppe bedeutet keinen bequemen Anspruch oder billigen Verzicht auf Verantwortung. Sie steht im Widerspruch zum »Schachfigurenstil« in der Politik, in der Manipulation und subtile Kontrolle gefragt sind. Der Gruppenleiter muss eine Vertrauensbasis schaffen und Fortschritte riskieren, indem er versucht, vorhandene Energiequellen zu erschließen und Kräfte nutzbar zu machen.

Unsere Voreingenommenheit und Ihre Vorlieben

Dieses Buch ist parteiisch. Es spiegelt unsere Überzeugung wider, dass die Teamarbeit eine wichtige, zeitgemäße, humane und erfolgreiche Form der Arbeitsbewältigung darstellt. Wir sehen in ihr einen konstruktiven Weg, um die Organisation von morgen zu führen und die Kräfte derer, die darin arbeiten, zu vereinen. Wir wollen Sie einmal darum bitten, beim Lesen dieses Buches auf Ihre eigenen Reaktionen zu achten; manchmal werden Sie beifällig mit dem Kopf nicken, manchmal werden Sie stirnrunzelnd Ihr Missfallen äußern. Solche Informationen können Ihnen eine Hilfe sein, denn sie offenbaren Ihnen Ihre Vorlieben und machen es Ihnen möglich, Ihren Standpunkt zu erkennen.

Kapitel 1 *Von der Gruppe zum Team – Die Entwicklung*

Der Aufbau des Buches

Die etwas ungewöhnliche Struktur dieses Buches verbindet theoretische Erklärungen mit praktischem Handwerkszeug, das Sie für den Aufbau eines Teams benötigen.

Die Tabelle soll Ihnen diese Struktur verdeutlichen.

	Funktion	Inhalt
Teil 1	Verständnis wecken für die Prozesse, die beim Aufbau eines Teams ablaufen	Was ist ein Team? Warum werden Teams gebildet? Wie werden Teams gebildet? Wer bildet Teams?
Teil 2	Beurteilung der eigenen Gruppe	Fragebogen zum Teamaufbau
Teil 3	Beschreibung der charakteristischen Merkmale von erfolgreichen Teams	Zusammenstellung der zwölf wichtigsten Bereiche
Teil 4	Aufbau des eigenen Teams	46 Übungen zur Verbesserung der Leistungsfähigkeit Ihrer eigenen Arbeitsgruppe

Teil 1

Wir beginnen mit einer etwas vereinfachten Darstellung gruppendynamischer Prozesse. Unser Ziel dabei ist es, Ihnen durch ein theoretisches Fundament den Einstieg zu erleichtern. Teil 1 vermittelt Grundregeln und macht auf einige Gefahren aufmerksam. Gegen Ende des ersten Teils gehen wir vom Allgemein-Grundsätzlichen über zur praktischen Anwendung und fordern Sie auf, das Augenmerk auf Ihre eigene Gruppe zu richten.

Teil 2

Der »Fragebogen zum Teamaufbau« soll Ihnen helfen, die Stärken und Schwächen in Ihrer Gruppe herauszufinden. Sie erhalten damit mehr gültige Informationen als mit jedem anderen Verfahren.

Teil 3

Nach der Begutachtung der eigenen Gruppe können Sie zum Teil 3 weitergehen. Sie erschließen hier eine Vielzahl von erlernbaren Fähigkeiten, die es den Gruppenmitgliedern ermöglicht, erfolgreich Probleme zu lösen.

Teil 4

Der Teil 4 enthält Übungen zur Verbesserung der Leistungsfähigkeit Ihrer eigenen Arbeitsgruppe. Dies ist sozusagen Ihr Werkzeugkasten. Jede Übung ist ein Experiment mit Anleitungen, eine strukturierte Erfahrung, auf die Sie sich mit Ihrer Gruppe einlassen können. Die Übungen sind detailliert beschrieben, und wenn Sie schrittweise vorgehen, dürfte der Einsatz der meisten Aktivitäten ohne fremden Beistand möglich sein.

Der Aufbau eines Teams

Die in diesem Buch beschriebenen Prozesse sollen Systematik und Kontrolle in den Aufbau eines Teams bringen. Doch erwarten Sie nicht, dass durch ein vorstrukturiertes Programm die Entwicklung Ihres Teams völlig berechenbar und voraussagbar wird. Vielmehr gibt es Entwicklungssprünge und scheinbare Rückschläge, manchmal kommen neue Erkenntnisse wie vorgesehen, und manchmal werden selbst die sorgfältigst ausgearbeiteten Pläne zur Makulatur. Aus diesem Grund empfehlen wir, das »Stützkorsett« der Planung nicht zur »Zwangsjacke« werden zu lassen. Die Erfahrungen der Gruppe können als Maßstab für das eigene Verhalten und für die Beurteilung künftiger Entwicklungsmöglichkeiten dienen. Verlassen Sie sich dabei auf Ihre Intuition genauso wie auf Ihre Fähigkeiten. Mit Hilfe dieses Buchs können Sie einen Prozess in Gang setzen und fortführen, doch für den Erfolg brauchen Sie noch mehr – z. B. Ihren persönlichen Einsatz, Ihr Verständnis und Ihr Talent.

1.2 Teamtraining: Was – Warum – Wie?

Teamarbeit ist ein Arbeitsstil, mit dem Sie den Schatz an kollektiven Fähigkeiten und Kräften, der in Ihrer Gruppe schlummert, heben können. Dieser Ansatz spielt in der heutigen Zeit eine wichtige Rolle. Viele Unternehmen sehen sich einer komplizierten, verwirrenden Außenwelt und einer lethargischen, konfliktreichen Innenwelt gegenüber. Viele Führungskräfte in solchen Organisationen sind auf der Suche nach einer »Arbeitsmoral«, die zugleich Leistung garantiert und die Interessen der Mitarbeiter berücksichtigt. Auf diese Situation ist das Teamtraining, wie es in diesem Buch beschrieben ist, zugeschnitten. Damit haben Sie ein vielseitig verwendbares Instrumentarium in der Hand, das auf die Weiterentwicklung der Persönlichkeit durch die Erfahrung am eigenen Leib abgestimmt ist und zum Experimentieren anregt. Obwohl Vorgesetzte gern die Worte »Team« und »Teamarbeit« verwenden, gebrauchen sie diese Begriffe oft in einer verschwommenen Bedeutung. Es ist darum wichtig, sich über die Merkmale und Vorzüge des Teams Klarheit zu verschaffen.

1.2.1 Was ist ein Team?

Im Rahmen der Vorarbeiten für dieses Buch haben wir eine große Zahl von Führungskräften gebeten, aus ihrer eigenen Erfahrung heraus zu definieren, wodurch sich ein erfolgreiches Team auszeichnet. Die Befragung ergab zwei Merkmale, die fast einhellig genannt wurden:
- Erfolgreiche Teams vollbringen außerordentliche Leistungen auch unter schwierigen Bedingungen.
- Die Mitglieder fühlen sich für die Arbeit des Teams verantwortlich, und sie erörtern offen alle Probleme, die ihnen im Weg stehen.

Diese Führungskräfte hatten erkannt, dass ein erfolgreiches Team geschickt die besonderen Fähigkeiten der Individuen mit einem konstruktiven Teamgeist zu verbinden weiß. Deshalb ist ein Team mehr als die Summe seiner Mitglieder. Es ist zu einem gewissen Teil ein emotionales Wesen, das im Fühlen wie im Denken seiner Mitglieder verwurzelt ist und auf dessen Wohlbefinden die Mitglieder besondere Sorgfalt verwenden.

Mehr wissenschaftlich betrachtet, ist ein Team eine Gruppe von Menschen, doch nicht jede Gruppe von Menschen erweist sich als ein Team. Es kommt vor, dass ein Einzelner eine Arbeitsgruppe dazu missbraucht, sich darin zu verstecken oder seine persönlichen Ziele zu verfolgen. Es soll auch Projektgruppen geben, in denen jeglicher Ansatz von Kreativität im Keim erstickt und jede Entscheidung abgewürgt wird. Viele Vorgesetzte beklagen sich zu Recht darüber,

dass ihre Sitzungen »eine bizarre Mischung aus Stumpfsinn, Zeitverschwendung und hirnrissigen Entscheidungen« sind.
Gelegentlich trifft man auf eine außergewöhnliche Gruppe, die Pflichtbewusstsein und Leistungsfähigkeit mit den Zielen ihres Unternehmens in Einklang zu bringen versteht. Ihr verleihen wir das Prädikat »Team«.

Merkmale eines erfolgreichen Teams

Es kann nützlich sein, die besonderen Merkmale eines Teams genauer zu untersuchen. Diese Kennzeichen heißen; Leistung, Ziele, Dynamik, Struktur und Klima.

Leistung:
Der Prüfstein eines jeden Teams ist seine Leistungsfähigkeit. Ein Team ist imstande, Leistungen zu erzielen, die die Mitglieder für sich allein niemals fertigbringen würden. Ihre persönlichen Stärken vereinen sich im Team und kreieren ein Produkt, das mehr als die Summe der Einzelbegabungen darstellt.

Ziele:
Jedes Team braucht ein Hauptziel, das seine Mitglieder kennen, mit dem sie einverstanden sind und das ihnen erstrebenswert erscheint. Dieses Ziel eines Teams bezeichnen wir als seinen »Auftrag«. Daneben gibt es persönliche Ziele, die zu erreichen das Team und jedes Mitglied ein besonderes Interesse haben. Richtung und Stärke eines hochentwickelten Teams sind abhängig vom Einverständnis der Mitglieder über das Hauptziel und von ihrer Bereitschaft, ihre persönlichen Ziele in den Dienst des Hauptziels zu stellen.

Dynamik:
Die Mitglieder eines Teams spornen sich gegenseitig an. In der Gemeinschaft fühlen sie sich wohler, und sie merken, dass die gemeinsame Arbeit ihre Kraft und ihre Freude immer wieder aufs Neue belebt. Zur Beschreibung dieses einzigartigen Energiepotenzials einer Gruppe wurde das Wort »Synergie« geprägt. Man kann es in der mathematisch zwar fragwürdigen, psychologisch aber richtigen Gleichung $2 + 2 = 5$ ausdrücken. Ein Team ist seiner Qualität und seiner Leistungsfähigkeit nach mehr als die Summe seiner Mitglieder. Es hat die Fähigkeit der Synergie, einer kollektiven Dynamik, die gezielt aufgebaut und nutzbar gemacht werden kann.

Struktur:
Ein hochentwickeltes Team hat die kniffligen Probleme wie Kontrolle, Führungsansprüche, Arbeitsstil, Organisation und Rollenverständnis geregelt. Die Struktur des Teams ist genau abgestimmt auf die zu lösende Aufgabe; individuelle Fähigkeiten und Teilaufgaben werden ohne viele Worte sinnvoll koordiniert.

Teammitglieder mit Führungsansprüchen haben gelernt, Rücksicht aufeinander zu nehmen und Feindseligkeiten, Konkurrenzdenken und Aggressionen aus dem Teamleben zu verbannen. Das Team hat es geschafft, flexibel, einfühlsam, methodisch und zielbewusst zu arbeiten.

Klima:
Jedes Team entwickelt seinen besonderen Geist. Er bewirkt Offenheit zwischen den Mitgliedern und gegenseitige Freude und Ermunterung. Die Mitglieder identifizieren sich mit dem Team; Erfolg oder Misserfolg überträgt sich auf ihre Stimmung, und sie werden mit ganzer Kraft die Interessen ihres Teams zu wahren suchen. In einem Team herrscht ein Klima, in dem die Mitglieder Vertrauen zueinander fassen, persönliche Schwierigkeiten offen besprechen und bereit sind, Risiken einzugehen.

Definition eines Teams

Auf der Grundlage unserer bisherigen Analyse können wir ein Team folgendermaßen definieren: Ein Team ist eine aktive Gruppe von Menschen, die sich auf gemeinsame Ziele verpflichtet haben, harmonisch zusammenarbeiten, Freude an der Arbeit haben und hervorragende Leistungen bringen. Nach dieser Definition besteht ein Team also aus Menschen, die eine enge Beziehung miteinander eingehen, um ihre Ziele zu erreichen. Dies setzt eine natürliche Begrenzung ihrer Mitgliederzahl voraus, und in der Praxis wird man auch selten ein Team finden, das mehr als neun Mitglieder umfasst.

Allerdings kann man einige Qualitäten der Teamarbeit auch auf bedeutend größere Gruppen übertragen. Eine Abteilung oder sogar ein ganzes Unternehmen können das Teammodell zu ihrem Führungsprinzip erheben. Wenn es einmal eingeführt und eingefahren ist, erkennen die Leute bald, dass man neue Teams formieren kann, wie es die Situation gerade erfordert, und sie werden versuchen, das Teammodell auch außerhalb ihres eigenen »Abteilungszauns« einzuführen. Ein ganzes Unternehmen kann auf diese Weise zu einem riesigen Team werden.

1.2.2 Was heißt Teamtraining?

Lernen wird allgemein als ein individueller Vorgang angesehen. Das stimmt nicht ganz. Auch Kollektive können lernen, und ihre Fähigkeiten sind ihr gemeinsames Eigentum. Sie brauchen sich nur eine Bundesligamannschaft oder eine Astronautencrew anzuschauen, um hochqualifizierte »Teamfähigkeit« zu erleben. Den Prozess, bewusst und gezielt ein Team aufzubauen, nennen wir Team-

training. Dieser Begriff ist sehr sinnvoll, weil darin zum Ausdruck kommt, dass etwas eingeübt wird, verschiedene Aufbauphasen durchläuft und eine gewisse Zeit bis zur Vollendung benötigt. Wir haben den schwer definierbaren, aber wichtigen Prozess des »kollektiven Lernens« erwähnt. Er bildet den Kern des Teamtrainings. Eine Gruppe soll auf folgende sieben Fragen Antwort geben können:
1. Was ist unsere Aufgabe?
2. Wie sollen wir uns organisieren?
3. Wer hat die Verantwortung?
4. Wer kümmert sich um unseren Erfolg?
5. Wie lösen wir Probleme?
6. Wie passen wir zu den anderen Gruppen?
7. Welche Vergünstigungen genießen die Mitglieder in der Gruppe?

Diese Fragen werden nun nicht nacheinander abgearbeitet, sondern immer dann erörtert, wenn sie die Weiterentwicklung der Gruppe behindern; aus der erfolgreichen Bearbeitung eines solchen Problems geht die Gruppe gestärkt hervor. Wenn die Sache nicht bereinigt wird, fällt die Gruppe auf eine frühere Entwicklungsstufe zurück.
Teamtraining erfordert so lange die konsequente Auseinandersetzung mit allen Widerständen, die den Fortschritt der Gruppe behindern, bis sie zu einem funktionsfähigen Team geworden ist. Der Grundgedanke des »Überwindens von Widerständen« (ausführlich in den folgenden Kapiteln behandelt) bildet den zentralen Ansatz des Teamtrainings. Ein weiterer wichtiger Gedanke kommt in dem Wort »überwinden« zum Ausdruck, denn das Überwinden von Widerständen braucht Zeit und Mühe.

Phasen des Teamtrainings

Gruppen unterliegen einem Wachstumsprozess, den man beobachten und beschreiben kann, wenn auch die Entwicklungsphasen einer Gruppe nicht so streng evolutiv ablaufen wie die Metamorphose der Puppe zum Schmetterling. Dafür ist die Variationsbreite menschlichen Verhaltens zu groß. Trotzdem kann man eine deutliche Gesetzmäßigkeit erkennen, wenn eine lockere Gesellschaft von Individuen den Hindernisparcours des Teamtrainings durchläuft und als Team durchs Ziel geht.

1. Testphase

Menschen reagieren sehr verschieden auf die Herausforderung durch die Begegnung mit neuen Kollegen. Manche sind ängstlich, bekommen feuchte Hände und trockene Lippen. Andere sind lebhaft und freuen sich auf die Chance eines edlen Wettstreits oder auf neue Anregungen. Wieder andere ziehen sich zurück, sind grantig, wollen Aufmerksamkeit erregen oder murren. Die Zahl der möglichen Konstellationen ist unendlich. Auf dieser Basis beginnt sich ein Team zu formen. Anfangs versuchen die Mitglieder, ihre Position innerhalb der Gruppe zu finden. Sie fahren ihre psychologischen Antennen voll aus und richten sie auf die subtilen nichtverbalen Signale, die sie untereinander aussenden. Jeder will für sich die Frage beantworten: »In welcher Beziehung stehe ich zu dieser Gruppe?« Jedes Mitglied hat seine eigene, fest eingefahrene Methode, um mit den anderen in Kontakt zu kommen. Manche sind anfangs sehr zurückhaltend und spielen den Beobachter, bis sie einen günstigen Moment entdecken, während andere sofort loslegen und ein Feuerwerk von Liebenswürdigkeiten abbrennen. Wenn ein Team sich zu etablieren beginnt, wird der Kontakt und der Meinungsaustausch immer intensiver. Die Mitglieder wollen vieles übereinander erfahren: Einstellungen, Werthaltungen, Arbeitsstil und die Kontaktbereitschaft des anderen. Diese Testphase dauert so lange, bis jedes Mitglied eine Aussage darüber gemacht hat, wie es seine Rolle im Team sieht, in diesem Stadium handelt das Team scheinbar effektiv, weil es sich vorwärts bewegt und so etwas wie »freundliche Kollegialität« entwickelt. Doch ist dieses Verhältnis leider nur oberflächlich, denn die Mitglieder folgen damit nur Einstellungen und Verhaltensweisen, die sie schon vor Beginn des Teamtrainings gelernt haben. Ein Team sollte jedoch seine Mitglieder so weit gebracht haben, dass sie einen tieferen Zugang zueinander finden. Als Folge davon dürfte die anfängliche Zurückhaltung der Mitglieder verschwinden, und realistischere Verhaltensmuster dürften in den Vordergrund treten.

2. Nahkampfphase

Zum Wachstumsprozess eines Teams gehört zwangsläufig, dass die Mitglieder Beziehungen zueinander aufbauen, um sich Macht und Einfluss zu verschaffen. Sie gehen Bündnisse miteinander ein, und bestimmte Mitglieder bilden sich als Kristallisationspunkte heraus. Der Teamchef genießt eine besondere Autorität, weil dem Unternehmen die Wichtigkeit seiner Funktion bekannt ist. Doch muss er seine besondere Position auch rechtfertigen. Die Gruppenmitglieder beobachten und bewerten das Verhalten des Chefs, und entweder erkennen sie seine Führung an, oder sie finden geschickt Mittel und Wege, sie zu unterlaufen.
In dieser Phase muss sich die Gruppe entscheiden, wie sie zusammenarbeiten will. Leider passiert dies viel zu häufig in Form von versteckten Andeutungen und kaum einmal in einem offenen und klaren Gespräch. Im Grunde genommen hängt dieser Prozess mit dem Problem der Kontrolle zusammen. Drei Fragen stehen im Vordergrund:
1. Wer übt Kontrollfunktionen aus?
2. Wie werden Kontrollfunktionen ausgeübt?
3. Was geschieht mit denen, die gegen die Gruppenregeln verstoßen?

Auf jede dieser Fragen muss die Gruppe eine Antwort finden, wenn sie sich weiterentwickeln will; die Möglichkeit der »Flucht nach vorne« gibt es nicht. Die Gruppe muss sich den anstehenden Schwierigkeiten stellen oder aber sie geschickt umgehen. Mancher Gruppe gelingt es nicht, das Problem der Kontrolle befriedigend zu lösen. Es steht immerfort drohend im Raum, und der scheinbare Fortschritt der Gruppe steht auf tönernen Füßen.

3. Organisierungsphase

Wenn das Problem der Kontrolle zur Zufriedenheit erledigt ist (für den Augenblick zumindest), kann sich die Gruppe mit neuer Kraft in die Arbeit stürzen. Die Mitglieder wollen jetzt miteinander arbeiten und sind daran interessiert, die Gruppe funktionsfähig zu machen, in dieser Phase braucht die Gruppe die Unterstützung und das Engagement aller Mitglieder. Wenn dieses Engagement fehlt und jeder weiterhin seine eigene Suppe kocht, kann die Gruppe sich nicht weiterentwickeln. Die Mitglieder messen die Qualität ihrer Gruppe an der Exaktheit der Arbeit, sie bewerten und diskutieren die Leistungen der Einzelnen. Bezeichnenderweise verbessert sich ihre Fähigkeit des Zuhörens, und sie fangen an, die Leistungen der anderen zu respektieren. Auch bemühen sie sich mehr und mehr um Ökonomie bei der Planung und Ausführung der Arbeit. Sie entwickeln »Sprachkürzel« und verwenden beträchtliche Zeit darauf, ihre Leistungen kritisch zu prüfen und neue Arbeitsbereiche zu erschließen.
In dieser Phase muss die Gruppe lernen, mit Problemen kreativ, flexibel und effektiv umzugehen. Gelingt ihr das nicht, wird sie ewig mit Verlusten arbeiten, sich mit dem Mittelmaß begnügen und kaum danach trachten, Hervorragendes zu leisten. Es lässt sich nicht umgehen, dass die Organisierungsphase Zeit in Anspruch nimmt. Das Verständnis zwischen den Mitgliedern muss wachsen, und sie müssen Lösungsstrategien einüben, um dauerhafte »Spielregeln« zu begründen und klare Ziele festzusetzen.

4. Verschmelzungsphase

Die Mitglieder eines gereiften Teams zeigen Geschlossenheit und pflegen engen Kontakt untereinander; manchmal entstehen daraus sogar echte Freundschaften. Alle sind bereit, sich für ihre Kollegen einzusetzen, und die Freude, die sie aneinander haben, ist geradezu charakteristisch für sie.
Ein Kennzeichen für diese Phase ist auch die Zwanglosigkeit im Umgang miteinander, doch beruht sie auf der gegenseitigen Hochachtung voreinander. Es herrscht die Gewissheit, dass jeder bereit ist einzuspringen, wenn Not am Mann ist. Die Funktionen der Gruppenmitglieder sind klar festgelegt, und jeder hat seinen eigenen unverwechselbaren Beitrag zu leisten. Einem Außenstehenden wird die Geschlossenheit der Gruppe auffallen, doch knüpfen die Mitglieder auch von sich aus Kontakte zu anderen Gruppen. Sie wissen, wie schwierig es

ist, das Auftreten von Gerüchten und verzerrten Eindrücken über die Teamarbeit zu verhindern, deshalb treffen sie Maßnahmen gegen die Gefahr, dass ihre Geschlossenheit als Arroganz und Isolierungsstreben ausgelegt wird.

Das Team befasst sich auch damit, seine Aufgabe und Rolle innerhalb der Gesamtorganisation zu klären. Ein richtiges Team wird nicht dulden, dass seine Funktion überflüssig oder unklar ist; vielmehr wird es auf die anderen einwirken, die ihm zustehende Anerkennung und Unterstützung zu gewähren. Genauso wie eine diskriminierte Minderheit lernt, ihrer Stimme Gehör zu verschaffen, weiß ein Team sich das erforderliche Stehvermögen anzueignen, um seiner Sache Erfolg zu bescheren.

1.2.3 Warum Teamtraining?

Die Anforderungen der modernen Organisation

Viele Manager sehnen sich nach der guten alten Zeit zurück, als die Märkte noch relativ stabil waren, als man Probleme in Übersee noch mit der Entsendung eines Kanonenboots erledigen konnte und als die Untergebenen noch ohne Widerrede das taten, was man ihnen befahl. Damals hieß es, solide, hierarchisch gegliederte Organisationen aufzubauen, die mit der Präzision eines Uhrwerks funktionierten.

Heute sind Organisationen äußeren Einflüssen ausgesetzt, die sich laufend verändern und immer weniger berechenbar werden – Einflüssen wie nationale und internationale Politik, soziale Einstellungen, Markt- und Verbraucherverhalten und Börsentrends. Es gilt das geflügelte Wort: »Das einzig Beständige ist der Wandel«. Diese Verhältnisse wirken sich insbesondere auf den Führungsstil aus. Neben der Forderung nach schärferer Kontrolle – einer Forderung, die schon seit dem Bau der Pyramiden besteht – entstand nun das Problem, Anpassungs- und Innovationsprozesse kreativ zu steuern.

Die Manager haben eine fast verschüttete Idee wieder ausgegraben: Der einzelne Mitarbeiter ist das ausschlaggebende Moment für die Güte von Entscheidungen, Leistungen und Fähigkeiten. Der Glaube an die sakrosankten Privilegien der Hierarchien schwindet. Seit durch soziale Bewegungen immer mehr Autoritäten abgebaut werden, muss ein Management, das allgemeine Unternehmensinteressen mit individueller Motivation zu verbinden sucht, sich mehr auf das Individuum konzentrieren. Die Bedeutung des einzelnen Mitarbeiters in der Organisation wird immer größer – durch politische Veränderungen, durch den gesetzlichen Rahmen und insbesondere durch das wachsende Bewusstsein, dass jeder Mensch Entscheidungskraft und Entscheidungsfreiheit besitzt.

Der heutige Mensch ist höher gebildet, liberaler und dem Fortschritt gegenüber kritischer. Er ist weniger gewillt, sich unermüdlich abzurackern und blindlings allen Vorschriften zu folgen. Vorgesetzte waren aber schon immer von dieser Bereitschaft abhängig, wenn sie in Schwierigkeiten steckten, und daraus entstehen häufig Spannungen und Konflikte.

Am Beispiel eines Vorarbeiters möchten wir das Problem einmal aufzeigen: Der Vorarbeiter Mayer hat sich entschlossen, einen Mitarbeiter zu maßregeln, weil er schon öfters seine Pausen zu lange ausgedehnt hat. Eines Tages, als der Mitarbeiter wieder mit zehnminütiger Verspätung erscheint, kürzt ihm Mayer den Lohn um eine Viertelstunde. Der Mitarbeiter beschwert sich bei seinem Betriebsrat, der den Fall aufnimmt mit der Begründung, dass durch den schleppenden Kantinenbetrieb die Verspätung gerechtfertigt sei. Dies gehe, so argumentiert der Betriebsrat, zu Lasten der Geschäftsleitung.

Mayer, der genau weiß, dass das Zuspätkommen zu den täglichen Gewohnheiten des Arbeiters gehört, bleibt hart, denn er muss die Disziplin und die Arbeitsmoral in der Gruppe aufrechterhalten. So geht die Beschwerde ihren Weg. Jetzt fragt sich die Geschäftsleitung, die das Problem unter ökonomischen Gesichtspunkten betrachtet und Angst vor einer Betriebsaktion hat: »Lohnt es sich wirklich, die Produktion einer 20-Millionen-Dol!ar-Fabrik wegen eines Streits um fünfzehn Minuten Lohnausfall zu gefährden?« Ihre Antwort lautet nein, Mayers Entscheidung wird revidiert. Der Mitarbeiter genießt seinen Triumph, und was der Betriebsrat an Einfluss und Glaubwürdigkeit bei den Mitarbeitern gewonnen hat, das hat der Vorarbeiter Mayer verloren. Es bedarf nicht vieler solcher Vorfälle, bis der Vorarbeiter sich verraten und verkauft fühlt. Er weiß nicht mehr, was er eigentlich tun soll; er merkt lediglich, dass er seine Rolle irgendwie falsch spielt.

Die militärische Führerfigur ist heute nicht mehr der Prophet des Führungsstils in Unternehmen. Es stehen Leute an der Spitze, die Vertrauen, Offenheit, Verständnis und »partizipativen Führungsstil« predigen. Allerdings verlangt dieser neue Führungsstil mehr persönlichen Einsatz. Jeder Vorgesetzte, der den Führungsstil ohne das entsprechende Verständnis und Interesse für Menschen übernimmt, wird höchstwahrscheinlich Schiffbruch erleiden. Die Vorarbeiter, die unsere Methode des Teamtrainings einsetzen, haben eine klarere, leistungsfähigere und praxisnähere Führungsphilosophie. Das hat zur Folge, dass sie in der Lage sind, Offenheit, Engagement und Problemlösungsvermögen in ihrer Arbeitsgruppe zu fördern. Sie erörtern offen ihre Schwierigkeiten in puncto Disziplin und können so verhindern, dass diese Probleme zu einem »Wir-da-unten-gegen-die-da-oben-Konflikt« ausarten, in dem Maß, wie die Selbststeuerungsfähigkeit der Gruppe wächst, verringert sich die Anzahl der Schwierigkeiten. An einem konstruktiven Teamgeist zu arbeiten heißt, gegenseitiges Wohlwollen zu ernten.

Kapitel 1 *Von der Gruppe zum Team – Die Entwicklung*

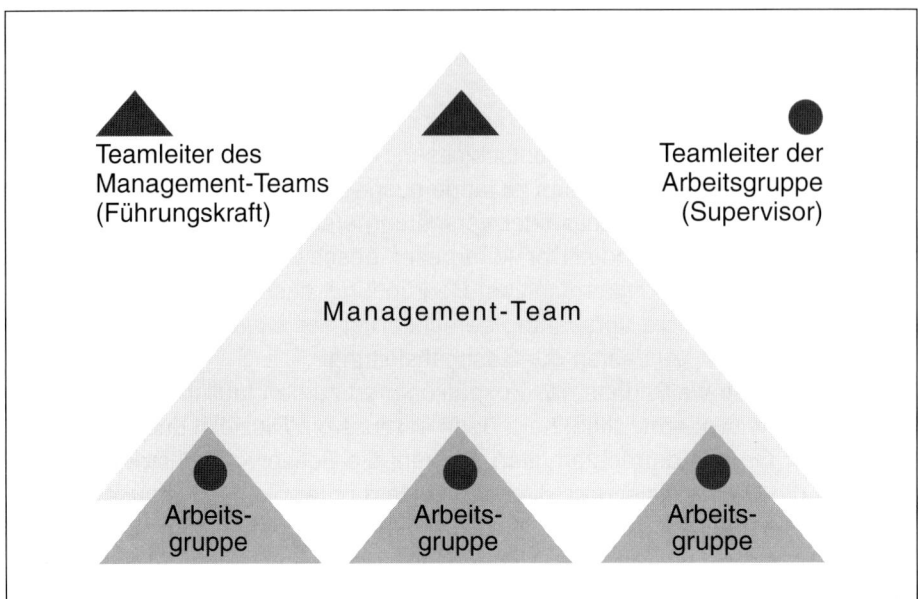

Abb. 1: Die Doppelrolle des Gruppenleiters

Durch die Einführung eines »Vorarbeiter-« bzw. »Gruppenleiterteams« (Management-Teams), das aus den Chefs der Arbeitsgruppen besteht, erhält jeder Gruppenleiter eine Doppelrolle: zum einen als Leiter der Arbeitsgruppe, zum anderen als Mitglied des Management-Teams. Die Einbindung der Gruppenleiter in beide Teams bietet die besten Voraussetzungen zur Lösung von aktuellen Problemen und vermindert deren zerstörerische Wirkung. Die Zusammenarbeit im Management-Team bannt auch das frustrierende Gefühl der Machtlosigkeit, über das viele Gruppenleiter klagen, und vereinigt ihre Kräfte auf konstruktive Weise. Abbildung 1 ist die schematische Darstellung der Doppelrolle des Teamleiters.

Wann ist Teamtraining sinnvoll?

Es ist wichtig, die Motive der Leute zu kennen, die sich auf das Abenteuer des Teamtrainings einlassen. Hier sind einige Beispiele von Vorgesetzten, deren Absichten einwandfrei sind und die wahrscheinlich Erfolg haben werden:
- ein neu ernannter Vorgesetzter, der möglichst schnell von seiner Gruppe akzeptiert werden will,
- ein praktisch denkender Vorgesetzter, der mit Hilfe der Teamarbeit einen offenen, problemorientierten Führungsstil kreieren will,
- ein Vorgesetzter, der neuen Herausforderungen gegenübersteht und die Kreativität und das Engagement aller Beteiligten benötigt, um zu bestehen,

- ein Vorgesetzter, der mit Beziehungsproblemen, mangelndem Engagement oder fehlender Transparenz zu kämpfen hat und die daraus resultierende Lethargie überwinden muss.

Manchmal sind die Motive eines Teamtrainings auch fragwürdig und die Ergebnisse dementsprechend enttäuschend, zum Beispiel:
- wenn Teamtraining vom Generaldirektor am grünen Tisch verordnet wird, ohne die Betroffenen zu fragen, oder
- wenn ein Vorgesetzter das Teamtraining dazu missbrauchen will, seine Mitarbeiter besser manipulieren und kontrollieren zu können; dies widerspricht dem Menschenbild, das der Teamarbeit zugrunde liegt.

Der Grundgedanke der Teamarbeit besteht darin, dass Menschen sich zusammenschließen, um Ziele zu erreichen, die in ihrem Interesse liegen. Die wichtigste Voraussetzung, die vor Beginn des Teamtrainings erfüllt sein muss, heißt, dass alle Gruppenmitglieder sich aus freiem Willen auf die für die Entwicklung erforderlichen Schritte geeinigt haben. Die Entscheidung darüber sollte ohne Druck, doch unter Berücksichtigung aller Informationen getroffen werden. Noch nie haben wir in der Praxis negative Folgen bemerkt, wenn unsere Methode auf der Basis der Freiwilligkeit eingesetzt wurde. Die Methoden des Teamtrainings sind hochempfindlich und können auch missbraucht werden; deshalb sollte man sie nicht von außen aufzwingen.

Die Vorteile des Teamtrainings

Das Team, vielleicht das vielseitigste und leistungsfähigste Werkzeug überhaupt, das die Menschheit kennt, kann sich auf verschiedene Arten positiv auf den Führungsstil auswirken:

Umgang mit komplexen Problemen:
Die Vielfalt der Fähigkeiten, über die ein Team verfügt, hilft, komplexe Probleme kreativ zu lösen.

Flexibilität:
Gut entwickelte Teams sind in der Lage, sich schnell und wirksam auf neue Situationen einzustellen.

Hohe Motivation:
Das Team befriedigt das Selbstgefühl des Einzelnen, und die Arbeit im Team motiviert zu Aktivität und Leistung.

Hohe Qualität der Entscheidungen:
Fortgeschrittene Teams können bessere Entscheidungen treffen als ein Einzelner, Genies natürlich ausgenommen. Durch Teamarbeit erhöht sich allgemein die Qualität von Entscheidungen. Aber noch wichtiger ist vielleicht, dass sich die Mitglieder viel stärker mit ihren Entscheidungen identifizieren.

Geballte Kraft:
Als Einzelner merkt man oft, wie schwer es ist, auf Organisationen Einfluss zu nehmen und außerhalb des eigenen Bereichs Änderungen zu bewirken. Dies gelingt einem Team, sobald die Mitglieder einmal erkannt haben, dass sie gemeinsam mehr erreichen können.

Teamtraining – für wen?

Teamtraining erfordert viel persönlichen Einsatz. Daher ist es wichtig zu wissen, wo man den Hebel anzusetzen hat, um die gewünschten Ziele zu erreichen.
Managementausbildung und Trainings sind sicherlich sinnvoll, aber sie sind nicht das »wirkliche Leben«. Führungskräfte haben oft große Schwierigkeiten, ihre frisch gelernten Managementtechniken auf die reale Arbeitssituation zu übertragen, weil die schon bestehenden Gruppennormen die alten Verhaltensweisen begünstigen. Wenn die Verbesserungsvorschläge des Vorgesetzten sabotiert werden, verpufft seine Energie ins Leere, und dem Unternehmen bleibt zum Schluss ein enttäuschter und verbitterter Manager, der nichts mehr hat außer einem neuen Kriterium zur Beurteilung seiner Unzufriedenheit.
Die Nachteile einer Vorgehensweise im Alleingang werden weit geringer, wenn die Arbeitsgruppe als Ganzes die kleinste Lern- und Interventionseinheit bildet. Dann spielt sich der Lernprozess in der täglichen Praxis ab und bewirkt eine echte Veränderung in wichtigen Bereichen. Wenn eine Gruppe neue Wege zur Lösung ihrer aktuellen Probleme einschlägt, machen die Mitglieder sinnvolle Erfahrungen und eignen sich dabei neue Verhaltensweisen an, auf denen sie weiter aufbauen können.
Jedes einzelne Mitglied kann im Verlauf des Teamtrainings seine persönlichen Fähigkeiten ausbauen und somit besser mit den anderen bei der Lösung von Problemen zusammenarbeiten. Das Teamtraining erweitert die landläufige Vorstellung von Führungsstilen und sorgt in der täglichen Praxis für eine Atmosphäre der Solidarität und des Vertrauens.
Wir kennen einen fähigen Ingenieur, der einige Wochen nach einem Teamtraining mit der Übernahme einer Hauptfiliale beauftragt wurde. Nach sechs Wochen sagte er: »Wenn ich die Trainingserfahrung nicht gehabt hätte, hätte ich die Sache völlig falsch angefasst. Ich habe jetzt überall Planungs- und Kontrollteams eingerichtet, wo ich mich früher mit Einzelpersonen begnügt hätte. Ich genieße heute die volle Sympathie meiner Leute.«

Das Top-Management-Team

Teams, die aus Top-Managern bestehen, bilden häufig das Hauptverbindungsglied zwischen Unternehmen und Außenwelt. Sie müssen beobachten, was draußen vor sich geht, und entscheiden, wie das Unternehmen darauf reagieren soll. Eine solche Tätigkeit setzt eine weitsichtige und phantasievolle Beurteilung von komplizierten Vorgängen voraus, die weit über den Horizont der meisten »Einzelkämpfer« hinausgehen.

Top-Manager müssen in Zusammenarbeit mit den einzelnen Unternehmensbereichen dafür sorgen, dass die Grobziele des Unternehmens in wirksame und zweckorientierte Einzelaktivitäten übersetzt werden. Wenn im Betrieb Kommentare zu hören sind wie: »Was glauben denn die da oben eigentlich?« oder: »Jeder Blinde hat so etwas kommen sehen«, dann hat das Top-Management-Team versagt.

Die meisten Top-Manager sind Überlebenskünstler. Sie sind immer auf der Hut und wählen sich sorgfältig die Leute aus, denen sie ihr Vertrauen schenken. In dieser Hinsicht haben sich die Unternehmen über Jahrhunderte hinweg kaum verändert. Das vorsichtige Taktieren kann sich aber sehr zum Nachteil eines Unternehmens auswirken. Sicherlich wäre es naiv zu glauben, dass solche Einstellungen mit Stumpf und Stiel auszurotten sind; es ist aber möglich, sich um eine ehrlichere Auseinandersetzung zwischen den Beteiligten zu bemühen.

Diese beiden Punkte, die Bewältigung von komplexen Situationen und die Sicherheitspolitik der Manager, müssen bei einem Teamtraining auf der Top-Ebene besonders berücksichtigt werden.

Das Abteilungsleiter-Team

Abteilungsteams – in der Regel ein Top-Manager und diejenigen, die ihm direkt berichten – suchen am häufigsten das Teamtraining. Diese Gruppen sind relativ dauerhaft und üben eine Vielzahl von verschiedenen Tätigkeiten aus: Sie leiten z. B. einen Kleinbetrieb, eine Filiale, eine Serviceabteilung oder Ähnliches. Ein gutes Klima in dieser Gruppe kann sich auf die vielen anderen Mitarbeiter übertragen, die von der Kompetenz der Führungsspitze abhängig sind.

Das Projektteam

Viele Unternehmen und Organisationen setzen Projektgruppen ein, um Probleme gezielt zu lösen oder um neue Verfahren oder Produkte zu entwickeln. Manchmal bleiben solche Gruppen nur für ein paar Wochen, manchmal aber auch für Jahre zusammen. Eine Projektgruppe kann sich im Sinne einer Matrix-Organisation quer über alle Abteilungen erstrecken, so dass viele Mitglieder mehr als nur einen Vorgesetzten haben. Gemeinsam tragen sie die Verantwortung für eine wichtige Aufgabe, und gerade hier bietet sich das Teamtraining an.

Für den Projektleiter ist es entscheidend, die richtige Mischung von Talenten zu finden, die das Projekt sowohl technisch beherrschen als auch genügend Schwung und Enthusiasmus mitbringen, um die ganze Sache durchzustehen. Auf der Basis von oft unzureichenden Informationen müssen sie schwierige Entscheidungen treffen; doch kann ein überlegt zusammengestelltes Team durch sein breites Spektrum von Talenten die Qualität solcher Entscheidungen bedeutend erhöhen. Diese Art der Entscheidungsfindung, die z. B. die Mitarbeiter des Apollo-Raumfahrtprojekts eindrucksvoll demonstriert haben, bringt sehr große Vorteile, wenn das Team sorgfältig aufgebaut worden ist; in den Händen von »rückständigen« Gruppen verwandelt sich diese Methode jedoch in eine Gebrauchsanleitung zur Herstellung von Chaos und Unsinn. Teamarbeit ist wichtig, wahrscheinlich lebenswichtig, damit Projektgruppen überhaupt effektiv arbeiten können.

Ein Elektronikunternehmen erhielt einen Auftrag über 50 Millionen Dollar zur Errichtung einer Radarstation und musste diesen innerhalb einer knappen Zweijahresfrist erfüllen. Alle Hauptprojektleiter trafen sich informell zu einem einwöchigen Teamtraining, bei dem sie mehr als 1000 Probleme und Lösungen besprachen. Ein solcher Organisationsstil kann nicht entstehen, solange die tägliche Arbeit von verfahrenstechnischen Kleinigkeiten beherrscht wird. Nach dem Seminar waren sich die Projektleiter einig: »Teamarbeit macht den Job nicht einfach, aber sie macht ihn möglich.«

Kommissionen, Ausschüsse und Komitees als Team

Komiteemitglieder repräsentieren eine Interessengruppe oder sind dazu berufen, spezielle Kompetenzen oder Meinungen zu vertreten. Vor allem aber ist ihre Aufgabe defensiv – nämlich darauf zu achten, dass ihre »Basis« keine Nachteile erleidet oder, noch besser, davon profitiert. Außerdem erwartet man von einem Repräsentanten, dass er sich für die Arbeit des Komitees einsetzt, sei sie auch noch so kompliziert und zäh.

Ein Problem dabei ist mangelndes Engagement der Mitglieder, denn Ausschüsse werden oft schon nach kurzer Zeit wieder aufgelöst. Übergroßer Eifer eines Mitglieds für seinen Ausschuss kann jedoch dessen hauptberufliche Arbeit beeinträchtigen. Es ist kein Zufall, dass das Wort »Ausschuss« oft negative Assoziationen hervorruft, wenn der erste anödet, der zweite für die Katz ist und der dritte zum Wahnsinn treibt. Funktionsfähige Ausschüsse dagegen haben es geschafft, sich Gebiete gemeinsamer Interessen zu erschließen. Sie haben die Möglichkeit, einen Ausschuss als provisorisches Team zu definieren, das die Widerstände entfernen muss, die seinen Fortschritt behindern, um dann auf die gemeinsam abgesprochenen, explizit formulierten Ziele hinzuarbeiten. Hier kann Teamtraining nicht überschätzt werden, denn jedes Mitglied trägt durch seine Erfahrungen mit dieser Methode zum Gelingen einer jeden neuen Gruppenarbeit bei.

Das Arbeitsteam

Seit man die Bedeutung der Teamarbeit am Arbeitsplatz erkannt hat, werden riesige Theorien über Motivation aufgestellt, um der Abstumpfung und Lustlosigkeit, die viele Produktions- und Dienstleistungseinrichtungen ergriffen hat, zu begegnen.
Eine mögliche Lösung ist die, ein Teammodell auf der Vorarbeiter/Gruppenleiterebene einzuführen. Damit kann man Interesse wecken und Verantwortungsbewusstsein fördern mit dem Ziel, die Phantasie der Mitarbeiter mehr auf das Wohlergehen des Unternehmens und weniger auf die Verhinderung des Fortschritts zu richten. Die Rolle des Vorarbeiters/Gruppenleiters könnte in die eines Teamleiters münden, dessen Aufgabe es wäre, die Arbeit des Teams nicht mehr zu steuern, sondern sie zu erleichtern. Es gäbe noch viel über die Praxis der Teamarbeit am Arbeitsplatz zu sagen, doch kann dieses Buch nur einen kleinen Ansatzpunkt dafür bieten.

Der Berater im Teamtraining

Die Spezialisten, die sich mit der Ausbildung des Führungskräftenachwuchses beschäftigen, suchen ständig nach Konzepten, erschließen neue nützliche Wissenszweige und versuchen, ein selbstverständliches und natürliches Verhältnis zur Führungsrolle zu vermitteln. Solche Experten werden in diesem Buch viele brauchbare Gedanken und Methoden finden. Wir haben die Erkenntnisse der Forschung in konkrete Methoden eingebaut, die jeder Vorgesetzte in seinem Bereich anwenden kann. Das Teamtraining rennt häufig offene Türen ein, weil die Führungskräfte ohne weiteres erkennen, dass sie sich damit die Arbeit leichter machen. Berater können sich selber zu Teamtrainern weiterbilden und Führungskräfte beim Einsatz der Methode beraten. Damit gewinnt der Beruf des Trainers an Bedeutung, seine Arbeit erhält »praktische Relevanz« und bietet einen in sich stimmigen und doch flexiblen Rahmen, um Führungskräfteschulung sinnvoll zu gestalten. Wir haben Teamtrainings in Großunternehmen miterlebt, wo neue Führungsqualitäten entdeckt wurden und Führungskräfte und Berater neue Impulse für ihre Arbeit erhielten.

1.2.4 Wie startet man das Teamtraining?

Eine Gruppe verändert sich langsam, es sei denn, dass jemand einmal kräftig »zulangt«. Die meisten Mitglieder gewöhnen sich mit der Zeit an die Schwachstellen in der Gruppe, wenn auch der eine oder andere ein Hintertürchen findet, wie er seine Arbeit vernünftig erledigen kann. So plätschert das Leben in der Gruppe dahin, nur manchmal unterbrochen von ein paar Mitgliedern, die eine neue Initiative planen und wieder aufgeben, weil sie Angst vor ihrer eigenen Courage bekommen.

Die Entwicklung eines Teams bedarf einer »Hebamme« – einer Person oder kleinen Gruppe, die den Prozess mit Dynamik und Sachverstand erfüllt. Diese »Hebamme« kann der Vorgesetzte, ein Gruppenmitglied, ein Experte aus der Firma oder ein externer Trainer sein. (Empfehlungen für die Auswahl von externen Beratern finden Sie im nächsten Kapitel.)

Ein Punkt muss von Anfang an klar sein: Das Teamtraining ist ein Umstrukturierungs- und Veränderungsprozess. Alle Betroffenen müssen sich eine »Theorie« zurechtlegen, wie dieser Veränderungsprozess am besten zu bewerkstelligen sei. Das gilt besonders für die Person, die als »Hebamme« fungiert.

Das Wort »Theorie« könnte unangenehme Vorstellungen auslösen bei Leuten, die befürchten, dicke Wälzer über die »interkulturelle Soziodynamik der Organisationspathologie« auswendig lernen zu müssen. Weit gefehlt! Die verlässlichste Information ist die eigene Erfahrung – Information, die Sie sich selbst beschafft und in Ihrer eigenen Umgebung geprüft haben. Diese Theorie der Veränderung muss in einer Sprache abgefasst sein, die Sie und Ihre Mitarbeiter verstehen. Denken Sie beim Lesen der nächsten Seiten einmal an Ihren persönlichen Führungsstil; analysieren Sie dessen Bestandteile, und versuchen Sie, sich Ihre eigene Theorie zu bilden.

Die Veränderung des Gerhart Stein

Ein Entwicklungsprozess kann bei unterschiedlichen Menschen verschieden verlaufen. Ein Beispiel: Gerhart Stein, ein Abteilungsleiter, den wir gut kennen. Mit 30 Jahren gelang ihm der große Sprung nach oben. Er wurde Leiter einer kleinen Gruppe, die einen neuen, vielversprechenden Markt erschließen sollte. Im Verlauf von einigen Monaten aber löste sein Verhalten heftige Kritik bei seinen Mitarbeitern aus. Sie beklagten sich darüber, dass er, hinter seiner eleganten Sekretärin verschanzt, in seinem teakholzgetäfelten Büro vor sich hin brüte, Weisungen an seinen Stab diktiere und immerfort Arbeiten verteile, die alle unverzüglich zu erledigen seien.

Herrn Steins Anweisungen, die makellos getippt und grammatikalisch perfekt waren, flatterten auf die Schreibtische seiner Mitarbeiter. Kurz darauf folgten gezielte Nachfragen, warum so viele Arbeiten immer noch nicht fertig seien. Die Mitarbeiter sagten, Herr Stein habe eine intellektuell-puritanische Art, mit der er die Welt in sein Begriffssystem zwinge, in dem aber eine abweichende Meinung keinen Platz finde. Herr Stein bemerkte zwar seine Schwierigkeiten, doch reagierte er darauf mit verstärkter Arbeit am Detail und versuchte so, sein Image als dynamischer, schneidiger Jungmanager zu retten.

Nachdem ein Kollege Herrn Stein empfohlen hatte, die offene Aussprache mit seiner Gruppe zu suchen, wurde sorgfältig eine gemeinsame Sitzung vorbereitet.

Herr Stein und seine Gruppe sprachen sehr offen über viele Probleme. Als er die Ansichten seiner Mitarbeiter über sich hörte, war Herr Stein geschockt. Bei der Suche nach Erklärungen kam Herr Stein auch auf seinen persönlichen Werdegang zu sprechen. Er war früher in der Wissenschaft tätig gewesen und hatte seine jungen Jahre damit verbracht, obskure Fakten über Protonen und Anti-Materie-Partikel zu lernen. Wissenschaftliches Arbeiten war seine Stärke, und selbstständiges Lernen war sein Erfolgskonzept. Diese Arbeitsweise wurde ihm zur Gewohnheit; sie verhalf ihm zu einem guten Examen, und mit einigen Modifikationen hatte sie auch für einen gewissen Erfolg auf dem Gebiet der Marktforschung ausgereicht.

Im Verlauf der Sitzung erkannte Herr Stein, dass er immer noch die früheren Verhaltensweisen verwendete, die zwar in ein wissenschaftliches Labor passten, in einer Linienfunktion aber unangebracht und provozierend wirken mussten. Berufliche Weiterentwicklung hieß für ihn also, zu lernen, Ängste, Chancen und Entscheidungen mit anderen zu teilen und Gefühle ebenso wie den Intellekt in seiner Gruppe zu akzeptieren.

Die Veränderung des Helmut Pichl

Herr Pichl war Leiter einer Gruppe von Konstrukteuren. Er war liebenswürdig, bescheiden und fleißig und kannte die Probleme seiner Mitarbeiter. Und doch war die Gruppe nicht glücklich. Sie arbeitete ineffizient, und ihre impressionistische Arbeitsweise war ständige Zielscheibe von Spötteleien. Jedes Projekt erlebte eine langwierige und schmerzhafte Geburt und quälte sich durch die einzelnen Phasen hindurch. Irgendwie gelang es der Gruppe immer wieder, durch eine wahnwitzige Notoperation fünf Minuten vor zwölf die Katastrophe abzuwenden. Am Anfang fanden die Gruppenmitglieder dieses »Laissez-faire« und den darauffolgenden Gewaltakt noch recht lustig, aber mit der Zeit störte es doch empfindlich Verdauung und Familienleben, und die Gruppe wurde immer unzufriedener. Die Mitarbeiter äußerten zwar offen ihre Unzufriedenheit und sprachen auch ernsthaft darüber, doch unternahmen sie nichts dagegen, weil die Gruppe keine Entscheidungskraft besaß. Herr Pichl hatte so viele Bücher über den »partizipativen Führungsstil« gelesen, dass er es nicht wagte, Entscheidungen allein zu treffen. Sein Interesse an kreativen Ideen und an einem guten Klima in der Gruppe ging zu Lasten einer klaren Planung und effektiven Nutzung der zur Verfügung stehenden Mittel.

Für Herrn Pichl bedeutet Teamtraining Kennenlernen von Problemlösungsstrategien. Er analysierte seine Arbeitsmethoden und lernte die Klippen zu entdecken, an denen seine Gruppe scheiterte. Die Gruppe selber erkannte ihre gemeinsame Verantwortung für eine erfolgreiche Teamarbeit und begann, Sitzungen abzuhalten, in denen sie über ihre Arbeit diskutierte. Diese Sitzungen wurden zu einer festen Einrichtung und trugen wohl am meisten zu der qualitativen Verbesserung bei, die während der folgenden Monate in Herrn Pichls Gruppe festzustellen war.

Der Entwicklungsprozess

Die Entwicklungsprozesse, die Herr Stein und Herr Pichl erlebt hatten, führten beide zu einer neuen Selbstbeurteilung, nachdem sie sich und ihre Absichten einmal klarer erkannt hatten. Für jeden der beiden stellt sich der Veränderungsprozess folgendermaßen dar:
- Er verspürt den Wunsch, sich anders zu verhalten;
- das Feedback der Gruppe gibt ihm die Möglichkeit, sich selber wie ein Außenstehender wahrzunehmen;

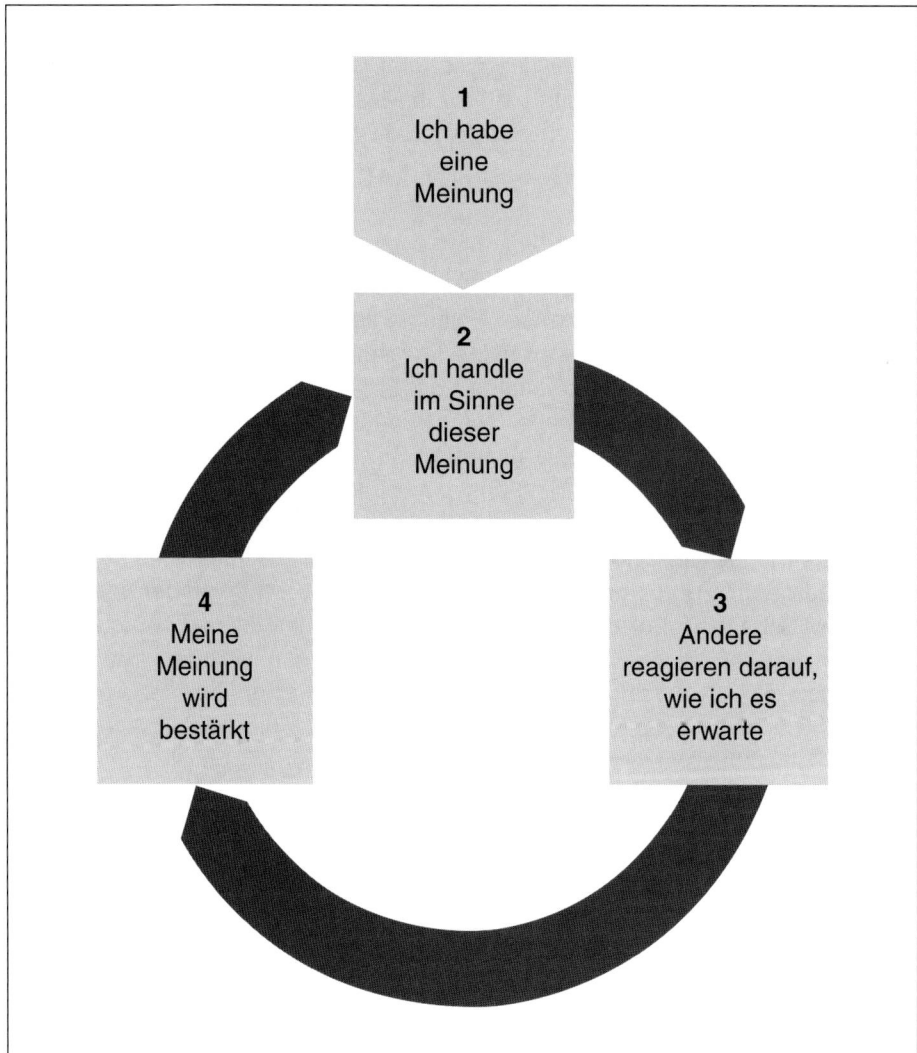

Abb. 2: Der Kreislauf des Verhaltens

- er prüft neue Einsichten, Erfahrungen und Verhaltensweisen und probiert sie aus;
- er findet zu einem eigenen Arbeitsstil und verwirklicht ihn.

Es heißt oft: »Übung macht den Meister«. Richtiger müsste es heißen, dass Übung nicht notwendigerweise den Meister, sicherlich ihn aber beständiger macht. Häufig löst eine bestimmte Verhaltensweise ein Antwortverhalten aus, das die eigene Meinung bestätigt und gleichzeitig die nächste Verhaltensweise determiniert. Dieser Kreislauf wiederholt sich immer wieder und kann nur durch eine einschneidende Entscheidung durchbrochen werden. In Abbildung 2 ist dieser Verhaltenszyklus schematisch dargestellt.

1.2.5 Der Ablauf des Teamtrainings

Die Trainingsschritte

Es gibt kein System, das Ihre persönliche Ansicht über die Vorgänge in der Welt vollständig wiedergeben kann. Doch können die einzelnen Programmschritte des Teamtrainings eine methodische Hilfe sein und Unterlassungssünden verhüten. Aus unserer praktischen Erfahrung empfehlen wir Ihnen die folgenden fünf für den Entwicklungsprozess wichtigen Schritte (siehe Abbildung 3 auf der übernächsten Seite).

1. Schritt: Wunsch nach Veränderung
Bequemlichkeit und Wohlbehagen bilden kein Klima für Veränderungen. Wirkliche Veränderung beginnt mit der Erkenntnis, dass »nicht alles so ist, wie es sein sollte«, oder dass Gefahren im Verzug sind. In diesem Stadium spielt die Intuition eine wichtige Rolle, denn der Wunsch nach Veränderung muss von der Person verspürt werden, deren Meinung im Unternehmen etwas gilt.

2. Schritt: Definition des Problems
Manchmal fällt es einem Vorgesetzten schwer, Probleme zu erkennen. Einen Manager, der ein Problem zu diagnostizieren versucht, kann man mit einem Fernsehmechaniker vergleichen, der eine periodisch auftretende Störung reparieren soll. Doch solange der Bildschirm nicht flimmert, kann er den Fehler nicht entdecken, und natürlich verhält sich das Gerät in seiner Gegenwart tadellos. Weil Symptome oft sehr schwierig zu beobachten sind, belässt man es bei einer oberflächlichen Analyse, die nichts über die wirklichen Ursachen aussagt.
Die technische Diagnose eines Problems muss durch eine »intuitive« ergänzt werden. Es gibt schon Methoden für die Beurteilung der Gesundheit einer Organisation, aber ihr Einsatz erfordert viel Fingerspitzengefühl, denn sie verletzen leicht die überkommenen Gepflogenheiten der Gemeinschaft.

3. Schritt: Definition des gewünschten Zustands

Der Entwicklungsprozess einer Organisation oder eines Teams hat vieles gemeinsam mit einer Reise; vor allem ist es wichtig, genau zu wissen, wohin man will. Wenn man sich den gewünschten Zustand und die dazwischenliegenden Hindernisse bildlich vorstellen kann, spornt dies zusätzlich das Durchhaltevermögen an. Eine Möglichkeit besteht darin, an die eigene Phantasie die Frage zu stellen: »Was soll heute in einem Jahr mit dieser Gruppe geschehen sein?« Die meisten Menschen lassen ihrer Phantasie nicht einfach freien Lauf, weil sie an die praktischen Schwierigkeiten denken müssen. In dieser Phase empfiehlt es sich aber, die Grenzen der Realität einmal außer Acht zu lassen; oft existieren sie auch nur im eigenen Kopf und nicht in der Wirklichkeit. Das Konzentrieren auf konkrete Ereignisse, die eintreten sollen, öffnet den Zugang zu einer solchen Vision. Auch andere Gruppenmitglieder sollten ihre Vorstellungen äußern, damit sich alle auf eine gemeinsame Basis einigen können.

4. Schritt: Behandlung des Problems und Aufbau der Zukunft

Wenn sich alle Mitglieder Klarheit über den angestrebten Zustand verschafft haben, sollten daraus konkrete Handlungen und Ziele abgeleitet werden. Das ist deshalb wichtig, weil die Visionen oft verschwommen und diffus sind. Man muss die Phantasieprodukte einfangen und festhalten, sonst verschwinden sie wie Geister und Kobolde im Morgengrauen.

Wenn die konkreten Ziele feststehen, können Strategie und Taktik ausgearbeitet werden. Es gibt viele Behandlungsmöglichkeiten für Gruppen- und Unternehmenskrankheiten, und man kann nicht alle zugleich anwenden. Die beste Behandlung ist die, welche sowohl erschwinglich als auch wirksam ist.

5. Schritt: Erfolgskontrolle

Gewohnheiten und Überlieferungen haben sich in die Struktur eines Unternehmens eingeprägt wie die Kreuzfahrerzeichen in die Wüstenfelsen. Weil man so leicht ausrutschen und dabei Impuls und Richtung verlieren kann, muss der Trainingsprozess überwacht werden. Dazu gehören regelmäßige Sitzungen, klar abgegrenzte Kompetenzen, offene Diskussionen und Personen, die von außen wie ein Spiegel das Verhalten der Gruppe reflektieren.

Für diese Kontrollmaßnahmen gibt es keine besonderen Regeln.

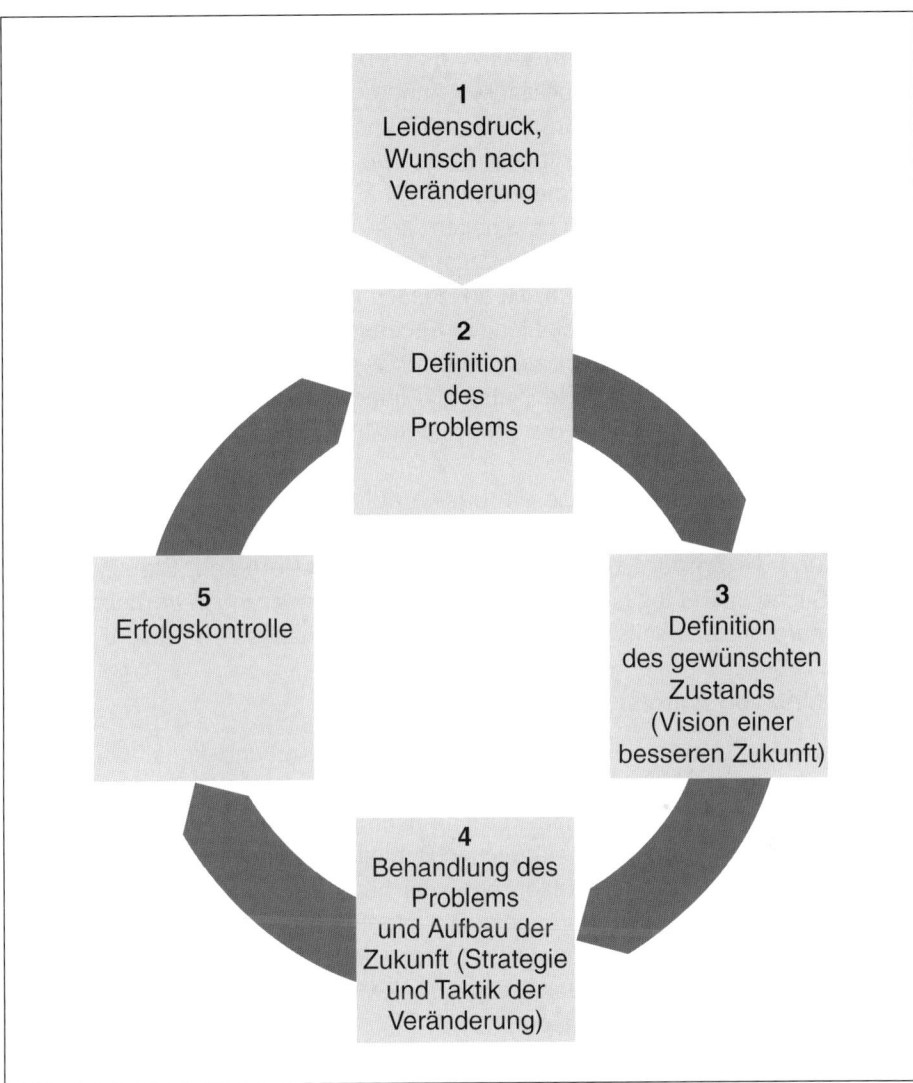

Abb. 3: Programmschritte des Teamtrainings

Offener Austausch

Alle Gruppenmitglieder sollten sich dessen bewusst sein, dass das Teamtraining den freien Meinungsaustausch begünstigt; folglich können auch kritische Kommentare oder negative Gefühle auftauchen. »Den Stein heben und die Kröten laufen lassen« nannte das einmal ein Vorgesetzter. Im Teamtraining werden natürlich keine neuen »Kröten« in die Welt gesetzt, sondern die alten endlich einmal freigelassen. Das ermutigt die Mitglieder zu größerer Aufrichtigkeit. Sollten die

Leute entdecken, dass ihre Offenheit mit Lügen oder Repressalien belohnt wird, so sehen sie ihre schlimmsten Befürchtungen bestätigt, und der Entwicklungsprozess erlebt einen herben Rückschlag. Andererseits, wenn ein Problem einmal auf dem Tisch liegt, hat die Gruppe eine Chance, es auf eine nicht alltägliche Weise zu lösen. Zu diesem Zeitpunkt ist es enorm wichtig, dass alle Mitglieder auf konstruktive Weise zusammenarbeiten. Das Teamtraining kann tiefliegende Konflikte und Meinungsverschiedenheiten ans Tageslicht bringen. In solchen Situationen ist jede Person verletzbar, insbesondere aber der Gruppenleiter, der mehr als irgendein anderer der Kritik ausgesetzt ist. Deshalb muss er seine ganze Aufmerksamkeit auf die ablaufenden Prozesse und ihre möglichen Konsequenzen richten. Es ist wichtig, dass er genau Bescheid weiß über die Prinzipien, die dem Training zugrunde liegen, über die Interventionsmöglichkeiten, die ihm zu Verfügung stehen, und über die Erwartungen, die an ihn gestellt werden.

Die Menschen, die anscheinend am besten auf die Teamarbeit reagieren, sind diejenigen, die bereits Offenheit im Verhältnis zu ihren Mitarbeitern und Kollegen pflegen und die an der Erledigung der Arbeit interessiert sind. Sie sind immer auf der Suche nach Möglichkeiten, um sinnvolle Veränderungen herbeizuführen, und sie werden die Arbeitsgruppe in diesem Sinne einzusetzen wissen.

Vermeidung von Pannen

Normalerweise sind die Trainingseinheiten interessant und konstruktiv. Gelegentlich können sie langweilig und ermüdend sein, weil die Gruppe sich durch ein Problemlabyrinth quälen muss, und manchmal kommt es auch zu Turbulenzen mit unangenehmen oder gefährlichen Begleiterscheinungen.
Wenn man mit diesen Turbulenzen behutsam umgeht, können sie ein Ansatzpunkt für die weitere Entwicklung sein. Die folgenden Tipps können Ihnen dabei helfen, unsere Methoden erfolgreich anzuwenden. Wenn jedoch die Sache weiterhin schief läuft, ist es das Beste, die Zwischenfälle offen, freimütig und gründlich mit der Gruppe zu besprechen.

Freiwillige Teilnahme:
Sorgen Sie dafür, dass jedes Mitglied nicht nur (in Umrissen) weiß, worum es geht, sondern auch freiwillig seine Mitwirkung zugesagt hat. Ein Projekt soll immer erst beraten und dann begonnen werden.

Genügend Diskussionszeit:
Wenn eine Gruppe ein Projekt startet, geben Sie allen Mitgliedern genügend Zeit, ihre Meinung zu äußern, und der Gruppe genügend Spielraum, um ihre Reaktion zu überlegen. Vermeiden Sie, das Thema zu wechseln, solange es noch nicht ausdiskutiert ist.

Richtige Reihenfolge:
Beginnen Sie ein Projekt mit einem eher unpersönlichen Thema, und vertiefen Sie dann in einfachen Schritten die Erfahrungen der Mitglieder.

Sorgfältige Vorbereitung:
Vor jedem Projekt sollte man mit Bedacht Bedingungen herstellen, die auf den Bedarf der Mitglieder zugeschnitten sind, und dafür sorgen, dass die erforderlichen Mittel bereitstehen. Noch effektiver wird die Vorbereitungsphase, wenn eine Person als Koordinator/Organisator fungiert.

Gruppenspezifische Entscheidungen:
Jede Gruppe hat ihre eigene Geschichte und ihren eigenen Stil. Weil manche Projekte in der einen Gruppe prächtig klappen, in der anderen aber gar nicht, ist die Wahl der richtigen Vorgehensweise von entscheidender Bedeutung. Die Gruppe selber ist der beste Schiedsrichter dafür, und sie braucht mitunter Zeit, ihr Entwicklungsprogramm selber zu gestalten.

Vermeidung von Druck:
Jede Handlung, die bedrohlich auf ein Individuum wirkt, kann Schmerz oder Aggression hervorrufen. Aus diesem Grund sind Projekte, die bedrohlich erscheinen, nur akzeptabel, wenn sie einer lauteren Absicht entspringen und die Gruppe über ausreichende Erfahrungen verfügt. In diesem Fall kann einzig und allein die Gruppe entscheiden. Bevor eine Gruppe ein Projekt in Angriff nimmt, das versteckte Konflikte hochschwemmen könnte, ist es unabdingbar, dass alle Mitglieder über den möglichen Lauf der Dinge orientiert sind und freiwillig ihre Zustimmung geben.

Vollständige Lösungen:
Weil schwierige Situationen einer gründlichen Klärung bedürfen, sollte man unter allen Umständen vermeiden, ein Programm mittendrin abzubrechen. Es ist besser, Anregungen und Ratschläge von außen zu holen als sich selber mühsam abzuquälen. Wenn Sie sich ein solches Projekt noch nicht zutrauen, suchen Sie sich einen erfahrenen Beistand und nehmen Sie dessen Hilfe in Anspruch. Ein guter Berater kann Ihnen helfen, Widerstände in der Gruppe abzubauen und Fortschritte zu ermöglichen.

Hilfsmittel:
Wenn die Mitglieder die Idee des Teamtrainings akzeptiert haben, sollten sie sich gleich an die Arbeit machen. Doch mit gemeinsamen Absichtserklärungen ist noch nichts getan – man braucht auch Hilfsmittel dazu, in erster Linie Zeit und Geld.

Zeit:
Das wichtigste Hilfsmittel für das Teamtraining heißt Zeit – Zeit für Experimente und für den Austausch von Feedback, für den Erwerb von neuem Wissen und neuen Fertigkeiten und für die Beurteilung der Kräfte, die die Gruppe beeinflussen. Einen Teil dieser Zeit sollte man in den normalen Tagesablauf einplanen, um die neuen Praktiken in die Alltagsarbeit der Gruppe zu integrieren. Außerdem brauchen die Gruppenmitglieder wahrscheinlich einige Tage außerhalb der normalen Arbeitsumgebung, um gemeinsam an ihrer Entwicklung zu einem Team weiterzuarbeiten.
Viele Gruppen meinen, dass ein Wochenende die einzige Möglichkeit ist, um ungestört arbeiten zu können. Der Vorteil von informellen Sitzungen wurde zum Beispiel deutlich an einer Gruppe, die sich in einem Hotel traf. Nach getaner Arbeit setzten sich die Mitglieder an die Bar und redeten über Segelyachten, Kinder und Autos, bis zwei in der Frühe. Dann hatte einer eine Idee: »Warum bleiben wir nicht noch hier, und jeder sagt, was er vom anderen hält?« Es kam zu einem ausgesprochen freimütigen Meinungsaustausch, der zwei Stunden später mit der übereinstimmenden Ansicht endete, dass dies der wertvollste Teil des Abends gewesen sei. Ein solches tiefgehendes Gespräch kann sich in der normalen Arbeitsumgebung kaum ergeben, deshalb wird es nötig sein, dass die Mitglieder auch außerhalb stattfindende Sitzungen verabreden. Eine gesunde Mischung aus informellen Zusammenkünften und intensiven Arbeitssitzungen kann eine Gruppe sehr schnell vorwärts bringen.

Geld:
Das einzige Hilfsmittel, das sonst noch für das Teamtraining notwendig ist, ist das Geld. Teamtraining ist an sich billig, denn jedes Unternehmen kann mit etwas Phantasie die hier beschriebenen Methoden auf seine Zwecke zuschneidern. Allerdings lässt sich der Prozess beschleunigen, wenn am Anfang gezielt Geld eingesetzt wird, um die Aktivitäten in Gang zu bringen. Die Hauptkosten entstehen durch informelle Sitzungen, besonders wenn diese an einem anderen Ort stattfinden oder wenn ein Berater engagiert wird, der als Katalysator den Fortschritt der Gruppe unterstützen soll.
Die Spezialisten auf diesem Gebiet kommen gewöhnlich aus den Sozialwissenschaften. Ihre Aufgabe ist es, der Gruppe bei der Diagnose und bei der Lösung ihrer Probleme Hilfe zu leisten. Ihre Fähigkeiten und ihre Erfahrung verleihen dem Prozess Konstanz und Dynamik, doch beschränkt sich ihre Rolle auf die Stabilisierung des Prozessablaufs, denn die aktuelle Arbeit muss von der Gruppe selber geleistet werden. Der Gedanke, dass jeder Vorgesetzte die Fähigkeit besitzen sollte, leistungsstarke Teams zu schaffen, sei hier in empfehlende Erinnerung gebracht.

Wer gehört zur Trainingsgruppe?

Wenn Sie mit dem Teamtraining beginnen, ist es notwendig, die Teilnehmerzahl festzulegen und zu entscheiden, wer zur Gruppe gehört. Manchmal ist dies ohne weiteres möglich. Zum Beispiel kann man alle Führungskräfte des Zweigwerks in Öhingen oder alle Techniker, die im Projekt »Avrio« für das Model B verantwortlich sind, als eine Gruppe definieren.

Andererseits kann die Bestimmung der Teilnehmer zu einer diffusen Angelegenheit werden. Man formiert und reformiert Gruppen entsprechend den wechselnden Anforderungen der Projekte und nach persönlichen Sympathien. Wenn die Mitwirkung einer weiteren Person angezeigt und bis auf weiteres notwendig erscheint, treten andere Personen in den Hintergrund, und die Grenzen werden fließend. Die Entscheidung über die Zugehörigkeit zu einer Gruppe kann auch zu einer empfindlichen unternehmenspolitischen Affäre werden. Wenn die Zugehörigkeit zur Statusfrage wird, steht das Selbstwertgefühl auf dem Spiel. Es gibt keine einfache mathematische Formel, wie die Grenzen in jedem Fall zu ziehen sind, doch haben wir es als hilfreich empfunden, zwischen drei Graden von Mitgliedschaften zu unterscheiden:

Ständige Mitglieder: ihre Mitwirkung erstreckt sich über einen langen Zeitraum, und ihr Ausscheiden würde eine beträchtliche Umstrukturierung notwendig machen.

Assistierende Mitglieder: Sie sorgen dafür, dass die Gruppe reibungslos arbeiten kann. Sie sind weniger an der Erfüllung der Aufgabe oder deren kreativer Gestaltung beteiligt, sondern ihr Beitrag besteht darin, Dienstleistungen, Rohmaterial! oder Informationen bereitzustellen und zu liefern.

Zeitweilige Mitglieder: ihre Tätigkeit ist spezifisch und zeitbegrenzt. Es kann sein, dass ein Teamproblem ein besonderes Know-how erfordert, das in der Gruppe nicht vorhanden ist. Eine außenstehende Person kann dann vorübergehend Mitglied werden, solange diese spezielle Leistung gefordert ist. Dann verlässt die Person wieder die Gruppe, und ihre Mitgliedschaft endet.

Durch die Differenzierung zwischen diesen drei Mitgliedschaftsgraden ist es möglich, jede Person im Hinblick auf ihre Funktion und Position in der Gruppe zu beurteilen, in besonders schwierigen Fällen haben wir die Sache gemeinsam mit dem Betreffenden und den ständigen Mitgliedern besprochen.

Ziele

Teamarbeit mag für manchen Vorgesetzten eine reichlich obskure und undurchsichtige Sache sein. Hier ist eine schriftliche Aufstellung der vorläufigen Ziele sehr hilfreich – der Ziele, die schon zu einem frühen Zeitpunkt mit der Gesamtgruppe abgesprochen werden. Ein Ziel für viele Gruppen sind die in der gemeinsamen Zukunftsvision entwickelten Vorstellungen über den Zustand, den die

Gruppe erreichen will. Dazu gehört auch die Bewertung der Kräfte, die auf die Gruppe einwirken, und die Berücksichtigung der Konsequenzen der kommenden Ereignisse. Hier braucht man Instrumente, um die Probleme und Situationen richtig beurteilen zu können. Herkömmlichen Arbeitsgruppen kann die Fähigkeit fehlen, Daten so zu sammeln und aufzubereiten, dass sie als sinnvolle Basis für eine Entscheidung dienen können, in diesem Fall geben wir der Gruppe den Rat, sich strikt an die in diesem Buch vorgegebenen Leitlinien zu halten. Viele Probleme, die in einer Sitzung angesprochen werden, entziehen sich einer sofortigen Bewertung oder bedürfen weiterer Informationen. Ein wichtiges Resultat solcher Meetings ist die Festlegung von Strategien, mit der die Gruppe ihre noch ungelösten Probleme erledigen will. An diesen Problemen sollte die Gruppe unbedingt weiterarbeiten und sie im Rahmen des normalen Arbeitsablaufs ansprechen und lösen. Manche dieser Ziele werden mit der Tätigkeit, manche mit organisatorischen Fragen und manche mit den gruppendynamischen Prozessen zusammenhängen.

Organisationsweite Entwicklung

Wenn Sie unser Teamtraining als Bestandteil eines organisationsweiten Veränderungsprozesses einsetzen, kann der flexible Ansatz des Trainings den Eckpfeiler eines solchen Programmes bilden. Unsere Methode fordert keine mechanistische Abfolge von Entwicklungsphasen, die sehr viele Führungskräfte als künstlich und befremdend empfinden. Vielmehr liefern wir Instrumente, die von einer Gruppe bedient werden und derer sich die Gruppe bedienen kann, um sie für ihre Zwecke kreativ zu nutzen.
Es stimmt, dass »unternehmensweite Probleme unternehmensweite Lösungen erfordern«. Doch unternehmensweite Veränderungsprogramme gleichen oft einem Expeditionsheer auf feindlichem Territorium: es verschlingt ein immenses Reservoir an ausgebildeten Truppen. Häufig schlagen solche Riesenprojekte fehl und sind bald nur noch ein angestaubtes Erinnerungsstück im »Museum der verpassten Gelegenheiten«.
Obwohl es einer außenstehenden Person kaum gelingen dürfte, ein großes Unternehmen in Bewegung zu setzen und zu halten, kann sie doch die eingeschlossenen und versteckten Energien zünden und deren Ausbruch in kontrollierte Bahnen lenken. Wenn Sie sich für unternehmensweite Entwicklungsprogramme interessieren, sollten Sie sich professionelle Hilfe sichern, bevor Sie größere Verpflichtungen eingehen. (Auswahlkriterien für externe Berater finden Sie im nächsten Kapitel.)

Wirkungen

Ab einem gewissen Punkt ist eine Gruppe imstande, trotz der Veränderungen innerhalb der Mitgliedschaft stabil zu bleiben. Ein gutes Team hat Möglichkeiten gefunden, neue Mitglieder zu integrieren und ihnen das Repertoire an Fertigkeiten, Kenntnissen und Verhaltensweisen zu vermitteln, das ihre Arbeit erfolgreich macht. In einem gewissen Rahmen kann ein Team sogar sein Lern- und Entwicklungsprogramm trotz Veränderungen in der Mitgliederzahl durchhalten. Allerdings stellt eine hohe Fluktuation eine außergewöhnliche Belastung für die Leistungsfähigkeit der Gruppe dar. Insbesondere ist es der Wechsel des Gruppenleiters, der tiefgreifende Wirkungen hervorruft.

Der Vorstand eines großen Nahrungsmittelkonzerns war sehr stolz darauf, Spitzenreiter der Branche zu sein. Die Vorstände setzten die modernsten Techniken ein, die für Produktionsfertigung und -kontrolle auf dem Markt waren. Eines Tages beschlossen sie, unser Trainingsprogramm an sich selber auszuprobieren. Nach einigen Sitzungen kooperierten sie tatsächlich besser und erwarben neue Einsichten. Sie gingen aus sich heraus, hielten einander über alles auf dem Laufenden und planten fast zwanghaft gemeinsame Projekte, wobei ihnen ihre einzigartige Mischung aus Kreativität, Systematik und Dynamik zugutekam. Der Generaldirektor war begeistert: »Das Training hat uns mehr gepackt als alles andere, was wir bisher versucht haben!« Einige Monate später hatte sich die Situation in der Firma vollkommen verändert. Der Generaldirektor drückte es so aus: »Jawohl, das Teamtraining hat gewirkt, aber es hat zu gut gewirkt. Wir haben eine Menge Energie in unser Vorstandsteam gesteckt und dabei den Kontakt zur nächsten Ebene verloren; die fühlen sich mehr und mehr ausgesperrt und im Stich gelassen.« In einem System besteht zwischen vielen Variablen eine Wechselwirkung. Wenn man eine Variable ändert, verändert man einen Großteil des Systems. Die Entwicklung eines Teams auf Kosten von anderen kann eine Kettenreaktion von Störungen auslösen. Jede Veränderung, auch eine unbeabsichtigte, zündet die nächste. Es ist unmöglich, alle potenziellen Wirkungen vorauszuberechnen und absolute Sicherheit zu verlangen, bevor man sich auf ein neues Projekt einlässt. Trotzdem gebietet die Klugheit, den Blick nach vorne zu richten und zu versuchen, mögliche Gefahren im Voraus ausfindig zu machen.

1.3 Der Berater im Teamtraining

Dies ist ein Do-it-yourself-Buch. Wir haben es so konzipiert, dass Arbeitsgruppen es ohne fremde Hilfe anwenden können. Manchmal treten aber Umstände ein, die es nahelegen, einen externen Berater zu engagieren, um den weiteren Fortschritt zu gewährleisten. In diesem Abschnitt finden Sie praktische Hinweise für die Auswahl und Kooperation mit einem Berater. Sie finden Antwort auf folgende Fragen:
– Wann soll ein Berater eingesetzt werden?
– Was kann ein Berater leisten?
– Welche Qualitäten und Merkmale hat ein guter Berater?
– Wo findet man Berater?
– Wie findet man den geeigneten Berater?
– Wie sieht die Zusammenarbeit mit einem Berater aus?

Wann soll ein Berater eingesetzt werden?

Ein Berater kann bei vielen Problemen helfen, die in der Anfangsphase des Teamtrainings auftreten. Zu Beginn besteht die natürliche Abneigung von Gruppenleiter und -mitgliedern, unbekannte Wege zu gehen. Besonders exponiert wird sich der Gruppenleiter fühlen, vor allem, wenn er befürchtet, dass »Kröten unter dem Stein sitzen«. Auch einigen Gruppenmitgliedern kann es unbehaglich zumute sein, wenn sie sich einem neuen und unbekannten Prozess ausgesetzt sehen.

Im Lauf der weiteren Entwicklung fällt es den Gruppenmitgliedern gewöhnlich leichter, ihre persönlichen Probleme innerhalb der Trainingsgruppe zu äußern. Zuerst aber sind sie voll und ganz damit beschäftigt, sich so einzurichten, dass sie von einer sicheren Warte im Hintergrund die Ereignisse beobachten können; dazu schlüpfen sie oft in die Rolle eines außenstehenden Betrachters. Auch im weiteren Verlauf des Trainings können Konflikte entstehen, die man äußerst behutsam und gewissenhaft behandeln muss. In solchen Situationen ist die Unterstützung eines Beraters angebracht.

Mit der Zeit eignet sich eine Gruppe normalerweise die Fähigkeit an, mit ihren eigenen Problemen selber fertigzuwerden, und das Verlangen nach fremder Hilfe verringert sich oder wird ganz überflüssig. Später will ein reifes und leistungsfähiges Team vielleicht ein- oder zweimal im Jahr mit einem Berater seines Vertrauens sprechen, um die Vorgänge auch aus einer anderen Perspektive kennen zu lernen.

Nicht zuletzt kann ein mit der Organisation vertrauter Berater auch behilflich sein, die Beziehungen zwischen den einzelnen Abteilungen zu verbessern. Zusammenfassend sei also gesagt: Ein Berater sollte eingesetzt werden:

- in der Anfangsphase des Teamtrainings;
- wenn Leiter und Mitglieder nicht imstande sind, gleichzeitig den Prozess zu steuern und an ihm teilzuhaben;
- wenn schwierige oder peinliche Konflikte zu lösen sind;
- wenn die Mitglieder bei einer Sache zu engagiert sind, als dass sie sich zurückhalten und nur beobachten können;
- um die Leistungsfähigkeit und die Probleme der Gruppe unparteiisch zu beurteilen;
- um von Zeit von Zeit Rechenschaft über die Fortschritte zu geben;
- wenn Probleme zwischen verschiedenen Gruppen auftreten, deren Lösung die Gruppe allein nicht herbeiführen kann.

Was kann ein Berater leisten?

Kein Berater kann ein Team erfolgreich machen; das muss es selber fertigbringen. Die Möglichkeit, dass der Berater die Arbeit der Gruppe übernimmt, scheidet ebenfalls aus. Doch kann er auf andere Weise der Gruppe behilflich sein. Manchmal braucht ein Unternehmen einfach jemanden, der spezielle Kenntnisse besitzt, über die es selber nicht verfügt. Wenn der Berater sein Wissen vermittelt hat, dann ist seine Aufgabe gelöst; er wird bezahlt und geht. Zum anderen können es Leute mit besonderen Fähigkeiten sein, die das Leistungsvermögen eines Unternehmens übersteigen. Ein gutes Beispiel dafür sind die Feuerwehrkommandos, die brennende Ölfelder löschen. Beratung innerhalb des Teamtrainings ist etwas anderes. Gegenstand der Beratertätigkeit ist nicht der Inhalt der Arbeit einer Gruppe, sondern der Prozess der Zusammenarbeit zwischen den Mitgliedern. Diese Unterscheidung zwischen Inhalt und Prozess ist elementar. Wichtige Leistungen eines Beraters bestehen darin,
- die Vorgänge zu beobachten, die sich während der Arbeit zwischen den Gruppenmitgliedern abspielen;
- der Gruppe einen Spiegel vor Augen zu halten, so dass die Mitglieder ein klares Bild von ihrem Verhalten gewinnen;
- mit der Gruppe zusammen neue Ziele zu finden;
- Maßnahmen auszuwählen, die geeignet sind, die Arbeitsmethoden der Gruppe zu verbessern;
- der Gruppe und ihren Mitgliedern Feedback über ihr Verhalten zu geben.

Ein Berater wird keinesfalls
- die Führung übernehmen, sondern dem Leiter und jedem Mitglied hilfreich beistehen;
- der Gruppe ihre Fehler zum Vorwurf machen, sondern ihr helfen, die Fehler zu entdecken;
- Entscheidungen für die Gruppe treffen, sondern ihr den Weg dahin ebnen;
- sich in die inhaltliche Arbeit der Gruppe einmischen;

- die Gruppe von sich abhängig machen, sondern dafür sorgen, dass sie sich von äußerer Hilfe befreit.

Gute Berater besitzen die Fähigkeit, sich mit viel Fingerspitzengefühl in den Dienst einer Gruppe zu stellen. Sie können ihre vielfältigen Erfahrungen aus der Arbeit mit anderen Gruppen anbieten, und diese Fähigkeiten und Erfahrungen sind es, die die Gruppe eingekauft hat.

Welche Qualitäten und Merkmale hat ein guter Berater?

Wir kennen einen hervorragenden Berater, der im Abitur durchfiel, fünfzehn Jahre als Schreiner arbeitete und zufällig zum Teamtraining kam. Ein anderer erfolgreicher Berater fing als Ingenieur an und gelangte über seine aktive Mitarbeit in der Kirchengemeinde zur Sozialarbeit und dann zur Teamarbeit. Ein weiterer Kollege ist Diplom-Psychologe und promovierte über Psychotherapieforschung. Einer der größten Blindgänger, dem wir im Beratungsbereich begegnet sind, besitzt ein Diplom in Soziologie und hat langjährige Erfahrung in der Sozialarbeit, in klinischer Psychologie und Forschung. Wir ziehen daraus die Schlussfolgerung, dass ein Rattenschwanz von akademischen Titeln noch keine Garantie für einen guten Berater ist.

Es ist schwierig, die Merkmale eines erfolgreichen Beraters zu beschreiben, denn die Berater, die wir bislang kennengelernt haben, unterscheiden sich zu sehr in ihren Lebensläufen und ihren Erfahrungen; trotzdem wollen wir einen Versuch wagen. Ein fähiger Berater ist

1. eine Person, die sich aus einer Vielzahl von persönlichen Erfahrungen Selbsterkenntnis erworben hat. Diese Selbsterkenntnis steht nicht in Büchern und wird nicht in der Schule unterrichtet, sondern bildet sich in der intensiven Zusammenarbeit mit anderen Menschen und in der Auseinandersetzung mit ihren Wertvorstellungen langsam heraus. In der Person des Beraters manifestieren sich diese Erfahrungen in Form von bestimmten Verhaltensweisen. Er
    - hört aktiv zu,
    - bringt anderen Menschen Wertschätzung entgegen,
    - nimmt die Menschen, wie sie sind,
    - hat den Horizont und die Zeit, sich mit anderen Menschen auseinanderzusetzen,
    - ist kein Dogmatiker und kein Ideologe,
    - kennt seine Wertvorstellungen,
    - steht Menschen und Ereignissen positiv gegenüber,
    - ist aufgeschlossen gegenüber den Problemen der Mitmenschen.
2. Der gute Berater besitzt ein theoretisches Fundament für seine Arbeit. Das bedeutet nicht, dass er die Theorien anderer Leute halbverdaut wiederkäut, so beeindruckend dies auch sein kann. Es bedeutet vielmehr, dass er wissenschaftliche Theorien so aufbereiten kann, dass sie eine Bereicherung für seine Arbeit sind.

3. Er ist offen und realistisch. Einige Berater versprechen das Blaue vom Himmel. Andere versuchen, durch raffinierte Manipulationen die Menschen zu einer Änderung ihrer Einstellungen zu überreden oder gar zu zwingen. Ein guter Berater ist ehrlich in seinem Feedback und legt seine eigenen Wertvorstellungen explizit dar. Insbesondere aber stellt er an den Anfang eines jeden Auftrags ein klares »Abkommen«, in dem die Erwartungen und Verantwortlichkeiten von Klient und Berater festgeschrieben sind.
4. Er kann mit der Gruppe in der »Hier-und-Jetzt«-Situation arbeiten und die Mitglieder dazu anregen, Verbesserungsvorschläge für die Zukunft zu machen. Hüten Sie sich aber vor dem Berater, der nur in der Zukunft lebt, wenn Sie echte Ergebnisse haben wollen.

Wo findet man Berater?

Es passiert häufig, dass ein Unternehmen, das gerade keinen Bedarf für einen Berater hat, geradezu von Werbebroschüren überschwemmt wird, die alle dramatische Verbesserungen in allen denkbaren Bereichen versprechen – von A wie Absatz bis Z wie Zen-Meditation. Paradoxerweise kann die Suche nach dem richtigen Berater zur beruflichen Bewährungsprobe werden, besonders dann, wenn man dringend einen braucht. Manchmal entsteht der Eindruck, als ob alle guten Berater bessere Weidegründe entdeckt haben, auf Jahre ausgebucht sind oder sich gerade auf dem Weg in die Sahara befinden, um dort ein Buch zu schreiben.

Trotzdem ist der richtige Berater irgendwo aufzufinden – in Instituten für Management-Ausbildung, in großen und kleinen Unternehmensberatungen, in anderen Organisationen oder als selbstständiger Trainer. Sie firmieren unter den verschiedensten Bezeichnungen:
Unternehmensberater, Bildungsreferent, Betriebspsychologe, Management-Trainer, Spezialist für Organisationsentwicklung usw. Der weitaus beste Weg aber, den Berater Ihres Vertrauens zu finden, ist die persönliche Empfehlung von Leuten, die gute Erfahrungen mit einem Berater gemacht haben. Fragen Sie einfach bei anderen Unternehmen und Institutionen an, die schon mit Teamtrainings zu tun gehabt haben.
Eine zweite Möglichkeit ist, sich von der nächsten Management-Akademie jemanden empfehlen zu lassen. Wenn das nicht klappt, suchen Sie in einer Management-Zeitschrift nach geeigneten Informationen, die Ihren Wünschen entsprechen, und wenden sich dann an den Herausgeber bzw. den Verfasser des Artikels. Wenn Sie auch dann noch niemanden gefunden haben, versuchen Sie es bei den größeren Unternehmensberatungsfirmen, die sich auf Verhaltens- und Gruppentraining spezialisiert haben, oder sprechen Sie mit den Berufsverbänden.
Eine Warnung: Wenn Sie sich an große Institute oder Beratungsgesellschaften wenden, dann bedenken Sie, dass Sie mit einer einzelnen Person und nicht mit

der Gesellschaft arbeiten müssen; sehen Sie sich deshalb die Person an, die ihnen empfohlen wird. Einen letzten Ausweg haben Sie immer: Schreiben Sie ihre Wünsche auf eine Postkarte und senden Sie sie an den Verlag Windmühle GmbH. Der Verlag ist gerne bereit, Ihnen zu helfen.

Wie findet man den geeigneten Berater?

Es ist von Vorteil, die Arbeit des künftigen Beraters erst zu prüfen und im Hinblick auf die eigenen Wünsche und Qualitätskriterien zu beurteilen. Jeder Berater, der seinen Filzschreiber wert ist, wird erfreut sein, wenn er Sie auf seine früheren Kunden verweisen darf; rufen Sie dort auch ruhig an und holen Sie sich die gewünschte Referenz ein.

Eine andere Methode besteht darin, mit verschiedenen Beratern zu reden und einen davon auszusuchen. Erörtern Sie Ihre Probleme mit allen Kandidaten, und schauen Sie sich jede der vorgeschlagenen Lösungsstrategien genau an. Erscheint sie Ihnen schlüssig? Realistisch? Nicht zu elegant?

Wenn der Berater diese Dinge mit Ihnen bespricht, sollte er dabei auch Ihnen gegenüber die Verhaltensweisen zeigen, durch die sich seine Arbeit auszeichnet. Nehmen Sie Abstand von einem solchen Berater wie diesem, der mit seinem aufdringlichen und großspurigen Benehmen am Telefon ein ganzes Büro beschäftigte. Als er endlich den Chef erreicht hatte und verkündete, dass er »Experte für zwischenmenschliche Beziehungen« sei, legte der Chef, der das Theater in seinem Büro mitbekommen hatte, den Hörer auf mit den Worten: »Das können Sie jemand anderem erzählen!«

Ein weiteres Kriterium ist, ob Sie bei einem Berater menschliche Wärme, Vertrauen und Verständnis für Entwicklungsprozesse feststellen können. Dies ist besonders wichtig, weil ein Berater im Teamtraining in einem sehr persönlichen Verhältnis zur Gruppe und zu jedem Mitglied stehen wird. Die Exploration der Probleme mit dem Gruppenleiter und der Gruppe (bevor noch irgendeine Abmachung getroffen wird) sollte so gründlich sein, dass sich die Gruppe einen Eindruck darüber bilden kann, ob sie mit diesem Berater zusammenarbeiten will.

Ein weiterer Bestandteil der einleitenden Verhandlungen sollte die Frage sein, ob der Berater soviel Zeit und Energie investieren will, um alle Ihre Wünsche zu erfüllen.

Und eine letzte Frage: Können Sie sich den Berater leisten? Beratung ist nicht billig, doch ein guter Berater kann der springende Punkt bei der Entwicklung Ihres Teams sein.

Wie sieht die Zusammenarbeit mit einem Berater aus?

Wenn es Ihnen gelingt, einen Berater geschickt in eine Gruppe oder in Ihr Unternehmen einzuführen, vermindern Sie damit das Risiko eines Fehlschlags. Diese Einführung könnte etwa so ablaufen:

1. Überlegen und formulieren Sie den Bedarf der Gruppe. Welche Konflikte und Probleme hat die Gruppe? Können Sie intern geregelt werden, oder sollte dafür jemand aus dem weiteren Unternehmensrahmen hinzugezogen werden? Hier kann der »Fragebogen zum Teamaufbau« eine große Hilfe sein.
2. Führen Sie eine Entscheidung darüber herbei, ob ein externer Berater engagiert werden soll. Wenn die Mitglieder der Meinung sind, dass professionelle Hilfe von außen erforderlich ist, dann gehen Sie zu Punkt 3 weiter.
3. Versuchen Sie, in Ihrer Umgebung eine Anzahl von geeigneten Beratern ausfindig zu machen, und lassen Sie sie auch mit anderen Gruppenmitgliedern Kontakt aufnehmen.
4. Wählen Sie den qualifiziertesten Berater aus.
5. Schließen Sie ein Abkommen mit dem Berater. Dies soll weniger ein formales Dokument als vielmehr ein gegenseitiges Übereinkommen für die folgenden Punkte darstellen:
   - die Erstdiagnose der anstehenden Probleme;
   - die Art und Weise, wie diese Probleme angegangen werden sollen;
   - die Bedingungen für eine weitere Diagnose und für die Erhebung von zusätzlichen Informationen;
   - das Verhältnis zwischen Berater und Gruppe (insbesondere Gruppenleiter);
   - die Rolle, die der Berater zu übernehmen wünscht;
   - die Planung der Anfangsphase;
   - die Bewertung von Fortschritten;
   - die Erfolgskriterien;
   - der Zeitpunkt, zu dem die Beratung beginnen soll;
   - der Zeitraum, über den sich die Beratung erstrecken soll;
   - der ungefähre Zeitaufwand des Beraters;
   - das Honorar und die Zahlungsweise.
6. Vervollständigen Sie die Erstdiagnose, und planen Sie, nach Möglichkeit zusammen mit der Gruppe, die ersten Maßnahmen.
7. Fangen Sie an.
8. Passen Sie auf, wann und wie der Berater ansetzt, sich aus der Gruppe herauszunehmen. Wichtigstes Ziel eines guten Beraters wird es sein, die Gruppe so weit zu bringen, ihre Weiterentwicklung selber in die Hand zu nehmen und unabhängig von fremder Hilfe zu werden. Vergewissern Sie sich, ob der Berater diesen Punkt beachtet.

In manchen Phasen des Teamtrainings kann ein Außenstehender wertvolle Dienste beim Abbau von Problemen leisten. Letztendlich aber muss jede Gruppe die erforderliche Leistungsfähigkeit und Vitalität aus sich selber schöpfen.

Kapitel 2
Der Fragebogen zum Teamaufbau – Die Diagnose

Die Grundlagen sind gelegt, die Vorteile aufgezählt, die Vorbehalte ausgesprochen, das Verfahren erklärt. Nun ist es an der Zeit, den Spaten anzusetzen und mit dem Graben zu beginnen – den Blick auf die eigene Gruppe zu richten. Wir laden Sie ein, den Fragebogen zum Teamaufbau für Ihre konkrete Gruppe zu beantworten. Bevor Sie aber den Fragebogen austeilen, sollten Sie sicherstellen, dass die Befragten sich freiwillig dazu bereit erklärt haben.

2.1 Die Anwendung des Fragebogens

Ziele:
1. einer Arbeitsgruppe zu helfen, ihre Stärken und Schwächen zu erkennen
2. festzustellen, ob eine Gruppe den Wunsch und die Motivation hat, ein Teamtraining zu beginnen
3. Hilfen zu geben, um in einer Gruppe das Verständnis für die Vorteile einer erfolgreichen Teamarbeit zu schaffen

Dauer:
mindestens zwei Stunden

Materialien:
1. ein »Fragebogen zum Teamaufbau«, ein Antwortraster, ein Auswertungsblatt und ein Bleistift für jeden Teilnehmer. (Der Verlag erteilt Ihnen die Erlaubnis, die Blätter für den internen, nichtkommerziellen Gebrauch zu vervielfältigen.)
2. Papier für jeden Teilnehmer
3. ein großer Block Flipchart-Papier, Klebeband und Filzschreiber, Tafel und Kreide

Räumliches Arrangement:
ein ruhiger Raum, in dem die Gruppenmitglieder bequem sitzen und schreiben können

Ablauf:
1. Ein Gruppenmitglied, meistens der Leiter, macht sich vor der Sitzung mit dem Verfahren vertraut, wie es im Abschnitt »Auswertung des Fragebogens« (S. 62) beschrieben ist. Diese Person agiert während der Sitzung als Moderator und Diskussionsleiter.

2. Zu Beginn der Sitzung gibt der Moderator einige Erklärungen ab über den Prozess, dem sich die Gruppe unterziehen will. Er betont, dass die freiwillige

Mitwirkung Voraussetzung ist, und fordert die Leute auf, ihre Meinungen offen zu äußern. Nur wenn darin volle Übereinstimmung erreicht ist, wird der Fragebogen ausgegeben (10 Min.).

3. Die Gruppenmitglieder beantworten den Fragebogen und den Auswertungsbogen (20 Min.).

4. Mit Hilfe der Angaben zur Auswertung des Fragebogens leitet der Moderator die Gruppe beim Eintragen der Antworten an (15 Min.).

5. Nun folgt der wichtigste Teil der Aktivität. Der Moderator kündigt eine Diskussion der Ergebnisse an, und die Gruppenmitglieder beschäftigen sich für die nächsten 60 Minuten mit folgenden Fragen:
   – Sind die Ergebnisse stichhaltig?
   – Weiche Stärken und Schwächen der Gruppe sind sichtbar geworden?
   – Welche Möglichkeiten stehen der Gruppe zur Verfügung, um besser zu werden und Widerstände zu beseitigen? Es ist wichtig, die letzte Frage sehr konkret zu beantworten. Ein Maß für die Opferbereitschaft der Gruppe ist der Verzicht auf Freizeit zugunsten des Projekts. Wenn sie bereit ist, aus der ohnehin knappen Freizeit einige Stunden für das Teamtraining abzuzweigen, dann hat sie ein klares Votum abgegeben, und sehr wahrscheinlich lassen konkrete Aktionen nicht mehr lange auf sich warten.

6. Wenn die Diskussion abgeschlossen ist, sollte die Gruppe darüber entscheiden, ob sie ein Trainingsprogramm in die Wege leiten will. Manchmal ist es nützlich, einige Tage Bedenkzeit zu gewähren, bevor ein Beschluss gefasst wird. Wenn es soweit ist, wenn die Gruppe also erfolgreicher werden möchte, dann kann sie mit diesem Buch arbeiten, es auf ihre Verhältnisse übertragen und aus den beschriebenen Erfahrungen lernen.

2.2 Der Fragebogen zum Teamaufbau

Instruktionen

Teil 1
Versuchen Sie bitte, Ihre Gruppe knapp und präzise zu charakterisieren. Tragen Sie entweder die Namen oder ein unverwechselbares Kennzeichen jedes Mitgliedes Ihrer Gruppe hier ein.

> Gruppenspiegel 1:
> Meine Charakteristik des Teams:
>
> _____
>
> _____
>
> _____
>
> _____

Teil 2
Im Anschluss finden Sie eine Liste von 108 Aussagen. Bewerten Sie jede dieser Aussagen im Hinblick auf Ihre Gruppe. Tragen Sie Ihre Bewertung in den Antwortraster ein. Wenn Sie glauben, dass eine Aussage ziemlich genau zutrifft, so kreuzen Sie das entsprechende Feld im Antwortraster an. Wenn Sie meinen, dass eine Aussage kaum zutrifft, lassen Sie dieses Feld leer. Gehen Sie systematisch den Fragebogen durch, und beantworten Sie jede Frage. Es kann vorkommen, dass Ihnen die Antworten auf bestimmte Fragen schwerfallen, doch antworten Sie, so gut Sie können. Es kann zweckmäßig sein, die Nummern der problematischen Aussagen am Rand zu vermerken. Denken Sie daran, dass die Gültigkeit der Ergebnisse von Ihrer Offenheit und Ehrlichkeit abhängt. Der Fragebogen ist nicht als wissenschaftliche Erhebung gedacht, sondern soll Gedanken und Gespräche anregen.

Kapitel 2 *Der Fragebogen zum Teamaufbau – Die Diagnose*

Fragebogen zum Teamaufbau

1. Gruppenleiter und Gruppenmitglieder nehmen sich kaum einmal die Zeit, einander ihre Erwartungen und Wünsche mitzuteilen. — ja / nein
2. Die Arbeit der Gruppe würde gewinnen, wenn die Mitglieder ihre fachliche Qualifikation verbessern würden. — ja / nein
3. Die meisten Mitglieder halten die Ziele der Gruppe für kaum erstrebenswert. — ja / nein
4. Die Leute in dieser Gruppe verhalten sich nicht wirklich frei und offen zueinander. — ja / nein
5. Die Ziele unserer Gruppe sind nicht richtig klar. — ja / nein
6. Die Gruppenmitglieder wissen nicht, welche Bedeutung ihre Arbeit im Gesamtunternehmen hat. — ja / nein
7. Wir erzielen bei unseren Sitzungen selten große Fortschritte. — ja / nein
8. Die Ziele mancher Gruppenmitglieder stimmen nicht mit denen der anderen überein. — ja / nein
9. Kritisierte Gruppenmitglieder haben oft das Gefühl, ihr Gesicht zu verlieren. — ja / nein
10. Neue Mitglieder bleiben oft sich selbst überlassen, wenn sie ihren Platz in der Gruppe suchen. — ja / nein
11. Die Gruppe bringt nur wenig neue Ideen hervor. — ja / nein
12. Wir haben häufig Konflikte mit anderen Gruppen im Haus. — ja / nein
13. Der Gruppenleiter duldet nicht, dass Gruppenmitglieder Führungsaufgaben übernehmen. — ja / nein
14. Einige Gruppenmitglieder werden mit den laufenden Anforderungen ihrer Arbeit nicht mehr fertig. — ja / nein
15. Die Gruppenmitglieder sind nicht ernsthaft am Erfolg der Gruppe interessiert. — ja / nein
16. In Diskussionen verbergen die Mitglieder oft ihre wahren Motive. — ja / nein
17. Realistisch betrachtet, erreicht die Gruppe selten ihr Ziel. — ja / nein
18. In anderen Unternehmensbereichen fehlt das richtige Verständnis für unsere Arbeit. — ja / nein
19. In Sitzungen hören wir einander nicht zu. — ja / nein
20. Die Gruppenmitglieder wissen nicht genau, welche Funktion sie in der Gruppe haben. — ja / nein
21. Mitglieder halten sich oft in ihrer Kritik zurück, um Projekte nicht zu gefährden. — ja / nein
22. Die Fähigkeiten mancher Mitglieder liegen brach. — ja / nein
23. Die Gruppenmitglieder trauen sich nicht, neue Ideen zu äußern. — ja / nein

Bitte Zutreffendes ankreuzen

Kapitel 2 *Der Fragebogen zum Teamaufbau – Die Diagnose*

24.	Unsere Gruppe hat keine konstruktiven Beziehungen zu anderen Gruppen innerhalb des Unternehmens.	ja	nein
25.	Manche Mitglieder sind sich nicht im Klaren über ihr Verhältnis zum Gruppenleiter.	ja	nein
26.	Die in unserer Gruppe vorhandenen Erfahrungen und Fertigkeiten passen nicht zu unserer Tätigkeit.	ja	nein
27.	Ich verspüre kein besonderes Gefühl der Verbundenheit mit meiner Gruppe.	ja	nein
28.	Es wäre gut, wenn ab und zu Sitzungen zur »Reinigung der Atmosphäre« stattfinden würden.	ja	nein
29.	In der praktischen Arbeit akzeptieren wir auch niedrige Leistungsstandards.	ja	nein
30.	Wenn die Gruppe aufgelöst würde, würde das Unternehmen den Verlust nicht bemerken.	ja	nein
31.	In den Sitzungen vermisst man oft methodisches Vorgehen.	ja	nein
32.	Es gibt keine regelmäßigen Gespräche über Ziele und Prioritäten einzelner Mitglieder.	ja	nein
33.	Die Gruppe lernt nicht aus ihren Fehlern.	ja	nein
34.	Die Mitglieder zeigen kein Interesse daran, »up-to-date« zu bleiben oder sich weiterzubilden.	ja	nein
35.	Wir haben den Ruf, hinter dem Mond zu leben.	ja	nein
36.	Die Gruppe geht zu wenig auf die Wünsche anderer Gruppen ein.	ja	nein
37.	Der Gruppenleiter erhält kaum Informationen darüber, wie seine Arbeit von der Gruppe eingeschätzt wird.	ja	nein
38.	Die Leute im Unternehmen halten uns für unfähig, unseren Arbeitsanforderungen zu entsprechen.	ja	nein
39.	Ich bin nicht bereit, für die Gruppe Unannehmlichkeiten in Kauf zu nehmen.	ja	nein
40.	Wichtige Dinge werden oft unter den Teppich gekehrt.	ja	nein
41.	Den Mitgliedern werden zuwenig Anreize geboten, sich anzustrengen.	ja	nein
42.	Die Arbeit unserer Gruppe überlappt sich mit der Tätigkeit anderer Gruppen.	ja	nein
43.	Die Gruppenmitglieder bereiten sich selten auf eine Sitzung vor und planen sie auch nicht sonderlich gut.	ja	nein
44.	Wenn ein Mitglied fehlt, bleibt seine momentane Arbeit liegen.	ja	nein
45.	Die Versuche, Sachverhalte kritisch zu werten, werden als negativ und verletzend angesehen.	ja	nein

Bitte Zutreffendes ankreuzen

		ja	nein
46.	Es wird wenig Zeit und Mühe auf persönliche Weiterentwicklung verwendet.	ja	nein
47.	Diese Gruppe ist wenig innovativ.	ja	nein
48.	Wir verbessern nicht bewusst unsere Beziehungen zu anderen Arbeitsgruppen.	ja	nein
49.	Die Qualität unserer Entscheidungen wäre besser, wenn die Mitglieder mehr die Initiative ergreifen würden.	ja	nein
50.	Die fachliche Qualifikation der Gruppe ist zu niedrig.	ja	nein
51.	Einige Gruppenmitglieder haben Schwierigkeiten, sich in dem erforderlichen Maß für ihre Arbeit einzusetzen.	ja	nein
52.	Wir legen zu viel Wert auf Übereinstimmung.	ja	nein
53.	Durch ineffektive Methoden verschwenden wir zu viele Kräfte.	ja	nein
54.	Die Funktion unserer Gruppe innerhalb des Unternehmens ist nicht klar festgelegt.	ja	nein
55.	Die Gruppe investiert keine Zeit für die Kontrolle ihrer Problemlösungsstrategien.	ja	nein
56.	Der Informationsfluss zwischen den Mitgliedern lässt viel zu wünschen übrig.	ja	nein
57.	Eine unparteiische Begutachtung unserer Arbeitsweise würde uns weiterhelfen.	ja	nein
58.	Die meisten Gruppenmitglieder sind nur in ihrem Fachgebiet ausgebildet worden.	ja	nein
59.	Gute Gedanken werden nicht aufgegriffen.	ja	nein
60.	Einige schwere Fehler wären zu vermeiden gewesen, wenn wir besser mit anderen Gruppen zusammengearbeitet hätten.	ja	nein
61.	Der Gruppenleiter trifft oft Entscheidungen, ohne sie mit den Mitgliedern besprochen zu haben.	ja	nein
62.	Die Gruppe braucht neues Wissen und neue Methoden.	ja	nein
63.	Ich wünschte, ich wäre motivierter durch die Arbeit in dieser Gruppe.	ja	nein
64.	Meistens werden Konflikte zwischen den Mitgliedern nicht sauber gelöst.	ja	nein
65.	Es wird niemals gefragt, ob sich unsere Anstrengungen für das Unternehmen gelohnt haben.	ja	nein
66.	Wir haben noch keinen geeigneten Modus gefunden, unsere Ziele und Strategien festzulegen.	ja	nein
67.	Es ist, als ob wir in feuchtem Zement waten, wenn wir ein schwieriges Problem zu bearbeiten haben.	ja	nein
68.	Der Gruppe fehlen der administrative Rückhalt und die dazu erforderlichen verwaltungstechnischen Verfahren.	ja	nein

Bitte Zutreffendes ankreuzen

69.	Uns fehlt die Fähigkeit, konstruktiv unsere Leistungsfähigkeit zu kritisieren.	ja	nein
70.	Die Gruppe unternimmt keine Schritte, um ihre Mitglieder »aufzubauen«.	ja	nein
71.	Neue Ideen, die von außen kommen, haben kaum eine Chance.	ja	nein
72.	Die Gruppen und Abteilungen in diesem Unternehmen wollen lieber konkurrieren als kooperieren.	ja	nein
73.	Der Gruppenleiter passt seinen Führungsstil nicht der jeweiligen Situation an.	ja	nein
74.	Manchen Leuten, die neu in die Gruppe kommen, fehlt die notwendige Qualifikation.	ja	nein
75.	Niemand setzt sich dafür ein, die Gruppe erfolgreich zu machen.	ja	nein
76.	Die Mitglieder kommen einander menschlich nicht näher.	ja	nein
77.	Wir sind offensichtlich mehr daran interessiert einen guten Eindruck zu hinterlassen als Ergebnisse zu erzielen.	ja	nein
78.	Das Unternehmen weiß die Kreativität und Sachkenntnis der Gruppe nicht gewinnbringend einzusetzen.	ja	nein
79.	Wir haben zwar Gruppensitzungen, machen uns aber keine Gedanken über ihren Zweck.	ja	nein
80.	Wir sind wenig flexibel in unserer Arbeitsweise und nutzen unser Leistungspotenzial nicht genug.	ja	nein
81.	Unsere Leistungen wären besser, wenn mehr konstruktive Kritik geäußert würde.	ja	nein
82.	Gruppenmitglieder, die ihrer Sache nicht sicher oder zurückhaltend sind, werden häufig übergangen.	ja	nein
83.	Es ist richtig, dass unsere Gruppe wenig Phantasie besitzt.	ja	nein
84.	Andere Gruppen/Abteilungen haben wohl keine hohe Meinung von uns.	ja	nein
85.	Der Gruppenleiter ist nicht sensibel genug für die verschiedenen Sorgen der Mitglieder.	ja	nein
86.	Einige Gruppenmitglieder stellen sich nicht auf die Anforderungen der Gruppe ein, trotz der Bemühungen, ihnen zu helfen.	ja	nein
87.	Wenn ein Mitglied in Schwierigkeiten steckt, muss es gewöhnlich aliein damit fertig werden.	ja	nein
88.	Es gibt Cliquen und Intrigen in der Gruppe.	ja	nein
89.	Nichts von dem, was wir bisher geleistet haben, verdient die Note »sehr gut«.	ja	nein
90.	Die Ziele der Gruppe stehen nicht mit den Unternehmenszielen im Einklang.	ja	nein

Bitte Zutreffendes ankreuzen

Kapitel 2 *Der Fragebogen zum Teamaufbau – Die Diagnose*

91. Oft halten wir uns nicht an die Entscheidungen, die wir getroffen haben, oder setzen sie nur zum Teil in die Tat um. — ja / nein
92. Die Mitglieder könnten viel besser zusammenarbeiten, wenn sie mehr »von Mensch zu Mensch« miteinander verkehren würden. — ja / nein
93. Wir nehmen uns kaum einmal die Zeit, um über Aufgabenbereich, Arbeitsmethoden und Verbesserungsvorschläge zu sprechen. — ja / nein
94. Jemand, der die eingefahrenen Bräuche der Gruppe in Frage stellt, wird schnell in seine Schranken verwiesen. — ja / nein
95. Nur wenige Mitglieder äußern neue Ideen. — ja / nein
96. Wir lernen kaum Leute aus anderen Unternehmensbereichen kennen. — ja / nein
97. Ich weiß nicht, ob unsere Interessen auf höherer Ebene richtig vertreten werden. — ja / nein
98. Einige Gruppenmitglieder haben noch einen beträchtlichen Nachholbedarf in puncto Weiterbildung. — ja / nein
99. Manche Mitglieder verfolgen ihre persönlichen Ziele auf Kosten der Gruppe. — ja / nein
100. Meinungsverschiedenheiten zwischen den Gruppenmitgliedern werden selten restlos geklärt und die individuellen Standpunkte zu wenig berücksichtigt. — ja / nein
101. Oft gelingt es uns nicht, eine Arbeit zu einem erfolgreichen Abschluss zu bringen. — ja / nein
102. Wir haben keine klaren Richtlinien für unsere Arbeit. — ja / nein
103. Manche Punkte, mit denen wir uns in den Sitzungen beschäftigen sollten, bleiben ungeklärt. — ja / nein
104. Wir achten nicht besonders darauf, wie wir unsere Zeit und unsere Kräfte einteilen. — ja / nein
105. Wir fassen zwar Vorsätze, doch eigentlich lernen wir nicht aus unseren Fehlern. — ja / nein
106. Die Mitglieder werden nicht dazu ermuntert, ihr Wissen und ihre Fähigkeiten außerhalb der Gruppe zu erweitern. — ja / nein
107. Oft werden kreative Ideen nicht in definitive Handlungen umgesetzt. — ja / nein
108. Wenn wir mit anderen Gruppen besser zusammenarbeiten könnten, würde sich unsere Leistungsfähigkeit erhöhen. — ja / nein

Bitte Zutreffendes ankreuzen

Der Antwortraster

- Folgen Sie den Instruktionen des Fragebogens zum Teamaufbau.
- In dem unten abgebildeten Raster befinden sich 108 Felder, die entsprechend den Aussagen im Fragebogen durchnummeriert sind.
- Wenn Sie glauben, dass eine Aussage auf Ihre Gruppe im Großen und Ganzen zutrifft, dann kreuzen Sie das Feld an; wenn die Aussage nicht stimmt, lassen Sie dieses Feld frei.
- Beginnen Sie in der obersten Zeile und arbeiten von links nach rechts, gehen Sie dann zur zweiten Zeile usw.
- Versuchen Sie, alle Aussagen zu beantworten; wenn Sie meinen, dass eine Aussage besonders typisch ist oder besonders schwierig zu beantworten, dann kennzeichnen Sie das Feld mit einem Stern. Diese Aussagen können gesondert besprochen werden.
- Wenn Sie alle 108 Aussagen übertragen haben, zählen Sie die Anzahl der angekreuzten Felder in jeder senkrechten Spalte zusammen und tragen das Ergebnis in die Summenzeile ein. Bitte beantworten Sie erst alle Fragen, bevor Sie weiterlesen.

Antwortraster

1	2	3	4	5	6	7	8	9	10	11	12
13	14	15	16	17	18	19	20	21	22	23	24
25	26	27	28	29	30	31	32	33	34	35	36
37	38	39	40	41	42	43	44	45	46	47	48
49	50	51	52	53	54	55	56	57	58	59	60
61	62	63	64	65	66	67	68	69	70	71	72
73	74	75	76	77	78	79	80	81	82	83	84
85	86	87	88	89	90	91	92	93	94	95	96
97	98	99	100	101	102	103	104	105	106	107	108
Summe											
I	II	III	IV	V	VI	VII	VIII	IX	X	XI	XII

Kapitel 2 *Der Fragebogen zum Teamaufbau – Die Diagnose*

2.3 Die Auswertung des Fragebogens

Wenn Sie alle zwölf Spalten im Antwortraster zusammengezählt haben, dann tragen Sie bitte die Ergebnisse in die erste Spalte dieses Diagramms ein.

Spalte	Eigene Punktzahl	Eigener Rangplatz	Durchschnittspunktzahl der Gruppe	Rangplatz der Gruppe	Probleme
I					Inkompetente Führung
II					Unzureichende Qualifikation
III					Fehlendes Engagement
IV					Schlechtes Gruppenklima
V					Niedrige Leistungsstandards
VI					Unklare Rolle im Unternehmen
VII					Ineffektive Arbeitsmethoden
VIII					Schlechte Organisation
IX					Destruktive Kritik
X					Vernachlässigte Weiterentwicklung
XI					Fehlende Kreativität
XII					Negative Beziehungen zu anderen Gruppen

Tragen Sie hier die drei höchsten Punktwerte für sich und Ihre Gruppe ein.

Eigene Höchstpunktzahl	Bezeichnung	Höchste Durchschnittspunktzahl der Gruppe	Bezeichnung
1.		1.	
2.		2.	
3.		3.	

Die Bezeichnungen mit den höchsten Punktwerten zeigen die Probleme an, mit denen sich ihre Gruppe vornehmlich auseinanderzusetzen hat. Allerdings müssen diese Ergebnisse durch Gespräche und weitere Auswertungen bestätigt werden.

Die Interpretation des Fragebogens

Wir möchten nun, nachdem der Fragebogen ausgefüllt ist, weitere Erläuterungen zur Interpretation der Antworten geben. Gewöhnlich wollen die Gruppenmitglieder nach der Beantwortung des Fragebogens (bzw. zu Beginn der Sitzung, wenn der Fragebogen zu Hause ausgefüllt wurde) ihre Antworten miteinander vergleichen. Mit Hilfe des hier geschilderten Verfahrens erkennen Sie sehr früh die Hauptprobleme, und Sie erhalten eine Menge wertvoller Informationen dazu. Sie benötigen entweder einen Bogen Flipchart-Papier oder eine Tafel oder ein anderes Hilfsmittel zur Darstellung von Informationen.
Stellen Sie zuerst fest, ob jedes Gruppenmitglied bereit ist, seine Antworten öffentlich bekanntzugeben. Je nachdem, wie die Entscheidung ausfällt, berichtet die Gruppe entweder offen oder anonym ihre Ergebnisse. Die Punktwerte werden in den Gruppenspiegel eingetragen und waagerecht und senkrecht zusammengezählt. Ein Muster des Gruppenspiegels für eine aus fünf Mitgliedern bestehende Gruppe ist auf der folgenden Seite abgebildet. Zeichnen Sie ein entsprechendes Diagramm für Ihre Gruppe.

Kapitel 2 *Der Fragebogen zum Teamaufbau – Die Diagnose*

Gruppenspiegel 2

Problem	Anna Everding	Martin Ochs	Walter Eggers	Henry Winer	Franziska Jacobi	Summe	Dringlich-keitsstufe
I							
II							
III							
IV							
V							
VI							
VII							
VIII							
IX							
X							
XI							
XII							
Summe							

Bitte lesen Sie erst weiter, wenn von Ihnen alle Fragen eindeutig zugeordnet wurden.

In die Spalten des Gruppenspiegels werden die Antworten der einzelnen Gruppenmitglieder eingetragen. Die Variationen in den Punktwerten können durch die individuell verschiedenen Maßstäbe, die die Mitglieder bei der Beantwortung angelegt haben, oder durch ihre unterschiedlichen Interpretationen der Ereignisse zustande kommen, in jedem Fall sind sie eine Diskussion wert.

Die Summen, die sich aus den Zeilen des Gruppenspiegels ergeben, haben eine besondere Bedeutung, weil sie die Stärken der Gruppe und die Verbesserungswünsche aus der Sicht der Mitglieder aufzeigen. Niedrige Werte deuten auf starke Bereiche, die nur der Bestätigung bedürfen, während hohe Werte auf mögliche Probleme hinweisen, die der Aufmerksamkeit der Gruppe empfohlen seien und beseitigt werden müssen.

Die Begriffe »Stärke« und »Schwäche« spielen eine wichtige Rolle für das Verständnis unseres Modells des Teamtrainings. Unser Verständnis dieser Begriffe resultiert aus den Erfahrungen, die wir in der Arbeit mit Gruppen in den verschiedensten Bereichen gemacht haben: Es gibt sie in der Industrie, in Banken, in pädagogischen und sozialen Einrichtungen, auf Schiffen, in den Medien und beim Militär. Wir haben versucht, Stärken und Schwächen von bestehenden Arbeitsgruppen zu analysieren und deren Leistungsfähigkeit zu erfassen. Daraus hat sich nach und nach dieses Modell herauskristallisiert, und es hat sich in vielen Sitzungen bewährt.

Es ist uns klar geworden, dass Teams nicht vom Fließband laufen wie gewalzte Stahlprofile; Teams wachsen, wenn die Verhältnisse günstig sind, wie Kristalle. Es ist sinnvoll, sich den Trainingsprozess als eine Abfolge von Schritten bis hin zur Reife vorzustellen. Auf diesem Weg muss die Gruppe eine Reihe von Problemen bewältigen. Wenn sie diesen Problemen ausweicht oder sie nicht sauber löst, werden sie zu dem, was wir »Blockaden« oder »Widerstände« nennen.

Widerstände hemmen den »Energiefluss«. Erst wenn ein Widerstand restlos überwunden ist, kann die Energie wieder ungehindert fließen, und in gewisser Weise ist dann der Widerstand zu einem Verstärker geworden. Jede Gruppe muss Mittel und Wege finden, ihre Widerstände zu überwinden und in Verstärker zu verwandeln. Es gibt zwölf solcher »Widerstände«, und jeder von ihnen kann die Leistungsfähigkeit der Gruppe beeinträchtigen, doch kann er auch zu einem Verstärker und zu einer Kraftquelle für die Gruppe werden. In diesem Sinne liefern die Ergebnisse des Fragebogens wertvolle Aufschlüsse.

Die Spalte »Dringlichkeitsstufe« im Gruppenspiegel bezeichnet die Bedeutsamkeit des Widerstands für die Gruppe. Die höchste Stufe wird der höchsten (Zeilen)punktzahl verliehen usw. bis zur zwölften, die dem niedrigsten Punktwert zugeordnet wird. Wenn Sie alle Dringlichkeitsstufen ermittelt haben, dann richten Sie Ihr Augenmerk auf die Stufen 1, 2 und 3. Diese Bereiche bedürfen am meisten einer Klärung und Bearbeitung.

Wenn die Daten gesammelt und aufgezeichnet sind, wird der Rest der Sitzung zur Vertiefung der Ergebnisse verwendet. Manchen Gruppen fällt es leichter, einen

Kapitel 2 Der Fragebogen zum Teamaufbau – Die Diagnose

Fragebogen nach dem anderen durchzugehen und jede Äußerung zu den wichtigen Fragen gesondert zu besprechen. Die Diskussion kann in verschiedene Richtungen führen, sollte aber mit einer Zusammenfassung der wichtigsten Punkte und einer Verabredung über die zu treffenden Maßnahmen abgeschlossen werden.

Ein Fallbeispiel

Es ist jetzt an der Zeit, das Verständnis für den Fragebogen zum Teamaufbau mit Hilfe eines Fallbeispiels zu erleichtern. Die hier geschilderte Gruppe bestand aus sechs Mitgliedern und bildete eine Untereinheit innerhalb einer größeren Gruppe. Sie existierte zum Zeitpunkt der Befragung seit etwa einem Jahr, dagegen betrug die Zugehörigkeit ihrer Mitglieder zur größeren Gruppe zwischen drei Monaten und 30 Jahren, ihr Aufgabenbereich war relativ neu, infolgedessen befand sich die Gruppe noch in der Strukturierungsphase und war sich über Auftrag, Arbeitsverteilung, Strategien und Beziehungen noch nicht ganz im Klaren. So verbreitete sich einige Unsicherheit und Nervosität in der Gruppe.
Den Anstoß gab der Gruppenleiter. Eines Tages brachte er den Fragebogen in eine Sitzung mit, erklärte dessen Zweck und fragte die Mitglieder, ob sie so etwas für sinnvoll erachten. Die Mitglieder äußerten zwar einige Bedenken, kamen aber schließlich darin überein, ihre Tätigkeit einer genaueren Prüfung zu unterziehen. Sie verabredeten einen Termin für eine Sitzung und steckten ihre Fragebogen ein, um sie in aller Ruhe ausfüllen zu können.

Die Besprechung des Fragebogens

Zu Anfang der Sitzung präsentierte der Gruppenleiter die Ziele der Befragung und machte dann den Vorschlag, zuerst die Ergebnisse des Fragebogens bekanntzugeben und kurz darüber zu diskutieren. Sollten sich die Resultate als brauchbar erweisen, könnte eine längere informelle Sitzung anberaumt werden. Die von den Mitgliedern vorgelesenen Antworten wurden auf einem Flipchart notiert (s. Abb. 1 auf der folgenden Seite). Nachdem alle Ergebnisse zusammengezählt waren, wurden die höchsten Punktwerte mit einem Sternchen markiert, um ihre besondere Dringlichkeit herauszustellen. Dann wurde geprüft, ob die Antworten tatsächlich die Eindrücke der Gruppe widerspiegeln, was von den Mitgliedern bestätigt wurde.
Zu diesem Zeitpunkt bemerkte ein Gruppenmitglied, dass seiner Ansicht nach zwei verschiedene Probleme zur Behandlung anstünden. Das eine hinge mit der Organisation und der Arbeitsweise der Gruppe zusammen, das andere seien die persönlichen Gefühle, die die Mitglieder für- oder gegeneinander hegten.
Die Gruppe diskutierte diese Bemerkung und fand sie zutreffend. Jemand schlug vor, den ersten Punkt, der leichter zu behandeln sei, sofort anzugehen, um zu sehen, wie so etwas ablaufe, und dann darüber abzustimmen, wie man den zweiten Punkt anpacken solle.

Kapitel 2 *Der Fragebogen zum Teamaufbau – Die Diagnose*

Kategorie		Harald Bertsch	Maria Schaib	Peter Falk	Angelika Herzel	Winfried Nußbach	Claudia Läufer	Summe
I.	Führung	–	–	–	–	1	3	4
II.	Qualifikation	–	4	2	1	2	2	11
III.	Engagement	1	–	–	–	–	–	1
IV.	Klima	–	4	4	3	3	4	18*
V.	Leistungsniveau	–	1	1	1	–	2	5
VI.	Rolle in der Organisation	2	2	3	4	6	–	17*
VII.	Arbeitsmethode	–	1	7	3	5	2	18*
VIII.	Organisation	3	5	2	2	4	4	20*
IX.	Kritik	1	3	2	2	2	3	13
X.	Weiterentwicklung	1	–	–	–	1	2	4
XI.	Kreativität	–	–	–	1	–	2	3
XII.	Beziehungen zu anderen Gruppen	5	3	–	3	4	3	18*
	Summe	13	23	21	20	28	27	

Abb. 4: Gruppenspiegel zum Fallbeispiel

Dieser Vorschlag schien sinnvoll zu sein, und die Gruppe begann ein Brainstorming zu den Themen »Organisation« und »Arbeitsmethoden«. Folgende Gedanken wurden auf einem Flipchart aufgezeichnet:

Organisation
- Ein Problem ist die Kommunikation. Die Mitglieder befinden sich die meiste Zeit nicht an ihrem Schreibtisch, haben zu viel zu tun usw.
  Maßnahme: Intensivierung unserer Sitzungen.
- Unsere Administration ist zu schwach und schlecht organisiert.
  Maßnahme: In Zukunft übernimmt außer Herrn Falk auch Frau Läufer administrative Aufgaben für die Gruppe.
- Wir sind uns nicht ganz im Klaren über unsere Funktionen innerhalb der Gruppe. Es besteht der Wunsch nach mehr Abgrenzung und Differenzierung.
  Maßnahme: Differenzierung der Funktionen von Frau Schaib, Frau Herzel und Herrn Bertsch.
- Prioritäten und Ziele sind zu klären. Es schien so, als ob alle darüber Bescheid wüssten, aber das war nicht der Fall.
  Maßnahme: Herr Falk verfasst einen kurzen Bericht darüber bis zur nächsten Sitzung.

Sitzungen
- Es sollte regelmäßig alle zwei Wochen eine Sitzung stattfinden.
- Wir sollten eine Tagesordnung festlegen.
- Jeder schreibt ein Resümee darüber, woran er/sie in den letzten zwei Wochen gearbeitet hat (ca. eine Seite).
- Frau Herzel ist für die Sitzungen verantwortlich.

Weitere Maßnahmen
- Herr Bertsch spricht mit Herrn Fa!k, dem Gruppenleiter, über seine Funktion in der Gruppe.
- Frau Herzel, Frau Schaib, Herr Nußbach und Herr Falk setzen sich zusammen und klären die Funktionen von Frau Schaib und Frau Herzel und deren Wissenslücken.

Die genannten Vorschläge wurden in der Gruppe besprochen und genehmigt und innerhalb der nächsten vier Wochen in die Tat umgesetzt.
Bei der ersten regulären Sitzung wurden die bisherigen Ergebnisse vorgetragen und das weitere Programm für die Funktionsabklärungen und Fortbildungsmaßnahmen aufgestellt. Am Ende der ersten Sitzung kam die Gruppe überein, sich für zwei Tage zurückzuziehen: Sie wollte ihre Beziehungen zueinander vertiefen und ihre Funktion im Rahmen des Gesamtunternehmens abgrenzen.

Die Gruppe traf sich zu einer eintägigen informellen Sitzung, um über ihre Beziehungen zueinander zu sprechen. In dieser Sitzung wurden viele Ressentiments, die die Gruppe einem ihrer Mitglieder entgegenbrachte, aus der Welt geschafft.

Diese Sitzung begann mit einer Übung, in der die Mitglieder Fragen wie »Wie sehe ich dich?«, »Wie siehst du mich?«, »Ich finde, du solltest mehr...« und »Ich finde, du solltest weniger...« beantworteten. Weil die Angelegenheit auf einer so konkreten Ebene behandelt wurde, kam eine Menge von individuellen Entwicklungsprogrammen zustande. Die Mitglieder verpflichteten sich, an ihren persönlichen Programmen zu arbeiten und sich in drei Monaten wieder zu treffen, um Fortschritt und Wohlbefinden der Gruppe zu begutachten. Ein weiterer Tag wurde darauf verwendet, den Bericht von Herrn Falk und Herrn Nußbach über Prioritäten und Auftrag der Gruppe zu diskutieren.

Drei Monate nach der ersten Sitzung kam die Gruppe wieder zusammen und hatte folgende Resultate zu vermeiden:
- Die Organisation war durchsichtiger geworden;
- die Rollen waren klar verteilt und die Mitglieder fühlten sich wohl darin;
- die Kommunikation innerhalb und außerhalb der Sitzungen funktionierte besser;
- die Offenheit zwischen den Mitgliedern war gewachsen und sollte noch weiter vertieft werden.

In diesem Stadium wollen wir die Gruppe verlassen. Sollten die Mitglieder weitermachen und bereit sein, die erforderliche Zeit dafür aufzuwenden, käme als nächster Schritt der Entwurf eines Maßnahmenkatalogs für weitere drei Monate. Dazu wäre es sinnvoll, wenn jedes Mitglied ein Exemplar dieses Buches hätte und bis zur nächsten Sitzung lesen würde.

in diesen späteren Sitzungen werden alle Mitglieder aufgefordert, Maßnahmen zu beschreiben, die sie als nützlich für die Gruppe erachten. Wenn sie sich auf eine bestimmte Richtung festgelegt haben, wird ein Vierteljahresplan aufgestellt. Die Gruppe arrangiert Sitzungen in zweiwöchigen Abständen und startet ein erweitertes Programm.

Wenn der Entwicklungsprozess einmal läuft, können Sie ruhig etwas wagen und die Sache genießen. Experimentieren Sie mit dem Material und nehmen Sie sich die Zeit, die Prozesse sowohl verstandes- als auch gefühlsmäßig zu erfassen.

Kapitel 3
Die zwölf Teamverstärker

Kapitel 3   Die zwölf Teamverstärker

Die Leistungsfähigkeit einer Gruppe kann man nicht mit der Präzision eines Digitalchronometers messen. Obwohl der Fragebogen zum Teamaufbau die Hauptaspekte der Leistungsfähigkeit prüft, ist ein Großteil der daraus gewonnenen Informationen subjektiv. Da Ihren persönlichen Maßstäben eine besondere Bedeutung zukommt, befasst sich der Teil des Buches damit, wie Sie den Erfolg und den Reifegrad einer Gruppe selber beurteilen können.

In diesem Kapitel nun untersuchen wir die Merkmale eines leistungsfähigen und reifen Teams und versuchen, Orientierungspunkte zu setzen und eine gedankliche Linie zu geben. Der Ausdruck »gutes Teamwork« kann sehr leicht zu einer hohlen Phrase verkommen, wenn wir unverbindliches Geplauder und hochabstrakte Begriffsdefinitionen gebrauchen. Wir führen darum einfache Kriterien ein, mit denen Sie den Entwicklungsgrad Ihrer Gruppe bestimmen und ein brauchbares Trainingsprogramm aufstellen können.

Zwölf Merkmale eines leistungsfähigen Teams haben wir bei unserer Suche entdeckt. Wir nennen sie Verstärker, weil sie Energien freisetzen und dem Team Leistungsfähigkeit verleihen. Wenn ein Verstärker nicht funktioniert, hemmt er die Gruppe in ihrer Entwicklung und in ihrer Effektivität. Diese Hemmung nennen wir Hindernis oder Widerstand.

Dieser Teil des Buches soll Ihnen bei der Auswertung des Fragebogens zum Teamaufbau behilflich sein. Die Informationen, die Sie daraus gewonnen haben, werden in den folgenden Abschnitten ausführlich kommentiert. Deshalb ist es für Sie und Ihre Gruppe sinnvoll, die Bereiche, in denen Sie Widerstände festgestellt haben, genau zu analysieren. Die Abschnitte sind in römischen Ziffern durchnummeriert und stimmen mit der Zählung im Fragebogen überein. Sie sollen beim Lesen Verständnis für die Probleme bekommen, die durch solche Widerstände verursacht werden. Ein reifes Team definieren wir als eines, das alle zwölf Verstärker in genügendem Ausmaß besitzt.

Jeder der folgenden Abschnitte beginnt mit einer Liste der Fragen aus dem Fragebogen, die sich auf den Widerstand bzw. Verstärker beziehen, der in diesem Abschnitt behandelt wird. Damit können Sie genau die Bedeutung für Ihre Gruppe erkennen. Obwohl es gelegentlich zu inhaltlichen Überlappungen zwischen den Abschnitten kommen kann, unterscheiden sich die Widerstände/Verstärker doch so beträchtlich, dass Sie sie unabhängig voneinander definieren und bearbeiten können.

Am Schluss jedes Abschnittes finden Sie eine Zusammenstellung von Übungen, die Ihnen helfen können, den entsprechenden Widerstand herauszuarbeiten und in einen Verstärker für Ihre Gruppe zu transformieren. Die bezeichneten Übungen sind im Kapitel 4 beschrieben.

Kapitel 3 *Die zwölf Teamverstärker*

Das erfolgreiche Team

Ein reifes, leistungsfähiges Team entwickelt sich erst nach und nach, nachdem es Probleme gelöst, Beziehungen vertieft und Rollen geklärt hat. Bei der Beobachtung erfolgreicher Teams kann man entdecken, dass sie auf folgenden Gebieten Fortschritte erzielt haben:

I. **Führung:** Der Gruppenleiter hat das Talent und zeigt die Bereitschaft, mit seinem Team eng zusammenzuarbeiten und Zeit für die Entwicklung des Teams aufzubringen. Er betrachtet die Führung der Gruppe als eine kollektive Aufgabe. Nicht nur der Vorgesetzte, sondern auch jedes einzelne Mitglied hat die Chance, Führungsfunktionen zu übernehmen, wenn sein spezielles Wissen und Talent gefragt sind.

II. **Qualifikation:** Die Mitglieder sind für ihre Arbeit qualifiziert und können ihre Qualifikationen so in das Team einbringen, dass eine ausgewogene Mischung aus Talent und Persönlichkeit entsteht.

III. **Engagement:** Die Mitglieder identifizieren sich mit den Zielen und Absichten des Teams. Sie sind gewillt, ihre Kräfte in den Aufbau des Teams zu investieren und die anderen Mitglieder zu unterstützen. Auch außerhalb des Teams fühlen sie sich miteinander verbunden und wissen die Interessen ihrer Gruppe zu vertreten.

IV. **Klima:** Im Team herrscht ein Klima, in dem sich die Mitglieder wohl fühlen; sie können offen und direkt miteinander verkehren und sind bereit, sich auf Risiken einzulassen.

V. **Leistungsniveau:** Das Team kennt seine Ziele und hält sie für erstrebenswert. Sie kosten zwar Anstrengung, sind aber erreichbar. Die Mitglieder setzen ihre Kräfte hauptsächlich dafür ein, Resultate zu erzielen, und sie halten häufig kritischen Rückblick, um zu sehen, wo Verbesserungen anzubringen sind.

VI. **Rolle in der Organisation:** Das Team ist in die Gesamtplanung eingebunden und hat eine klar definierte und sinnvolle Funktion innerhalb der Gesamtorganisation.

VII. **Arbeitsmethoden:** Das Team hat praktische, systematische und effektive Wege gefunden, um die Probleme gemeinsam zu meistern.

VIII. **Organisation:** Klar definierte Rollen, guter Informationsfluss und verwaltungstechnischer Rückhalt sind wesentliche Stützpfeiler eines Teams.

IX. **Kritik:** Bei der Besprechung ihrer Fehler und Schwächen verzichten die Mitglieder auf persönliche Attacken, um aus der Kritik lernen zu können.

X. **Persönliche Weiterentwicklung:** Die Mitglieder suchen bewusst neue Erfahrungen und stellen ihre ganze Persönlichkeit in den Dienst des Teams.

XI. **Kreativität:** Das Team hat die Fähigkeit, durch sein Zusammenspiel neue Ideen zu kreieren, innovative Risiken zu fördern und neue Ideen von innen oder von außen wohlwollend aufzunehmen und umzusetzen.

XII. **Beziehungen zu anderen Gruppen:** Das Team hat systematisch mit anderen Gruppen Beziehungen angeknüpft; damit hat es sich offene und persönliche Kontakte erschlossen, die eine optimale Zusammenarbeit gewährleisten. Die Teams pflegen regelmäßige Kontakte zueinander und stimmen sich über die gemeinsam erarbeiteten oder von oben festgesetzten Prioritäten ab. Die Mitglieder haben ein persönliches Interesse daran, mit ihren Kollegen in den anderen Teams in Verbindung zu bleiben und mit ihnen zusammenzuarbeiten.

Kapitel 3 Die zwölf Teamverstärker

Teamverstärker I: Führung

Kontrollfragen

> 1. Gruppenleiter und Gruppenmitglieder nehmen sich kaum einmal die Zeit, einander ihre Erwartungen und Wünsche mitzuteilen.
> 13. Der Gruppenleiter duldet nicht, dass Gruppenmitglieder Führungsaufgaben übernehmen.
> 25. Manche Gruppenmitglieder sind sich nicht im Klaren über ihr Verhältnis zum Gruppenleiter.
> 37. Der Gruppenleiter erhält kaum Informationen darüber, wie seine Arbeit von der Gruppe eingeschätzt wird.
> 49. Die Qualität unserer Entscheidungen wäre besser, wenn die Mitglieder mehr die Initiative ergreifen würden.
> 61. Der Gruppenleiter trifft oft Entscheidungen, ohne sie mit den Mitgliedern besprochen zu haben.
> 73. Der Gruppenleiter passt seinen Führungsstil nicht der jeweiligen Situation an.
> 85. Der Gruppenleiter ist nicht sensibel genug für die verschiedenen Sorgen der Mitglieder.
> 97. Ich weiß nicht, ob unsere Interessen auf höherer Ebene richtig vertreten werden.

Der wichtigste Faktor für die Bestimmung der Qualität von Teamarbeit ist die Art und Weise, in der eine Gruppe geführt wird. Manche Manager halten »Führung« für einen antiquierten Begriff, der schon Patina angesetzt hat. Dieser Meinung sind wir nicht. Doch mit der Führung ist es wie mit der Unschuld: schwer zu beweisen, doch klar zu erkennen, wenn sie fehlt. Ein Gruppenleiter, der nicht bereit ist, einen teamzentrierten Ansatz zu akzeptieren, oder dem die Fähigkeit fehlt, sich diesen Führungsstil anzueignen, erstickt damit jede Initiative zum Aufbau eines echten Teams.

Alle herkömmlichen Organisationen haben eine hierarchische Gliederung, in der bestimmte Personen anderen vorgesetzt sind. Der Vorgesetzte ist nach oben verantwortlich für die Leistung der Leute, die ihm berichten. Einige Führungsfunktionen – Repräsentation der Gruppe und Festsetzung der Arbeitsleistung – sind stark an diese Rolle gebunden. Selbst wenn die Macht, die dieser Position zukommt, nur selten ausgeübt wird, so ist sie doch allgegenwärtig vorhanden. Die hierarchische Ordnung spiegelt sich auch in der Sprache, in der diese Funktion beschrieben wird: Wir reden vom Vorgesetzten und vom Untergebenen. Die Sprache ist die Währung der Gedanken, daher liegt die Vermutung nahe, dass

Vorgesetzte ein gottgegebenes Recht auf Autorität besitzen. Ein solcher Standpunkt verträgt sich allerdings nicht mit dem Modell des Teamtrainings.

Zugegeben: Vorgesetzte haben besondere Verantwortlichkeiten und Aufgaben. Wenn sie aber eine gruppenzentrierte Methode anwenden wollen, sollten sie es tunlichst vermeiden, sich hinter den Symbolen von Rang und Würde zu verstecken und die Rituale des »gebührenden Abstands« zu zelebrieren.

Im Interesse der Klarheit unterscheiden wir zwischen dem »Vorgesetzten« als formalem Haupt einer Gruppe und dem »Gruppenleiter«, besser noch ,,-führer«, denn »Führung« steht für eine umfassende Funktion, die sich entsprechend der gerade anstehenden Aufgabe verändern kann. Doch auch der Vorgesetzte ist vom Unternehmen anerkannt, und seine motivierende und kreative Kraft ist für eine Gruppe von elementarer Bedeutung.

Ein weiteres wichtiges Prinzip des Teamtrainings ist die Bearbeitung und Lösung der zentralen Fragen. Durch eine sorgfältige und klare Analyse der Bedingungen, denen sie ausgesetzt ist, gewinnt die Gruppe an Format und Kompetenz. Ihre Pluralität kann zu einem Kräftereservoir werden, wenn sie sich einfache und wirksame Problemlösungsstrategien zurechtgelegt hat.

Die Entstehung eines gruppenzentrierten Führungsstils ist ein interessanter Prozess mit hoher intellektueller Attraktivität. Allerdings kann ein solcher Führungsstil beschwerlich, bisweilen sogar beängstigend werden, und viele Leute schrecken deshalb davor zurück. Die Aufgabe des Gruppenleiters ist es, die Entwicklungsprozesse frei und offen zur Wirkung kommen zu lassen. Dies kann er durch sein persönliches Beispiel erreichen, indem er den offenen Stil in der Praxis demonstriert und den Mitgliedern erlaubt, Führungsfunktionen zu übernehmen. Das beispielhafte Verhalten des Vorgesetzten wirkt viel mehr als alle Worte, die er zu diesem Thema von sich geben könnte. Deswegen sind das persönliche Beispiel und die Bereitschaft, auch unbequeme Dinge auf sich zu nehmen, notwendige Voraussetzungen für einen Gruppenleiter. Wenn die Hemmungen einmal überwunden sind, entschädigen die frei werdenden Kräfte und die intensiven Beziehungen zu den Gruppenmitgliedern reichlich für alle erlittenen Unannehmlichkeiten.

Der wichtigste Unterschied zwischen dem Vorgesetzten und dem Gruppenführer besteht darin, dass die Führungsfunktionen nicht ausschließlich von einer einzigen Person ausgeübt werden.

Erfahrene Teams, die die Stärken ihrer Mitglieder genau kennen, arrangieren sich für jede Aufgabe neu. Daher ist es sehr gut möglich, dass die Führung entsprechend der persönlichen Qualitäten auf verschiedene Leute verteilt wird. Dieser gesunde Prozess kann durch einen formalen Vorgesetzten, der sich weigert, Informationen und Kompetenzen preiszugeben, blockiert werden. Paradoxerweise kann ein solcher Chef seiner Gruppe den besten Dienst dadurch erweisen, dass er auf seine verbrieften Rechte verzichtet und seine besten Mitarbeiter dazu anhält, Führungsarbeit zu leisten.

Kapitel 3 *Die zwölf Teamverstärker*

Die wichtigsten Fähigkeiten, die ein formaler Vorgesetzter für eine Gruppenentwicklung mitbringen sollte, sind, qualifizierte Mitarbeiter aneinanderzubinden, klare Ziele zu setzen, ein Klima zu schaffen, in dem sowohl das Miteinander als auch das Gegeneinander möglich ist, für wirksame und überzeugende Arbeitsmethoden zu sorgen und die Mitarbeiter daran zu gewöhnen, sich mit allen zentralen Problemen intensiv auseinanderzusetzen. Diese Aufgaben unterscheiden sich sehr von den konventionellen Anforderungen, als da sind: Entscheidungen treffen, Kontrolle ausüben und Disziplin aufrechterhalten. Der Punkt ist, dass Entscheiden, Kontrollieren und Formalisieren mehr als gemeinsame Aufgabe der Gruppe und nicht als Privileg eines Einzelnen angesehen werden.

Es ist viel über Führungsstil geschrieben worden; wir sind der Ansicht, dass jeder Führungsstil! individuell ist und dass jeder die Verantwortung dafür übernehmen muss.

Die Vorgesetzten, mit denen wir gern und gut zusammengearbeitet haben, zeichnen sich alle durch einen Führungsstil aus, der
- natürlich ist,
- den Menschen und der Aufgabe angemessen ist,
- so viel Offenheit zulässt, dass die wahren Probleme behandelt werden,
- eine positive, optimistische Einstellung zu Menschen hat.

Erfolgreiche Gruppenleiter besitzen die Kunst, die Gefühle der Menschen mit der geforderten Leistungsfähigkeit konstruktiv zu verbinden.

Leider haben wir auch Vorgesetzte getroffen, die uns das kalte Grausen über den Rücken gejagt haben. Wir haben sie erlebt als
- arrogant
- inkonsequent
- böswillig
- phlegmatisch
- unglaubwürdig
- trickreich.

Die Eigenschaften, die wir diesen Leuten zugeschrieben haben, sind keine objektiv-wissenschaftlichen Beschreibungen, sondern rein subjektive, absolut negative Merkmale, denn so und nicht anders liegen die Dinge.

Subjektivität spielt eine wichtige Rolle in den menschlichen Beziehungen, und das Wertsystem und die Persönlichkeit des Vorgesetzten machen hier keine Ausnahme.

Ein Team entfaltet sich nach und nach und durchläuft verschiedene Wachstumsphasen. Obwohl es mehr als die Blumen in Ihrem Garten für Wachstumsstörungen und Mutationen anfällig ist, kann man seine Entwicklungsfortschritte nachweisen und einigermaßen vorhersagen. Entsprechend der Entwicklung des Teams ändert sich auch die Rolle des Vorgesetzten.

In der frühen Formierungsphase prägt der Vorgesetzte entscheidend die Beziehungsmuster, die bald zu einer festen Einrichtung der Gruppe werden. Im Sinne der Weiterentwicklung sollte der Gruppenleiter das gegenseitige Verständnis unter den Mitgliedern fördern. Aus diesem Verständnis heraus entsteht automatisch das Vertrauen, das einen Index für den Entwicklungsstand der Gruppe darstellt.

Der gute Gruppenleiter demonstriert klar und deutlich, dass alle Fragen einer vollständigen Lösung zugeführt werden müssen. Die Gruppenmitglieder achten sorgfältig auf ihren Leiter, um zu lernen, wie man Absichten in Handlungen umsetzen kann und wie viel Aufrichtigkeit man riskieren kann, ohne Zorn oder Spott zu provozieren. Nur in der täglichen Auseinandersetzung kann das richtige Klima entstehen, und die Fähigkeiten und Leistungen, die dafür vom Gruppenleiter verlangt werden, heißen:
- Tatkraft,
- Demonstration der Prinzipien des Teamtrainings,
- Offenheit,
- Vertiefung der zwischenmenschlichen Beziehungen,
- Identität von Wertvorstellungen und Verhalten.

Im weiteren Verlauf der Entwicklung verteilen sich die Führungsfunktionen über die ganze Gruppe. Sie kommt zusehends besser auch mit komplexen Problemen zurecht. Die Leute zeigen mehr Findigkeit in der Wahl ihrer Mittel und entwickeln Eifer und Kreativität. Zunehmend wird der Gruppenleiter mit Aktivitäten beschäftigt, die nicht im engeren »Hier und Jetzt« des Teams stattfinden. In der letzten Entwicklungsphase ist das Team in der Lage, auch tiefgreifende Veränderungen zu überstehen und seine Führungsfunktionen der Situation entsprechend zu verteilen. Doch einfach ist das nicht. Viel Erfahrung, Einsicht und Mühe muss in Gespräche und Arbeit investiert werden, damit aus einem Haufen von Individuen ein erfolgreiches Team werden kann. Diese Prozesse geschehen zu lassen ist die Hauptaufgabe des Gruppenleiters.

Teamverstärker I: Führung
Maßnahmen für Verstärker/Widerstand

Übung 7. Führungsprofil S. 162
Übung 8. Der beste Chef, den ich kenne S. 166
Übung 9. Verteilte Rolle S. 168
Übung 10. Wunschzettel S. 170

Kapitel 3 Die zwölf Teamverstärker

Teamverstärker II: Qualifikation

Kontrollfragen

> 2. Die Arbeit der Gruppe würde gewinnen, wenn die Mitglieder ihre fachliche Qualifikation verbessern würden.
> 14. Einige Gruppenmitglieder werden mit den laufenden Anforderungen ihrer Arbeit nicht mehr fertig.
> 26. Die in unserer Gruppe vorhandenen Erfahrungen und Fertigkeiten passen nicht zu unserer Tätigkeit.
> 38. Die Leute im Unternehmen halten uns für unfähig, unseren Arbeitsanforderungen zu entsprechen.
> 50. Die fachliche Qualifikation der Gruppe ist zu niedrig.
> 62. Die Gruppe braucht neues Wissen und neue Methoden.
> 74. Manchen Leuten, die neu in die Gruppe kommen, fehlt die notwendige Qualifikation.
> 86. Einige Gruppenmitglieder stellen sich nicht auf die Anforderungen der Gruppe ein, trotz der Bemühungen, ihnen zu helfen.
> 98. Einige Gruppenmitglieder haben noch einen beträchtlichen Nachholbedarf in puncto Weiterbildung.

Trotz der hohen Qualität von Führungskräfte- und Verhaltenstrainings und der hervorragenden Arbeit, die im Bereich der Personalentwicklung geleistet wird, geschieht es selten, dass sich ein Mensch von heute auf morgen ändert. Das heißt nicht, dass die Trainings unwichtig oder wirkungslos sind, sondern dass eben leider das Sprichwort gilt: »Aus einem Kieselstein kann man keinen Diamanten schleifen«.

Es ist eine unbestrittene Tatsache, dass es sehr riskant ist, jemanden einzustellen, dem die grundlegenden Fähigkeiten und Kenntnisse fehlen. Auf der untersten Einstellungsebene bedeutet das, dass man bestimmte akademische oder technische Qualifikationen als Auswahlkriterien festsetzen sollte. Diese Art der Beurteilung fällt leichter in einer Gruppe, die in der Forschung oder angewandten Technologie tätig ist, als in einer allgemeinen Arbeitsgruppe. Technisches und berufliches Know-how veralten, und das Wissen, das selten gebraucht wird, geht bald verloren. Der in der Ausbildung vermittelte Stoff verflüchtigt sich nach und nach, bis fast nichts mehr da zu sein scheint.

Neben der langsamen Abnutzung des beruflichen Wissens entstehen laufend neue Modelle, Methoden und Wissensgebiete. Wenn jemand seine technische Qualifikation auf dem neuesten Stand halten will, muss er sich ernsthaft mit den entsprechenden Innovationen beschäftigen und neue Wege des Denkens in ihrer ganzen Tiefe erschließen. Ein Team ist mehr als die Summe seiner Einzeltalente. Man kann es sich als einen richtigen Organismus vorstellen, in dem sich die Funktionen der einzelnen Organe gegenseitig ergänzen. Beobachten Sie einmal die Vorbereitungen einer professionellen Gangsterbande, die einen wertvollen Diamanten rauben will. Sie stützt sich auf folgende »Talente«:

- Der Boss   weist die Gruppe ein und leitet den Coup.
- Das Hirn   hat den Coup ausbaldowert, peilt die Lage und instruiert die Jungs.
- Der Kontaktmann   meldet Informationen von der Polizei.
- Ein (oder zwei) Schwergewichtler   transportieren die Ausrüstung und »bereinigen« unvorhergesehene Situationen.
- Der Panzerknacker   knackt den Safe oder Tresor.
- Der Fahrer   sichert die Flucht.

Die Gang braucht nicht unbedingt einen Mann für jede Funktion, denn einige Mitglieder können auch mehrere Aufgaben gleichzeitig wahrnehmen. Trotzdem muss die Bande als Ganzes die richtige »Talentmischung« besitzen, und ein Erfolg ist ihr um so sicherer, je flexibler sie ist.

Einer der Hauptvorteile des Teams ist also die Verteilung der Talente. Dadurch können sich die Mitglieder mehr auf die Tätigkeiten verlegen, die ihnen liegen. Es ist sehr wichtig, die Stärken der einzelnen Mitglieder zu erkennen und in den Kontext der Ziele des Teams einzubauen.

Obwohl die realistische Einschätzung der individuellen Stärken die Leistungsfähigkeit erhöhen kann, unterliegt diese Einschätzung offenbar nationalen Eigenarten. Während sich die Manager in den USA oft mit der Professionalität eines Showmasters zu präsentieren verstehen, gilt es in England schon fast als unmoralisch, wenn man sich selbst auch nur die kleinste Tugend zuschreibt.

Jedes einzelne Mitglied beeinflusst das Klima der Gruppe und leistet seinen Beitrag zu den schwer definierbaren Eigenschaften wie Dynamik, Ausgeglichenheit, Urteilsvermögen, Offenheit und Widerstandskraft. Die Zusammensetzung dieser persönlichen Beiträge sollte aber einigermaßen ausgeglichen sein. Ein Beispiel dafür wäre ein Dreier-Verhandlungsteam, in das die eine Person ihre besondere Urteilskraft, die zweite ihre Intelligenz und ihr Wissen und die dritte ihre menschliche Zugänglichkeit einbringt.

Teams müssen in technischer und emotionaler Beziehung im Gleichgewicht gehalten werden. Eine wichtige Voraussetzung für die Teamarbeit ist die Lernwilligkeit und Veränderungsbereitschaft der Mitglieder, doch viel wichtiger ist eine sorgfältige Auswahl und Zusammenstellung der Mitglieder.

Kapitel 3 *Die zwölf Teamverstärker*

> Teamverstärker II: Qualifikation
> Maßnahmen für Verstärker/Widerstand
>
> Übung 11. Talent-Bilanz S. 172
> Übung 12. Das neue Mitglied S. 176
> Übung 13. Team zu verkaufen S. 177

Teamverstärker III: Engagement

Kontrollfragen

> 3. Die meisten Mitglieder halten die Ziele der Gruppe für kaum erstrebenswert.
> 15. Die Gruppenmitglieder sind nicht ernsthaft am Erfolg der Gruppe interessiert.
> 27. Ich verspüre kein besonderes Gefühl der Verbundenheit mit meiner Gruppe.
> 39. Ich bin nicht bereit, für die Gruppe Unannehmlichkeiten in Kauf zu nehmen.
> 51. Einige Gruppenmitglieder haben Schwierigkeiten, sich in dem erforderlichen Maß für ihre Arbeit einzusetzen.
> 63. Ich wünschte, ich wäre motivierter durch die Arbeit in dieser Gruppe.
> 64. Niemand setzt sich dafür ein, diese Gruppe erfolgreich zu machen.
> 87. Wenn ein Mitglied in Schwierigkeiten steckt, muss es gewöhnlich selber damit fertig werden.
> 99. Manche Mitglieder verfolgen ihre persönlichen Ziele auf Kosten der Gruppe.

Ein Team beansprucht viel Zuwendung und Zeit seitens der Mitglieder. Mitglied sein heißt auch verzichten, denn jeder muss einen Teil seiner Selbstständigkeit und seiner persönlichen Interessen aufgeben. So bleiben Konflikte zwischen den Interessen des Teams und denen der einzelnen Mitglieder nicht aus.

Das zunehmende Engagement ist eine sehr wichtige Phase im Reifeprozess des Teams und ist oft mehr eine Sache des Gefühls als der Logik. Engagierte Mitglieder merken, dass die Ziele des Teams erstrebenswert sind, dass sich die Arbeit lohnt und persönliche Befriedigung vermittelt. Sie sind bereit und sogar begierig darauf, sich selber für das Team hintanzustellen.

Ein gutes Maß für das Engagement ist die Freude, mit der die Mitglieder im Team arbeiten. In einem guten Team wird viel gelacht, weil die Mitglieder sich sehr gut verstehen. Sie suchen einander auf, wollen Ratschläge, Hilfe oder Unterhaltung und kommen sich dabei menschlich näher.

Wenn ein Mitglied aus dem Team ausscheidet, ist dies ein bedeutsames Ereignis, das auf sehr persönliche Weise begangen wird. Engagierte Teammitglieder wissen die Leistungen der anderen zu schätzen und drücken ihr Wohlwollen offen aus. Sie versuchen, wertvolle Einzelbeiträge zu erkennen und hervorzuheben. Dies stärkt die Persönlichkeit des Individuums und fördert dessen Kreativität und Dynamik.

Ein reifes Team wird alle Hebel in Bewegung setzen, um einem Mitglied, das in Schwierigkeiten steckt, zu helfen. Es ist die Gelegenheit zu zeigen, dass sie einander gern haben, dass sie sich aufeinander verlassen können und einander mit Rat und Tat zur Seite stehen, auch wenn das Team selber mit dem Rücken zur Wand kämpft. Diese gegenseitige Unterstützung kann aber auch zum Nachteil gereichen, wenn sie das Team dazu verleitet, inadäquate Leistungen zu tolerieren oder manche Mitglieder vor dem kalten Luftzug des kollektiven Urteils zu schützen. Auf lange Sicht wirkt sich so etwas sehr negativ aus, denn das Team kann unqualifizierte Mitglieder nicht mitschleppen, ohne sich selber auf die Dauer zu schwächen.

Zwei Voraussetzungen für die Stärkung des Engagements

Gemeinsame Ziele
Gemeinsame Ziele sind dann gegeben, wenn die Mitglieder die Ziele kennen, damit einverstanden sind und sie sowohl für wichtig als auch erreichbar halten. Allerdings muss es für die Mitglieder auch die praktische Möglichkeit geben, die aufgestellten Ziele zu erreichen. Sie werden böse, wenn sie erkennen müssen, dass die Ziele zu hoch gesteckt, zu schwammig oder utopisch sind. Enttäuschung und Desillusionierung sind die Folgen, wenn die Praxis nicht auf der Vernunft beruht.

Menschliche Wärme
Menschliche Wärme drücken die Mitglieder oft in Redewendungen aus wie »Es freut mich, dass Sie auch dabei sind« oder »Mir gefällt die Arbeit hier«.
In einem reifen Team zeigen die Mitglieder Respekt und Rücksicht voreinander. Die Grundlage dafür bildet das Verständnis und die Toleranz für die Eigenheiten, Stärken und Schwächen der einzelnen. Höchstwahrscheinlich haben solche Teams auch eine gemeinsame Auffassung davon, wie man die Vorzüge und Leistungen eines jeden am wirksamsten für das Team nutzen kann. Die Mitglieder haben keine Angst, ehrliches und persönliches Feedback untereinander auszutauschen, denn sie vertrauen darauf, dass die dahinterstehende Absicht konstruktiv und lauter ist. Engagement kann man gezielt entwickeln, wenn ein Team sich die Zeit für entsprechende Aktivitäten nimmt und sie sorgfältig vorbereitet. Wir halten es für wichtig, dass solche Aktivitäten zu einer Selbstverständlichkeit im Leben einer Organisation werden oder, mit anderen Worten, einfach zum »guten Ton« dieses Unternehmens dazugehören.

Teamverstärker III: Engagement
Maßnahmen für Verstärker/Widerstand

Übung 14. Das Spaßmachometer S. 179
Übung 15. Weißer Fleck S. 182
Übung 16. Konklave S. 183
Übung 17. Der Fall Ulrich Bohn S. 185

Teamverstärker IV: Klima

Kontrollfragen

> 4. Die Leute in dieser Gruppe verhalten sich nicht wirklich frei und offen zueinander.
> 16. In Diskussionen verbergen die Mitglieder oft ihre wahren Motive.
> 28. Es wäre gut, wenn ab und zu Sitzungen zur »Reinigung der Atmosphäre« stattfinden würden.
> 40. Wichtige Dinge werden oft unter den Teppich gekehrt.
> 52. Wir legen zu viel Wert auf Übereinstimmung.
> 64. Meistens werden Konflikte zwischen den Mitgliedern nicht sauber gelöst.
> 76. Die Mitglieder kommen einander menschlich nicht näher.
> 88. Es gibt Cliquen und Intrigen in der Gruppe.
> 100. Meinungsverschiedenheiten zwischen den Gruppenmitgliedern werden selten restlos geklärt, und die individuellen Standpunkte werden zuwenig berücksichtigt.

Wenn sich ein neues Team zu bilden beginnt, entstehen bald informelle Regeln, die sich auf das Leben im Team auswirken. Obwohl diese Richtlinien, nach denen eine Gruppe arbeitet, selten schriftlich niedergelegt sind, werden sie sehr wohl verstanden. Nach einiger Zeit sind sie zur Gewohnheit geworden und werden an die neuen Mitglieder weitervererbt. Dieses Konglomerat aus Traditionen, Gewohnheiten, Beziehungen, Handlungsweisen, Regeln, Glaubenssätzen und Einstellungen, das jeder Gruppe ihr unverwechselbares Kennzeichen verleiht, nennt man Klima.

Die Verantwortung für das Entstehen eines guten Klimas tragen besonders jene, die Autorität in der Gruppe besitzen. Autorität hat jedoch viele Wurzeln: Dienstalter, Position, Erfahrung, persönlicher Einfluss. Daher müssen Autoritätsfragen ausgeklammert werden, wenn man das Verhalten gemeinsam definieren will, das man von den Gruppenmitgliedern erwartet.

Offenheit

Nicht jedes Klima begünstigt die Entwicklung eines teamzentrierten Ansatzes. Teamtraining bedarf der Offenheit – d.h. einer Norm, wie die Gruppe Probleme und wichtige Fragen behandeln soll. Ein gewisser Grad von Offenheit ist Voraussetzung dafür, dass die Mitglieder ehrliche und feste Beziehungen miteinander eingehen können. Offenheit prägt Beziehungen zwischen den Menschen und ist keine leicht zu erreichende und zu bewahrende Eigenschaft. Viel zu viele Menschen haben gelernt, Gefühle und Gedanken, die sie für unannehmbar halten, zu verbergen. Eine äußerst wichtige Rolle im Teamtraining spielt die Bereitschaft der Mitglieder, Risiken auf sich zu nehmen und Initiativen zu ergreifen. Die Mitglieder sollen unrecht haben können, ohne dafür ausgelacht zu werden. Ein Direktor der NASA formulierte diesen Gedanken sehr treffend, als er sagte: »Wir bestrafen nicht den Irrtum – wir bestrafen den unausgesprochenen Irrtum«.

Chancen und Risiken von Offenheit

Der Grad der Offenheit eines Teams beeinflusst das Klima so entscheidend, dass es sich lohnt, die Chancen und Risiken eines offenen Verhaltens in extenso aufzuzählen. Vorteile der Offenheit sind:
– Tiefere Enttäuschungen werden vermieden;
– die Beziehungen zwischen den Mitgliedern werden persönlicher;
– die Probleme kommen auf den Tisch und können angegangen werden;
– das Feedback ist stichhaltig und hilft den Mitgliedern, zu lernen und sich weiterzuentwickeln;
– neue Energien werden frei, wenn die zentralen Probleme gelöst sind;
– die Bürokratie und ihre nerventötenden Begleiterscheinungen verschwinden.

Andererseits hat die Offenheit in der Gruppe auch ihre Gefahren:
– Der Einzelne gibt mehr von sich her und wird dadurch angreifbarer;
– jede Unsicherheit wird offen ausgesprochen und kann als Schwäche interpretiert werden;
– manche Mitglieder fühlen sich bedroht und reagieren aggressiv;
– es können Probleme zur Sprache kommen, denen die Gruppe nicht unbedingt gewachsen ist.

Politisches Klima

In den letzten Jahren vergrößerte sich unser Wissen über menschliche Interaktion durch die Beschreibung der Hintergedanken, die den psychologischen Transaktionen zugrunde liegen. Die Transaktionsanalyse bezeichnet diese Strategien als »Spiele«.
Psychologische Spiele zwischen Menschen sind Teil eines Machtkampfes. Sie symbolisieren das Verlangen eines jeden Menschen, seine individuelle Lebensauffassung zu verwirklichen. Da diese Spiele »politischer« Natur sind, stören sie die Entfaltung eines konstruktiven Klimas.

Die nun folgenden negativen zwischenmenschlichen Transaktionen oder Spiele, die wir in der Terminologie der Transaktionsanalyse beschreiben, gelten sowohl für männliche als auch weibliche »Spieler«. Wir möchten betonen, dass die genannten Spiele nur eine Auswahl bilden; es gibt noch bedeutend mehr davon.

Hau' mich (Kick me): Manche Menschen setzen sich selber einer psychologischen Bestrafung aus, indem sie z. B. bei einer Aufgabe versagen. Das freiwillige Opfer kriegt eine »vors Schienbein«, zieht sich zurück, leckt seine Wunde und fühlt sich in seiner negativen Lebensauffassung bestätigt.

Wenn es nicht für dich wäre...: Diese Spieler entschuldigen ihre Misserfolge damit, dass sie deren Ursachen nicht bei sich selber suchen, sondern äußeren Kräften zuschreiben, die sie nicht unter Kontrolle haben. Sie fühlen sich auch nicht verantwortlich für ihr Versagen, denn das Schicksal hat sie ja ungerecht behandelt.

Ja, aber...: Dies ist eine Überlegenheitsstrategie oder ein »Ego-Trip«, wodurch ein Vorgesetzter auf den ersten Blick den Eindruck der Vernunft zu erwecken vermag, in Wirklichkeit aber keinem einzigen Vorschlag zugänglich ist. Die für dieses Spiel typische Art und Weise, mit der ein Vorgesetzter auf Ideen oder Vorschläge eingeht, heißt »Ja... (suggeriert eine offene und wohlwollende Haltung), aber...« (leitet über zur Ablehnung des Vorschlags). Eine sublime Form dieses Spiels ist das »Hochziehen an Kleinigkeiten«. Es wird oft von Vorgesetzten gespielt, die einen Vorschlag oder einen Bericht ablehnen, indem sie auf grammatische Fehler oder falsch gesetzte Kommas verweisen, aber auf die Vorzüge oder den Inhalt des Berichts überhaupt nicht eingehen. Die Arbeit wird aufgrund ihrer Schönheitsfehler sabotiert. Dies ist eine Art und Weise, sich selber überlegen vorzukommen und zu demonstrieren, dass andere weniger fähig (nicht o. k.) sind.

Ich habe sooo viel zu tun: Bei diesem Spiel thront der Vorgesetzte hinter einem Berg von Arbeit und verbringt jede wache Minute zwischen Aktenstapeln bis über beide Ohren, um sich letztendlich zu beweisen, dass er unersetzbar ist. Das Ergebnis sind Depressionsgefühle und die Unfähigkeit, seinen eigenen Beitrag für die Gruppe zu leisten. In gewisser Weise sagt dieser Mensch: »Schau, ich habe das Beste versucht, aber es geht einfach nicht.« Dieses Gefühl, eine ehrenvolle Niederlage erlitten zu haben, kann eine bequeme Haltung von selbstgerechter Isolation sein.

Ich führe ein ehrbares Leben, also...: Diese Überlegenheitsstrategie beruht auf der unausgesprochenen Einstellung: »Ich mache nichts kaputt und habe keine Laster, also bin ich mehr wert als du«. Diese Art der Bescheidenheit ist eine Möglichkeit, zu den anderen auf Distanz zu gehen, und ist ein weiteres Isolationsspiel.

Es gibt keinen Ausweg, also was soll's? Nach Prüfung aller Möglichkeiten beschließt der Spieler, dass jede Entscheidung ihre Nachteile hat. Also heißt die logische Konsequenz, sich zurückzulehnen und den Dingen ihren Lauf zu lassen, denn »nach alledem gibt es nichts, wonach es sich zu streben lohnt, stimmt's?«

Lass mich dir helfen: Der Spieler bezieht seinen Lustgewinn, indem er sich nachsichtiger, empfindsamer und selbstloser verhält als die anderen. Manchmal entbrennt ein grotesker Wettbewerb darum, welcher Spieler am meisten Selbstlosigkeit aufbringen kann.

Ich mit meinem Holzbein kann so was leider nicht: Der Spieler benützt ein besonderes Merkmal (wie Hautfarbe, Dialekt, familiäre Verhältnisse, Körpergröße), um auszudrücken: »Mit diesem Handicap kann niemand von mir eine gute Leistung erwarten.« Dies ist wiederum eine Möglichkeit, sich durch Versagen selber zu bestätigen.

Du bist zwar ganz o. k., nur...: Dies ist ein hässliches Spiel, bei dem der Spieler ein paar negative, oft nur unbedeutende Merkmale dazu missbraucht, einen Menschen herabzuwürdigen. Mit dieser Technik schafft man Distanz und wertet allgemein die Leistung eines Menschen ab.

Jetzt hab ich dich, du Schweinehund: Bei der Entschuldigung dafür, dass sie anderen Menschen Leid zugefügt haben, empfinden manche Menschen eine persönliche Befriedigung. Leidenschaftliche Anhänger dieses Spiels bringen oft eine übermenschliche Geduld auf, wenn sie darauf warten, dass ihr potenzielles Opfer einen Fehler begeht (oder sie verführen das Opfer zu einem Fehler), um sich darauf herabstürzen zu können. Unbewusst sagt sich der Spieler vielleicht: »ich muss eine wichtige Person sein, wenn ich einen Menschen zum Leiden bringen kann.«

Obwohl vielen menschlichen Interaktionen Spiele zugrunde liegen, trachten gute Teams danach, authentische Beziehungen herzustellen, und versuchen, solche Spiele aus ihren Interaktionen zu verbannen. Die Fähigkeit, mit zwischenmenschlichen Problemen umzugehen, ist ein gutes Maß für das Klima im Team. Das Team, dem gleichzeitig die Konfrontation und die Berücksichtigung der individuellen Meinungen gelingt, findet erfolgreiche Lösungen für seine Probleme. Die Fähigkeit des Zuhörenkönnens ist dabei besonders hilfreich. Wenn Meinungsverschiedenheiten oder Konflikte zwischen Mitgliedern (z. B. Walter und Richard) auftreten, sollte das Team versuchen, folgende Punkte zu klären:
— Es gibt überhaupt keine Differenzen zwischen Walter und Richard; sie bilden sich das nur ein.
— Es ist insbesondere für Richard ein Problem.
— In erster Linie ist es ein Problem für Walter.

- Walter und Richard sind beide der Meinung, ein Problem zu haben.
- Es herrscht ein grundlegender Unterschied in den Ansichten und Wertvorstellungen zwischen Walter und Richard, deshalb werden zusätzliche Informationen die Situation nicht groß ändern.

Oft empfiehlt es sich, die verschiedenen Seiten eines zwischenmenschlichen Problems zu beleuchten, indem man die persönliche Stellungnahme einer Partei zum Ausgangspunkt nimmt. Den Rahmen für dieses »Duell« können die folgenden Fragen bilden:
- In welchem Verhältnis will ich am Ende zum anderen stehen?
- Welche spezifischen Verhaltensweisen des anderen sind ein Problem für mich?
- Wie wirkt das Verhalten des anderen auf mich?
- Weiche Verhaltensweisen soll der andere meiner Ansicht nach ändern?
- Kann ich das Problem so formulieren, dass ich den anderen nicht verwirre oder bloßstelle?
- Besinne ich mich auf meine Qualitäten als Zuhörer, wenn der andere defensiv oder aggressiv wird?
- Wie wirkungsvoll kann ich systematische Problemlösungsstrategien anwenden, wenn ich schwierige Entscheidungen zu treffen habe?
- Können wir beide uns auf einen gemeinsamen Freiraum einigen, in dem Werthaltungen eine möglichst geringe Rolle spielen?

Es gibt drei zusammenhängende Bedingungen für ein konstruktives Gruppenklima: wenn die Mitglieder die Fähigkeit haben, miteinander umzugehen, wenn ihre Beziehungen von gegenseitiger Wertschätzung und Zuwendung getragen werden und wenn sie in ihrer Offenheit von denen bestärkt werden, die Macht und Einfluss in der Gruppe haben.

Teamverstärker IV: Klima
Maßnahmen für Verstärker/Widerstand

Übung 18. Fragebogen zum Gruppenklima S. 188
Übung 19. Signale S. 191
Übung 20. Verschüttet! S. 193

Teamverstärker V: Leistungsniveau

Kontrollfragen

5. Die Ziele unserer Gruppe sind nicht richtig klar.
17. Realistisch betrachtet, erreicht die Gruppe selten ihr Ziel.
29. In der praktischen Arbeit akzeptieren wir auch niedrige Leistungsstandards.
41. Den Mitgliedern werden zuwenig Anreize geboten, sich anzustrengen.
53. Durch ineffektive Methoden verschwenden wir zu viele Kräfte.
65. Es wird niemals gefragt, ob sich unsere Anstrengungen für das Unternehmen gelohnt haben.
77. Wir sind offensichtlich mehr daran interessiert, einen guten Eindruck zu hinterlassen als Ergebnisse zu erzielen.
89. Nichts von dem, was wir bisher geleistet haben, verdient die Note »sehr gut«.
101. Oft gelingt es uns nicht, eine Arbeit zu einem erfolgreichen Abschluss zu bringen.

Teams sind in erster Linie dazu da, Leistungen zu bringen. Deshalb ist es auch sinnvoll, Teams nach ihrer Leistungsfähigkeit zu beurteilen. Wenn ein Team zwar die Wünsche seiner Mitglieder nach sozialem Kontakt berücksichtigt, dabei aber den Leistungsaspekt vergisst, dann fällt es bei der entscheidenden Prüfung, dem Erreichen greifbarer Ergebnisse, durch.
Hohes Leistungsniveau erfordert klare Ziele, die von allen Mitgliedern getragen werden. Ziele sind ein wichtiger Faktor für die Lebensfähigkeit eines Teams, denn sie bewirken, dass eine Gruppe ihre Energien konzentrieren und ein Maß für ihre Leistungskraft setzen kann. Doch die Definition von klaren, gemeinsamen Zielen erfordert mehr Sorgfalt, als gemeinhin darauf verwendet wird. Teams, die innerhalb von Großorganisationen arbeiten, entdecken bald, dass sie ihre Ziele mit anderen Teams und Funktionen abstimmen und auf ihre Gültigkeit hin überprüfen müssen.

Eine Sache ist es, die Ziele zu setzen, eine andere Sache ist es, sie umzusetzen. Wenn das Team seine Ziele verfehlt, müssen die Gruppenprozesse untersucht und die Ursachen des Misserfolgs aufgedeckt werden, bevor die Moral der Truppe zu bröckeln anfängt. Die Methoden der konstruktiven Kritik können ihnen helfen, Fehlschläge in Chancen für die Weiterentwicklung zu verwandeln.
Da fast alle Entwicklungen irgendwann einmal in ein Wellental geraten oder einen Rückschlag erleiden, sollte ein Team imstande sein, sowohl die konkreten

Folgen der Rückschläge als auch deren emotionale Nebenwirkungen zu verkraften. Beweglichkeit und Innovationsvermögen sind die geeigneten Voraussetzungen, um trotz der Schwierigkeiten erfolgreich zu bleiben.

Ein richtiges Team setzt hohe Leistungsnormen; diese wiederum prägen die Arbeitsweise eines Teams. Obwohl die Erfüllung einer hohen Leistungsnorm persönliche Befriedigung vermittelt, werden die Normen selber durch den Gruppendruck aufrechterhalten. Entsprechend wichtig ist es, die Standards oder Normen gemeinsam zu erarbeiten, so dass das Leistungsniveau über das Mittelmaß hinausgeht und das Team zu überdurchschnittlichen Leistungen motiviert wird.

Leistungen sollten innerhalb der Gruppe beurteilt und belohnt werden. Die Belohnungen brauchen nicht unbedingt finanzieller Art zu sein, obwohl es natürlich ein Irrtum wäre, materielle Anreize für bedeutungslos zu halten. Für viele Menschen, die eine gute Leistung erbracht haben, ist das Gefühl, wertvoll und wichtig zu sein, schon Belohnung genug. Eine zunehmende Berücksichtigung in den Kommunikations- und Entscheidungsprozessen wirkt ebenfalls belohnend. Die Leute setzen sich noch mehr ein und eignen sich neue Fertigkeiten an, die ein Flair von Bewegung und Frische in die Gruppe bringen.

Manche Teams machen sich Sorgen um ihr Image, besonders wenn ihre Arbeit nicht durch konkrete Ergebnisse belegbar ist. Sie kümmern sich zu sehr um ein gutes Bild in der Öffentlichkeit und zu wenig um greifbare Leistungen. In ihrer schlimmsten Form führt diese Einstellung zum Territorialverhalten und zur Verteilung der Haushaltsmittel nach Einfluss und nicht nach Leistung. Sehr gute Teams überlegen sich, wie sie ihre Mittel gewinnbringend einsetzen können. Sie stellen sich die Frage: »Welchen Gewinn bringt unsere Arbeit?« Ein Beispiel dafür ist ein Team von NASA-Ingenieuren, die herausgefunden hatten, dass das von ihnen konstruierte Mondlandemodul viel zu schwer war. Sie überprüften rigoros jede einzelne Komponente und vereinfachten sie mehr und mehr. So reduzierten sie jedes Teilchen auf seine einfachste und leichteste Form. Diese konsequente Anwendung eines Kriteriums kann ein Team ohne weiteres auf seine Arbeit übertragen; sie bildet eine wirksame Grundlage für die Verbesserung der Leistungsfähigkeit eines Teams.

Teamverstärker V: Leistungsniveau
Maßnahmen für Verstärker/Widerstand

Übung 21. Leistung und Kontrolle S. 199
Übung 22. Die Erfolgskurve S. 201
Übung 23. Rostopschin S. 203

Kapitel 3 *Die zwölf Teamverstärker*

Teamverstärker VI: Rolle in der Organisation

Kontrollfragen

> 6. Die Gruppenmitglieder wissen nicht, welche Bedeutung ihre Arbeit im Gesamtunternehmen hat.
> 18. In anderen Unternehmensbereichen fehlt das richtige Verständnis für unsere Arbeit.
> 30. Wenn die Gruppe aufgelöst würde, würde das Unternehmen den Verlust nicht bemerken.
> 42. Die Arbeit unserer Gruppe überlappt sich mit der Tätigkeit anderer Gruppen.
> 54. Die Funktion unserer Gruppe innerhalb des Unternehmens ist nicht klar festgelegt.
> 66. Wir haben noch keinen geeigneten Modus gefunden, unsere Ziele und Strategien festzulegen.
> 78. Das Unternehmen weiß die Kreativität und Sachkenntnis der Gruppe nicht gewinnbringend einzusetzen.
> 90. Die Ziele der Gruppe stehen nicht mit den Unternehmenszielen im Einklang.
> 102. Wir haben keine klaren Richtlinien für unsere Arbeit.

Ein wichtiger Berührungspunkt zwischen dem Vorgesetzten einer Gruppe und der Gesamtorganisation tritt besonders deutlich bei einer Firma hervor, bei der alljährlich ein Ereignis eintrat, das den Namen »budget-cutting« trug. Zur »budget-cutting«-Zeit legten die Abteilungsleiter ihre Etatentwürfe vor und warteten auf die übliche 20–30-prozentige Kürzung. Im Vorauswissen um dieses Ereignis hatten die Abteilungsleiter ihre Budgets so aufgeblasen, dass sie trotz der Kürzungen noch genügend Mittel zur Verfügung hatten. Doch dann kam das Jahr, in dem sich der Vorstand entschloss, seine Politik zu ändern und die Haushaltsentwürfe ohne Eingriffe passieren zu lassen. Das Ergebnis war chaotisch. Die Abteilungsleiter mussten den unerwarteten Überschuss verbrauchen und anschließend die Mehrausgaben begründen. Dazu kam, dass im darauffolgenden Jahr die Abteilungsleiter ein gleiches Verfahren erwarteten und daher Etatentwürfe ohne jeglichen Spielraum präsentierten. Doch der Vorstand kehrte zu seinem früheren Stil zurück und strich bei allen Voranschlägen 25%. Ergebnis: noch mehr Chaos.

Dieses Beispiel zeigt, wie das Fehlen einer konsequenten Unternehmenspolitik und gemeinsamer Ziele den Gruppenleitern keine andere Wahl lässt, als die Interessen ihrer Gruppe zu schützen und sich dem Unternehmen gegenüber abwartend oder ablehnend zu verhalten. Wenn sich die Arbeit eines Teams lohnen soll, muss es mit den Zielen der Gesamtorganisation im Einklang stehen, und das Team muss Einsicht in diese Ziele haben. Der Mechanismus zum Aufbau gemeinsamer Ziele ist leider oft eingerostet oder zu schwach, deshalb sollten die Vorstände einmal überlegen, auf welche Weise sie ihre Ziele formulieren und weitervermitteln.

Zu einem leistungsfähigen Team gehören Klarheit und Absprachen über die Aufgabe des Teams in der Gesamtorganisation. Dazu sind Fertigkeiten und Verfahrensweisen erforderlich, mit denen man die Grenzen zwischen den Teams öffnen kann. Die Bedeutung einer solchen Öffnung kann kaum überschätzt werden. Gruppen, die sich verkriechen und absondern, zerstören die Leistungsfähigkeit eines Unternehmens.

Es lässt sich nicht vermeiden, dass das Unternehmen eine gewisse Kontrolle über seine Abteilungen ausüben will. Doch über Art und Ausmaß dieser Kontrolle herrscht weitgehend Unklarheit. Es ist ein Thema, bei dem Vorstände unversehens ins Philosophieren geraten. Wenn übertriebener Dirigismus den Einzelnen seiner Entscheidungsfähigkeit beraubt, wird seine Arbeit mechanisch und langweilig. Allgemeine Unzufriedenheit breitet sich aus, und jedes Gespräch beginnt mit dem Satz: »Jetzt hat er schon wieder...«. Auf der anderen Seite kann eine nachlässige Führung zu einem Entscheidungsvakuum oder zur Kräfteverzettelung führen. Diese Zersplitterung einer Führungsfunktion verursacht eine unendliche Zahl von Überschneidungen und Versäumnissen. Jedes Team muss seine Aufgabe innerhalb der Organisation genau kennen, und die Organisation muss wissen und beurteilen können, welchen Beitrag jedes Team zu leisten hat. Die wichtigsten Fragen hierzu lauten:

– Wie passt das Team in die Organisation?
– Welchen Beitrag leistet das Team innerhalb des Systems?
– Besitzt das Team genügend Möglichkeiten, seine Rolle optimal zu definieren?

Die Fragen hier sind etwas abstrakter formuliert als die Fragen zur internen Leistungsfähigkeit. Es ist, als wenn man einen Kleingärtner, der ein paar Kartoffeln und Radieschen anbaut, mit einem Stadtplaner vergleicht, der für die Lebensbedingungen einer ganzen Kommune verantwortlich ist. Die Qualität der unmittelbaren Umgebung hängt davon ab, wie jeder einzelne Kleingärtner seinen Flecken Land pflegt, doch zusammengenommen haben die Einzelentscheidungen der Kleingärtner eine beträchtliche Wirkung auf die weitere Umwelt. Diese Beziehung ist es, die analysiert und ausgebaut werden muss. Der eine Kleingärtner kann zwar davon träumen, eine Raketenabschussrampe auf seinem Kartoffelacker zu errichten, doch wird er damit bei seinen Nachbarn auf wenig Verständnis stoßen.

Jedes Unternehmen ist ein System, das aus einzelnen, miteinander verketteten Gliedern besteht. Seine Leistungsfähigkeit hängt davon ab, wie die Glieder miteinander in Verbindung stehen, wenn irgendwelche Güter oder Dienstleistungen produziert werden sollen. Manche Glieder können dabei mehr als andere an einem bestimmten Produktionsprozess beteiligt sein.

In einem Industrieunternehmen steht die Produktionsabteilung in der Mitte des Kernprozesses. Der Kernprozess ist der zentrale Arbeitsgang (oder Arbeitsgänge), in dem das Produkt des Unternehmens hergestellt wird, im Industrieunternehmen ist es der Prozess, in dem das Produkt gefertigt wird, im Dienstleistungsunternehmen ist es die Bearbeitung der Dienstleistung, die vom Kunden in Anspruch genommen wird.

Andere Gruppen haben die Aufgabe, die am Kernprozess beteiligten Gruppen auf die eine oder andere Art zu unterstützen. Es ist wichtig für die Teammitglieder, über die Kernprozesse und über ihren eigenen Betrag, den sie für die Produktion leisten, Bescheid zu wissen.

Wenn sich die Aufgaben der Teams überschneiden, können daraus Probleme entstehen; oft machen zwei Teams, ohne voneinander zu wissen, die gleiche Arbeit. Schwierigkeiten gibt es auch dann, wenn die Unterschiede zwischen den Abteilungen zu groß sind, wie etwa zwischen einer Planungs/Entwicklungs-Abteilung (»Wir brauchen die perfekte technische Lösung, die den höchsten Ansprüchen genügt«) und einer Fertigungsabteilung (»Wir brauchen das einfachs-te Produkt aus möglichst billigem Material«). Es muss dafür gesorgt werden, dass die Kriterien und Wertsysteme, die von einzelnen Teams entwickelt worden sind, auch innerhalb der gesamten Organisation ihren Platz erhalten. Die folgenden Fragen zeigen das Dilemma, in dem sich große Konzerne befinden, die eine Generaldirektion oder Konzernzentrale und verschiedene Geschäftszweige haben: Für wen arbeiten wir? Erwartet man von uns Führungsarbeit? Direktiven? Dienstleistungen? Haben wir grundsätzlich das Recht zu intervenieren, oder nur nach Aufforderung?

Dies sind schwierige Fragen, doch kann der Begriff des Kernprozesses einigen Aufschluss darüber bringen. Da die nötige Kompetenz dafür bei der Unternehmensspitze liegt, trägt der Vorstand die Hauptverantwortung dafür, diese Dinge zu untersuchen und zu kontrollieren und sich mit den ihm angeschlossenen Teams so zu arrangieren, dass die Ziele des Unternehmens möglichst gut mit den Zielen der einzelnen Teams harmonisieren.

Teamverstärker VI: Rolle in der Organisation
Maßnahmen für Verstärker/Widerstand

Übung 24. Standortbestimmung (Stellenbeschreibung) S. 205
Übung 25. Orgavigation S. 206
Übung 26. Auf Herz und Nieren S. 209

Teamverstärker VII: Arbeitsmethoden

Kontrollfragen

> 7. Wir erzielen bei unseren Sitzungen selten große Fortschritte.
> 19. In Sitzungen hören wir einander nicht zu.
> 31. In den Sitzungen vermisst man oft methodisches Vorgehen.
> 43. Die Gruppenmitglieder bereiten sich selten auf eine Sitzung vor und planen sie auch nicht sonderlich gut.
> 55. Die Gruppe investiert keine Zeit für die Kontrolle ihrer Problemlösungsstrategien.
> 67. Es ist, als ob wir in feuchtem Zement waten, wenn wir ein schwieriges Problem zu bearbeiten haben.
> 79. Wir haben zwar Gruppensitzungen, machen uns aber keine Gedanken über ihren Zweck.
> 91. Oft halten wir uns nicht an die Entscheidungen, die wir getroffen haben, oder setzen sie nur zum Teil in die Tat um.
> 103. Manche Punkte, mit denen wir uns in den Sitzungen beschäftigen sollten, bleiben ungeklärt.

Ausschüsse und Projektgruppen sind berüchtigt für ihr chaotisches Debattieren, für ihr monotones Wiederholen von längst Bekanntem und für ihre halbherzigen Entscheidungen. Viele Stunden und Gelegenheiten werden in fruchtlosen Sitzungen vertan, und oft herrscht am Schluss Niedergeschlagenheit, Verwirrung und Enttäuschung bei allen Beteiligten.

Doch die Leute müssen lernen, wie man Sitzungen sinnvoll gestalten kann, so dass Verständnis, Engagement und Aktivitäten daraus resultieren. Da diejenigen, die an einer Sitzung teilnehmen, über deren Sinn und Zweck Bescheid wissen müssen, sollten sie sich vorher die Frage stellen: »Was wollen wir in dieser Sitzung erreichen?« Damit können sie ihre Ziele definieren und zum Ausgangspunkt von Handlungen nehmen.

Entscheidungsstile

Es gibt verschiedene Entscheidungsstile, die man als Abschnitte auf einer Geraden darstellen kann.

Kapitel 3 *Die zwölf Teamverstärker*

Eine einzige Person trifft die Entscheidung.	Eine kleine Minderheit (Clique) entscheidet.	Die Entscheidung wird von der Mehrheit getroffen.	Das Team diskutiert das Problem und findet einen Kompromiss.	Das Team kommt zu einem einstimmigen Beschluss.

Abb. 5: Entscheidungsstile von Gruppen

Je mehr sich das Team in seinem Entscheidungsverhalten auf der Geraden nach rechts bewegt, desto mehr tritt die persönliche Beteiligung der Mitglieder an der Entscheidung in den Vordergrund. Allerdings kann man von einem einigermaßen gut funktionierenden Team erwarten, dass es auch die höhere Komplexität dieser (rechten) Entscheidungsstile bewältigen kann.

Für die Teammitglieder ist es eine große Hilfe, wenn sie den jeweiligen Entscheidungsstil beim Namen nennen können bzw. vor der Beschäftigung mit einem Problem explizit bestimmen, welche Methode sie anwenden wollen. Entscheidend dabei ist der Führungsstil des Vorgesetzten, denn mit zunehmender Bewegung nach rechts überträgt er seine Macht dem Team.

Richtiges Zuhören

Voraussetzung für erfolgreiche Sitzungen ist die Fähigkeit der Mitglieder, einander zuhören zu können. Oft wird Zuhören als ein passiver Zustand bezeichnet, doch genau das Gegenteil ist der Fall. Zuhören ist harte Arbeit, es verlangt aktives Engagement und Selbstdisziplin. Der Zuhörer muss sich voll und ganz aufs Zuhören einstellen, und die Qualität des Zuhörens nimmt ab, wenn man sich vom Strudel der ablaufenden Ereignisse mitreißen lässt.

Vielleicht besteht das wichtigste Gebot beim Zuhören darin, selber Freiraum zu haben, um auf andere eingehen zu können. Wenn man mit seinen eigenen Gedanken und Gefühlen beschäftigt ist, kann man nicht aktiv zuhören. Menschen, die sich entspannt geben und sich auf den anderen konzentrieren, werden als gute Zuhörer eingeschätzt, und ihnen traut man eher zu, dass sie wiedergeben können, was gesagt wurde. Aktive Zuhörer signalisieren ihre Aufmerksamkeit sowohl verbal (»Ich werde ihnen jetzt zuhören!«) als auch nonverbal (sind nicht nervös, machen kein gelangweiltes Gesicht etc.).

Beim Zuhören ist es hilfreich, den Standpunkt des anderen zu verstehen und nicht die eigenen Ansichten oder Urteile vorschnell dagegen zu setzen. Man kann mit Sicherheit jede Kommunikation dadurch unterbinden, dass man mit der eigenen Meinung losplatzt, bevor der andere noch die Möglichkeit hat, seinen Standpunkt zum Ausdruck zu bringen. Solche Diskussionen arten häufig in Zank und Hader aus. Aktives Zuhören demonstriert dem anderen, dass man seine

Meinung respektiert und schätzt. Es mag schwerfallen zu glauben, dass die Unterschiede zwischen den Menschen eine Quelle des Fortschritts bilden, doch ist mit der Überbrückung von Unterschieden tatsächlich eine Menge gewonnen. Hier sind einige nützliche Hinweise, die das Zuhören erleichtern sollen:
Kontrolle: »Kann ich Ihre Aussagen wiederholen, um zu sehen, ob ich Sie verstanden habe?«
Klarstellung: »Ich glaube, damit wollen Sie sagen, dass...«
Aufmunterung: »Ich höre Ihnen zu. Machen Sie ruhig weiter.«
Anknüpfung: »In Bezug auf Ihren letzten Punkt möchte ich ergänzen...«
Strukturierung: »Vielleicht schauen wir uns erst die Symptome an, versuchen dann, das Problem zu definieren, und besprechen anschließend die möglichen Lösungen?«

Charakteristische Merkmaie von Gruppen mit schlechten Zuhörerqualitäten sind:
– Einige wenige Mitglieder beherrschen die Diskussion,
– Störsender (mehrere Mitglieder sprechen gleichzeitig),
– gute Ideen gehen unter (es gibt keine Möglichkeit, sie festzuhalten),
– Wiederholungen,
– langatmige Redebeiträge (die Leute reden viel und sagen nichts),
– Mitglieder, die nicht bei der Sache sind,
– Unfähigkeit zum Kompromiss.
Wenn ein Team hohe Anforderungen an das Zuhören-Können stellt, fühlen sich die Mitglieder meistens wohl darin. Die Gruppe bringt gute Leistungen, und die Einzelnen fühlen sich einander in besonderem Maße verpflichtet.

Der Problemlösungszyklus

Die Qualität der Leistung eines Teams hängt besonders von seinen Fähigkeiten ab, seine Probleme anzugehen. Obwohl Richtlinien unerlässlich sind, gibt es keine allgemeine Problemlösungsformel, die von allen Teams unverändert übernommen werden kann. Das Zuschneiden der Problemlösungsstrategie auf die Persönlichkeiten und den Kontext einer Gruppe scheint sogar notwendig zu sein, und im Verlauf des Lösungsprozesses entdeckt jedes Team seine individuelle Methode. Als Ausgangspunkt dafür kann das folgende Sechs-Punkte-Programm angesehen werden:

1. Schritt: Ziele
Dieser erste Schritt hat den Zweck, ein gemeinsames Verständnis für die Aufgabe zu schaffen. Es sollen sowohl die allgemeinen Ziele (warum der Auftrag erledigt werden muss) als auch die speziellen Ziele (die konkreten Sollwerte, die zu erreichen sind) definiert werden.

2. Schritt: Erfolgskriterien

Eines der nützlichsten Themen, die eine Gruppe diskutieren kann, heißt: »Wie wissen wir, dass wir eine Aufgabe erfolgreich gelöst haben?« Diese Frage versetzt jeden in die Lage, sich eine klare Vorstellung über den Endzustand des Projekts zu machen. So kann man den zeitlichen und materiellen Aufwand berechnen, der für eine Aufgabe angemessen ist.

3. Schritt: Information

Jedes Gruppenmitglied besitzt Informationen, Meinungen, Gefühle und Gedanken in Bezug auf seine Situation und das anstehende Projekt. In manchen Fällen kann man auch auf externe Daten zurückgreifen. Oft ist es nützlich zu wissen, weiche Daten noch fehlen. Auf vielerlei Weise hängt die Qualität eines Endproduktes ab von der Fähigkeit der Gruppe, wichtige Informationen aufzuspüren und die Vielzahl der Informationen sinnvoll zu systematisieren.

4. Schritt: Pläne

Im militärischen Bereich wird unterschieden zwischen Strategie und Taktik. Auf der strategischen Ebene betrachtet man die allgemeine Frage: **W**as **I**st **D**as **Z**iel in erster Linie?« (WIDZ), auf der taktischen Ebene die WIDZe im Einzelnen. Die Gruppe sollte sich sowohl mit dem übergeordneten Plan als auch mit den speziellen, oft auch persönlichen Aufgaben vertraut machen.

5. Schritt: Aktion

Dem Plan entsprechend wird das Projekt gestartet und zu Ende geführt. Wenn Sie sich an dieses Programm gehalten haben, steht das Projekt im Einklang mit den Zielen des Teams, und es sind Kriterien vorhanden, mit deren Hilfe Sie den Erfolg des Projekts beurteilen können. Überhaupt besitzt das Team jetzt ein solides Verständnis für die Motive seiner Tätigkeit und kann in der eigentlichen Arbeitsphase flexibel und situationsbezogen agieren.

6. Schritt: Kritik und Verbesserungsmöglichkeiten

Menschen lernen dabei, wenn sie sich die Ergebnisse von Handlungen ansehen. Diese Art der Kritik sollte gesammelt, überlegt, diskutiert und in neue Grundregeln gegossen werden. Ohne Kritik gibt es kaum eine Chance der Veränderung und Weiterentwicklung, denn die Menschen wiederholen einfach dieselben Handlungsmuster. Das Sprichwort »Übung macht den Meister« ist der Idealfall; besser passen würde die Aussage »Übung schafft Gewohnheit«, denn schlechte Handlungsweisen können genauso zur Gewohnheit werden wie gute. Wenn eine Gruppe gemeinsam ihre Arbeitsmethoden kritisch überprüft, gewinnt sie daraus die Informationen, die sie für eine rasche Entwicklung zu einem starken und erfolgreichen Team benötigt.

Wenn ein Team leistungsfähig bleiben will, muss es kontinuierlich seine Problemlösungsstrategien analysieren, um untaugliche Methoden auszusondern und vorhandene Stärken auszubauen. Wenn sich eine Gruppe dafür die Zeit nimmt, hat sie eine Menge Gelegenheiten, sich weiterzuentwickeln und aus den Erfahrungen zu lernen. Solche Sitzungen werden gewöhnlich eingeleitet mit der Frage: »Was können wir aus dieser Erfahrung für die Zukunft lernen?«

Dieses Problemlösungsprogramm erfüllt einen wichtigen Zweck, wenn es regelmäßig überprüft und den jeweiligen Bedingungen angepasst wird. Sie brauchen nicht an der Vorlage zu kleben, wenn sie Ihnen unpassend erscheint. Manchmal muss ein Schritt mehrfach wiederholt oder beträchtlich ausgedehnt werden, um die beabsichtigte Wirkung zu erzielen.

Die Effektivität des Teams

Folgende Bedingungen sind notwendig für den Erfolg eines Teams und unsere Checkliste hilft Ihnen dessen Leistungsfähigkeit zu bewerten:
- Problemlösungsvermögen: die Fähigkeiten und Techniken, Probleme erfolgreich zu lösen.
- Gutes Klima: eine Atmosphäre, in der die Arbeit der Mitglieder gedeihen kann.
- Keine (oder wenig) destruktive Kräfte: Ereignisse und Verhaltensweisen, die die Gruppen belasten, entfernen sie von ihrem Ziel und lösen Probleme aus.

Checkliste[1] zur Messung der Leistungsfähigkeit von Teams

Problemlösungsvermögen
1. Benutzt die Gruppe einen methodischen Lösungsansatz?   ja   nein
2. Werden die Ressourcen (Menschen und Material) sinnvoll eingesetzt?   ja   nein
3. Werden Gedanken und Tätigkeiten koordiniert (durch eine Person oder einen Plan)?   ja   nein
4. Suchen die Mitglieder Informationen und Meinungen und geben sie weiter?   ja   nein
5. Werden in der Gruppe Vorschläge unterbreitet und getestet?   ja   nein
6. Findet eine Zusammenfassung und Neuformulierung von Ideen und Vorschlägen statt?   ja   nein
7. Zeigen die Mitglieder Initiative, und handeln sie aktiv?   ja   nein

Klima
1. Gibt es Anreize und Unterstützung für die Mitglieder?   ja   nein
2. Respektieren und akzeptieren die Mitglieder ihre Arbeit gegenseitig?   ja   nein

Kapitel 3 Die zwölf Teamverstärker

3. Haben die Mitglieder die Möglichkeit, zu diskutieren und gehört zu werden? — ja / nein
4. Stellt die Gruppe Kriterien für sich auf, nach denen sie ihre Arbeitsmethoden und ihre Entscheidungen trifft? — ja / nein
5. Können die Mitglieder Gefühle in der Gruppe äußern, und behandeln sie auch persönliche Probleme? — ja / nein
6. Akzeptieren die Mitglieder bewusst (und nicht missmutig) die Entscheidungen der Gruppe? — ja / nein

Destruktive Kräfte
1. Zeigen die Mitglieder ihr Desinteresse an der Gruppe, indem sie träumen, miteinander flüstern oder vom Thema abschweifen? — ja / nein
2. Äußert sich der Wettbewerb mit anderen Gruppenmitgliedern darin, möglichst viele Ideen zu produzieren, die meisten Rollen zu spielen und am lautesten zu reden? — ja / nein
3. Sind Mitglieder aggressiv, reden abfällig über andere oder steilen andere bloß? Verhalten sie sich feindselig oder machen andere fertig? — ja / nein
4. Missbrauchen Mitglieder die Gruppe für Selbstbekenntnisse, indem sie nach persönlichen, für die Gruppe unwichtigen Gefühlen oder Ansichten bohren? — ja / nein
5. Stören Mitglieder die Arbeit der Gruppe durch Clownerien und Blödsinn oder durch spöttische Reden? — ja / nein
6. Verknüpfen Mitglieder ihre Vorschläge mit Plädoyers für die eigenen Belange? — ja / nein
7. Blockieren Mitglieder den Fortschritt der Gruppe, indem sie auf Nebensächlichkeiten ausweichen, zu sehr auf einem Punkt beharren und Vorschläge bedenkenlos verwerfen? — ja / nein

Fähigkeiten eines erfolgreichen Teams

Die folgenden Fähigkeiten eines Teams ergeben zusammengenommen eine brauchbare Definition für erfolgreiche Teamarbeit:
– klare Definition der Ziele
– Aufstellen von Erfolgskriterien
– Methoden zur Analyse von Informationen
– Vorschläge zur Umsetzung in Maßnahmen
– umfassende Planung
– tatkräftiger Einsatz
– sorgfältige und aufrichtige Beurteilung der Leistung
– ausreichende Kontrolle
– aktives Zuhören.

Kapitel 3 Die zwölf Teamverstärker

Ein eingespieltes Team hat seine Arbeitsmethoden auf seinen Bedarf zugeschnitten und damit zu einer unausgesprochenen Gruppenregel erhoben. Es kommt rasch auf Touren und hält ein hohes Arbeitstempo. Das hohe Maß an persönlicher Aufmerksamkeit und Arbeitsökonomie bedeutet, dass alle wichtigen Fragen behandelt werden. Jedes Mitglied besitzt seine persönlichen Fähigkeiten, die von der Gruppe gewürdigt und eingesetzt werden. Es liegt ein Hauch von Wettstreit über dem ganzen Team, und selten breitet sich Langeweile aus.

Teamverstärker VII: Arbeitsmethoden
Maßnahmen für Verstärker/Widerstand

Übung 27. Wie gut sind ihre Sitzungen? S. 211
Übung 28. Weg-Ziel-Analyse S. 213
Übung 29. Problemlösungsinventar S. 216

Kapitel 3 Die zwölf Teamverstärker

Team Verstärker VIII: Organisation

Kontrollfragen

> 8. Die Ziele mancher Gruppenmitglieder stimmen nicht mit denen der anderen überein.
> 20. Die Gruppenmitglieder wissen nicht genau, welche Funktion sie in der Gruppe haben.
> 32. Es gibt keine regelmäßigen Gespräche über Ziele und Prioritäten einzelner Mitglieder.
> 44. Wenn ein Mitglied fehlt, bleibt seine momentane Arbeit liegen.
> 56. Der Informationsfluss zwischen den Mitgliedern lässt viel zu wünschen übrig.
> 68. Der Gruppe fehlt der administrative Rückhalt und die dazu erforderlichen verwaltungstechnischen Verfahren.
> 80. Wir sind wenig flexibel in unserer Arbeitsweise und nutzen unser Leistungspotenzial nicht genug.
> 92. Die Mitglieder könnten viel besser zusammenarbeiten, wenn sie mehr »von Mensch zu Mensch« miteinander verkehren würden.
> 104. Wir achten nicht besonders darauf, wie wir unsere Zeit und unsere Kräfte einteilen.

Ein Team setzt sich aus Menschen zusammen, die wahrscheinlich alle verschiedene »Rollen« spielen und sich gegenseitig durch die Art, wie sie miteinander umgehen, beeinflussen. Jemand kann seine Rolle so wählen, dass er damit unmittelbar auf andere einwirkt. Wir haben Teams kennen gelernt, bei denen der »Erfolg« eines Mitglieds automatisch mit dem »Misserfolg« eines anderen Mitglieds verbunden war. Probleme gibt es auch dann, wenn sich Mitglieder über ihre Rolle im Team und ihre Beziehung zur Arbeit des Teams im Unklaren sind. Wenn die Rollen nicht definiert sind oder Konflikte auslösen, müssen Mechanismen in Gang treten, mit denen sich Rollen erklären und Konflikte aufarbeiten lassen. Entscheidend ist, mit jedem einzelnen Teammitglied Punkt für Punkt durchzugehen, was von ihm an Arbeit erwartet wird. Das muss dann im Team besprochen werden, um jegliche Unklarheit und Überschneidung zu vermeiden. Allerdings leben Teams gewöhnlich in einer dynamischen Umwelt, deshalb können sich die Arbeitsanforderungen immer wieder verändern. Es zahlt sich daher aus, regelmäßig die Ziele des Teams und die Ziele der Mitglieder zu vergleichen.

Obwohl ein klares Rollenverständnis eine wichtige Voraussetzung für die persönliche Leistung ist, sollte man diesen Punkt nicht auf die Spitze treiben.

Ein Vorteil des Teams besteht ja gerade darin, dass es eine Atmosphäre von gegenseitiger Unterstützung und gegenseitiger Abhängigkeit schafft.

»Das ist nicht mein Job« ist eine böse Antwort einem Kollegen gegenüber, der Hilfe benötigt. Jedes Mitglied kann seine besondere Rolle im Leben des Teams spielen, doch sollte auch jeder wissen, in welchem Maß seine Tätigkeit den anderen zur Hilfe gereicht.

Man kann ein Programm zur Förderung der Stärke und improvisationsfähigkeit eines Teams aufstellen, indem man Primärfunktionen, Sekundärfunktionen und Möglichkeiten, wie Mitglieder voneinander lernen können, definiert. In manchen Unternehmen wird »job-rotation« innerhalb der Teams praktiziert, um die gegenseitigen Beziehungen zu vertiefen, das Einrosten der Mitglieder zu verhindern und neue Möglichkeiten für das Team und das Unternehmen zu erschließen. Nicht zuletzt gibt es in jedem Team »zentrale Funktionen« – nämlich den Auftrag zu erfüllen – und »Wasserträgerfunktionen«. Manchmal steckt ein Team eine Menge Kraft und Energie in die einzelnen Funktionen, ohne über ausreichenden materiellen und administrativen Rückhalt zu verfügen. Es verhält sich wie eine Armee, die ohne Nachschub marschiert, drei Viertel ihres Weges zurückgelegt hat und plötzlich merkt, dass Kraftstoff und Lebensmittel ausgehen. Der organisatorische Unterbau muss mit der steigenden Leistungsfähigkeit eines Teams Schritt halten.

Große Teams

Als Faustregel gilt für die Definition eines großen Teams, dass es mehr als zehn Mitglieder hat. Große Teams verursachen spezielle Probleme in puncto Koordination und Führung. Die folgende Auflistung nennt typische Probleme und zeigt einige Lösungsvorschläge auf.

1. Schwache Führung

Ein Problem für große Teams ist die Wahl eines Gruppenleiters. Da große Gruppen schwierig zu organisieren sind, erfordern sie einen disziplinierten Führungsstil. Der Gruppenleiter muss die Arbeit der Großgruppe strukturieren und die Motivation erhalten können. Häufig muss der Teamleiter dafür sorgen, dass Ziele aufgestellt werden und dass er von den Mitgliedern die notwendige Unterstützung dafür erhält.

2. Nachlassendes Engagement

In einer großen Gruppe ist es für den Einzelnen schwierig, sein Talent zur Geltung kommen zu lassen, weil einfach zu wenig Redezeit zur Verfügung steht. Als Folge davon können sich die Mitglieder enttäuscht abwenden, sie verlieren ihr Interesse an der Arbeit, und ihre Leistungsbereitschaft schwindet. Da der Weg zum anderen weiter ist, herrscht auch weniger Geschlossenheit.

3. Zu viele Informationen
Je größer die Gruppe, desto mehr Informationen liegen vor, sowohl in Form von Daten als auch in Form von individuell unterschiedlichen Wahrnehmungen. Das macht es schwieriger, die Informationen zu strukturieren und als Basis für gute Entscheidungen zu gewinnen.

4. Unklarheit über die Rolle in der Organisation
Oft herrscht in einer großen Gruppe Unklarheit über die Aufgabe, die sie in der Organisation hat. Wenn diese Einsicht fehlt, kann es passieren, dass die Mitglieder die näherliegenden Interessen ihres Jobs verfolgen und ihre Zeit und Energie nicht in den Dienst der Gruppe stellen.

5. Versteckte Konflikte
In großen Gruppen können persönliche Differenzen leicht versteckt werden und im Untergrund weiterschwelen. Wenn solche persönlichen Konflikte auftreten, ist es wichtig, sie aus der Welt zu schaffen, doch besitzen große Gruppen selten die notwendigen Voraussetzungen dafür. Daher sind diese Gruppen wahrscheinlich auch viel stärker durch Intrigen gefährdet.

6. Unökonomische Arbeitsweise
Große Gruppen müssen phantasievolle Methoden erfinden, wie sie Zeit und Mittel ökonomisch nutzen können. Dazu gehört sowohl die technische Beherrschung solcher Methoden als auch Flexibilität bei der Aufteilung in kleinere Projekteinheiten.

7. Vernachlässigung der individuellen Qualitäten
Oft kommen individuelle Fähigkeiten wie Zuhören können, Ideen entwickeln und Klarheit im Ausdruck zu kurz. Enttäuschte Mitglieder verlieren unter Umständen ihre Selbstbeherrschung und beeinträchtigen dadurch die Konzentration auf die Arbeit. Wenn Mitglieder nicht wissen, welche Funktion sie in der Gruppe innehaben, und nicht in der Lage sind, eine sinnvolle Rolle für sich zu finden, wird die Gruppe bei ihrer Selbststrukturierung auf Schwierigkeiten stoßen.

8. Unklare Entscheidungsstrategien
Ohne formale Organisation fällt es Großgruppen oft schwer, einen Entscheidungsstil zu finden, an dem sich alle Mitglieder beteiligen können, der Transparenz ermöglicht und der sich in der Praxis durchhalten lässt. Einen Kompromiss herbeizuführen kann in großen Gruppen sehr problematisch werden. Wenn die entsprechenden persönlichen Qualitäten nicht vorhanden sind, müssen andere Formen der Entscheidungsfindung gesucht werden, damit die Arbeit erledigt wird. Eine gute Möglichkeit besteht darin, die Zeit zu begrenzen und die in dieser festgelegten Frist bestmögliche Entscheidung zu treffen.

Große wie kleine Teams sollten immer wieder ihre Rollenverteilung überprüfen, um sicherzugehen, dass ihre Funktionen, Ziele, Methoden und Kommunikationsstile gute Leistungen und eine hohe Arbeitsmoral ermöglichen. Man kann dieses Thema niemals erschöpfend behandeln, denn ein Team ist niemals endgültig organisiert, es befindet sich ständig in einem Umstrukturierungsprozess.

Teamverstärker VIII: Organisation
Maßnahmen für Verstärker/Widerstand

Übung 30. Ziele und Vorsätze S. 218
Übung 31. Kommunikation im Team S. 220
Übung 32. Startschuss S. 221
Übung 33. Entscheidungstypen S. 224

Teamverstärker IX: Kritik

Kontrollfragen

9. Kritisierte Gruppenmitglieder haben oft das Gefühl, ihr Gesicht zu verlieren.
21. Mitglieder halten sich oft in ihrer Kritik zurück, um Projekte nicht zu gefährden.
33. Die Gruppe lernt nicht aus ihren Fehlern.
45. Die Versuche, Sachverhalte kritisch zu werten, werden als negativ und verletzend angesehen.
57. Eine unparteiische Begutachtung unserer Arbeitsweise würde uns weiterhelfen.
69. Uns fehlt die Fähigkeit, konstruktiv unsere Leistungsfähigkeit zu kritisieren.
81. Unsere Leistungen wären besser, wenn mehr konstruktive Kritik geäußert würde.
93. Wir nehmen uns kaum einmal die Zeit, über Aufgabenbereich, Arbeitsmethoden und Verbesserungsvorschläge zu sprechen.
105. Wir fassen zwar Vorsätze, doch eigentlich lernen wir nicht aus unseren Fehlern.

In manchen Teams ist eine geheime Verschwörung am Werk, denn diese Teams weigern sich geschlossen, Ereignisse zu analysieren und kritisch zu überdenken. Sie verhindern den freien Austausch von Meinungen und Urteilen. Eine derartige Zurückhaltung in puncto Kritik kann verschiedene Ursachen haben:
– Höflichkeit: Manche Mitglieder glauben, dass höfliche Umgangsformen und Konfrontation sich gegenseitig ausschließen.
– Angst, das Gesicht zu verlieren: Einige Menschen betrachten Kritik als einen unerwünschten Angriff auf ihr Selbstwertgefühl.
– Falsch verstandene Solidarität: Manche Mitglieder befürchten, dass die öffentliche Enthüllung von Fehlern die Moral untergräbt.
– Unfähigkeit im Umgang mit Kritik: Das Team erkennt zwar die Vorteile einer sorgfältigen Analyse, traut sich jedoch nicht zu, richtig damit umgehen zu können. Es fehlen ihm die notwendigen Fähigkeiten, sich einer Konfrontation oder Beurteilung auszusetzen.

Die Analyse der Projekt- und der Routinearbeit liefert dem Team wertvolles Anschauungsmaterial. Diesen Aspekt der Teamarbeit nennen wir Kritikfähigkeit, d. h., die Mitgliedersetzen sich zusammen, erörtern die Stärken und Schwächen ihrer Arbeit, sind aufgeschlossen für persönliche Beurteilungen und können negatives Feedback ohne Groll akzeptieren.

Die Fähigkeit zur Kritik fördert die Weiterentwicklung des Teams. Oberflächlichkeit ist hier fehl am Platze; von den Mitgliedern wird verlangt, dass sie den Status quo in Frage stellen. Obwohl positive wie auch negative Kritik wertvoll ist, fällt es in der Praxis oft schwer, entweder positives oder negatives Feedback zu geben. Positive Beurteilungen können die Mitglieder zu unbegründetem Stolz und zu Selbstzufriedenheit verführen, negative Rückmeldung kann als Sabotage aufgefasst werden und Streit provozieren.

Offene Kritik wirkt besonders bedrohend auf ältere Teammitglieder. Als Erbauer des bestehenden Systems fühlen sie sich ihm besonders verpflichtet. Daher sind sie in ihrem Selbstwertgefühl mehr gefährdet. Unser Freund Barry A. Goodfield, ein Psychologe, bricht der Kritik eine Lanze, wenn er sagt: »Es gibt zwei Möglichkeiten, entweder nach vorne zum Fortschritt oder zurück zur Sicherheit.« Menschen, die mit Feedback richtig umzugehen wissen, haben sich eine wertvolle Eigenschaft erworben. Sie haben die Chance, an ihren Fehlern und Unzulänglichkeiten zu wachsen.

Am Anfang sollten die Feedbacksitzungen außerhalb der Geschäftigkeit des Alltags stattfinden. Später können Feedbackmechanismen ohne weiteres in die regelmäßigen Teamsitzungen und in die Privatgespräche der Mitglieder aufgenommen werden. Die Empfehlungen auf den beiden folgenden Seiten können Sie für Ihre Feedbacksitzungen übernehmen:

Kapitel 3 Die zwölf Teamverstärker

Feedbackregeln	
Vermeiden Sie	**Versuchen Sie**
zu viel zu reden;	Ihre Standpunkte einfach und der Reihe nach darzustellen;
mit der Tür ins Haus zu fallen und die Dinge zu überstürzen;	Gedanken und Gefühle zu verstehen und konkrete Beispiele für Ihre Punkte zu finden;
Probleme wegzudeuten;	Probleme und ihre Ursachen gründlich zu erforschen mit der Frage: Was bedeutet das für uns?
falsche Hoffnungen zu wecken;	einen »Vertrag« zu schließen, den Sie für erfüllbar halten;
väterlichen Ton;	als erwachsener und vernünftiger Mensch zu reden, denn der väterliche/mütterliche Teil in uns neigt zu einem herablassenden Urteil;
den Vorgang nicht ernst zu nehmen;	deutlich zu machen, dass Sie den Vorgang für so wichtig halten, dass Sie sich die Zeit nehmen, diese Dinge ernsthaft zu besprechen;
Widersprüche;	herauszufinden, ob Sie widersprüchlich erscheinen und alle auftretenden Widersprüche zu klären;
Neigungen oder Werthaltungen eines Menschen abzuqualifizieren (den »Schlag unter die Gürtellinie«);	zu erkennen, warum die Person diesen Standpunkt vertritt; äußern Sie eher Informationen und Wünsche als Urteile;
voreilige Verpflichtungen einzugehen;	bei der Wahrheit zu bleiben und nur dann eine Verpflichtung einzugehen, wenn Sie sicher sind, dass sie eingelöst werden kann; setzen Sie eine Frist, die Sie für realistisch halten;

Kapitel 3 *Die zwölf Teamverstärker*

Feedbackregeln	
Vermeiden Sie	**Versuchen Sie**
Ablehnung und Desinteresse zu demonstrieren;	sich darum zu bemühen, dass die Sitzung zu einem Erfolg wird, und die Diskussion als eine Chance zur Weiterentwicklung zu betrachten;
die Probleme der anderen zu lösen;	die anderen zu ermutigen, eigene Lösungsvorschläge zu präsentieren und sich nicht nur auf Sie zu verlassen;
Produktionsziele als Druckmittel zu benutzen;	Produktionsziele als Experiment und nicht als Mittel zur Disziplinierung zu betrachten;
nur einen einzigen Lösungsweg zu sehen.	flexibel zu bleiben und sorgfältig auf Alternativen zu achten, auch wenn Sie sie später wieder fallen lassen.

Der sinnvolle Einsatz von Feedbackmethoden setzt Maßstäbe im Team. Die Mitglieder lernen Urteile auszusprechen und setzen dabei neue Kräfte frei, die sie bisher durch ihre Zurückhaltung blockiert haben.

Der Begriff der Verantwortlichkeit wird breiter und attraktiver, und das ganze Team profitiert davon.

> Teamverstärker IX: Kritik
> Maßnahmen für Verstärker/Widerstand
>
> Übung   1. Feedback-Kommunique S. 144
> Übung 34. Neigungen und Abneigungen S. 228
> Übung 35. Leistungsbiianz S. 230
> Übung 36. Neue Karrieren S. 232

Teamverstärker X: Persönliche Weiterentwicklung

Kontrollfragen

> 10. Neue Mitglieder bleiben oft sich selbst überlassen, wenn sie ihren Platz in der Gruppe suchen.
> 22. Die Fähigkeiten mancher Mitglieder liegen brach.
> 34. Die Mitglieder zeigen kein Interesse daran, »up-to-date« zu bleiben oder sich weiterzubilden.
> 46. Es wird wenig Zeit und Mühe auf persönliche Weiterentwicklung verwendet.
> 58. Die meisten Gruppenmitglieder sind nur in ihrem Fachgebiet ausgebildet worden.
> 70. Die Gruppe unternimmt keine Schritte, um ihre Mitglieder »aufzubauen«.
> 82. Gruppenmitglieder, die ihrer Sache nicht sicher oder zurückhaltend sind, werden häufig übergangen.
> 94. Jemand, der die eingefahrenen Gebräuche der Gruppe in Frage stellt, wird schnell in seine Schranken verwiesen.
> 106. Die Mitglieder werden nicht dazu ermuntert, ihr Wissen und ihre Fähigkeiten außerhalb der Gruppe zu erweitern.

Ein Team zeichnet sich dadurch aus, dass es die Stärken seiner Mitglieder nutzbar machen und koordinieren kann. Daraus folgt, wenn man alle anderen Variablen vernachlässigt, dass die Teams mit den meisten individuellen Talenten und Fähigkeiten die besten sind. Wenn neue Mitglieder in ein Team kommen, ist es wichtig, sie mit Verständnis, aber auch mit Bestimmtheit einzuführen. Das neue Mitglied soll nicht den Eindruck haben, dass ihm die gebratenen Tauben ins Maul fliegen. Das Team muss Ansprüche stellen und die Zugehörigkeit zu ihm als ein Privileg verkaufen. Es soll dem Einzelnen als Vehikel zur fachlichen, führungstechnischen und persönlichen Weiterentwicklung dienen.

Die ausgeprägte Persönlichkeit

Oft leiden Teams unter einem Mitglied, das wortgewaltig und unerschütterlich seinen Standpunkt verteidigt. Ein außenstehender Beobachter kann dieses Mitglied als eine »ausgeprägte Persönlichkeit« erleben, während es von den anderen Teammitgliedern privat als »Landplage« bezeichnet wird. Wir möchten deshalb betonen, dass das, was wir unter einer ausgeprägten Persönlichkeit verstehen, mehr bedeutet als nur ein dominantes Wesen; es handelt sich vielmehr um einen Menschen, der

- Ausdauer hat;
- im Einklang mit seinen Gefühlen steht;
- bereit ist, seine Position in Frage zu stellen;
- seinen Standpunkt nach den Argumenten und nicht nach der Windrichtung ändert;
- risikobereit ist.

Wenn sich stark ausgeprägte Persönlichkeiten zusammenschließen, werden sich einige Leute bedroht fühlen. Verzichtsleistungen nur um der Harmonie willen wird es hier nicht geben und routinemäßige Entscheidungen genauso wenig. Weil man sich mit Schrammen und resolutem Umgangston einfach abfinden muss und diese Sorte von Menschen unter Umständen sogar noch Gefallen daran findet, wird das Klima auch für den Teamleiter rauher und stellt eine besondere Herausforderung an seine eigenen Fähigkeiten dar. Einige Mitglieder kommen sich in den Schatten gestellt und »abgesägt« vor, und manche beschränken sich nur noch auf wenige, aber überlegte Redebeiträge. Naturgemäß variieren die Menschen in der Quantität und Qualität ihrer Leistung, doch selten können sie ihre Möglichkeiten voll ausschöpfen. Dem Mitglied, dem es gelingt, diese verborgenen Schätze zu heben, wird ein Gefühl tiefer Befriedigung zuteil. Wer sich neuen Herausforderungen und Erfahrungsmöglichkeiten gegenübersieht, mobilisiert frische Kräfte, bringt kreative Ideen hervor und verwirklicht sie. Er ist in der Lage, mehr Verantwortung zu tragen, ohne dabei das Gespür für seine Grenzen zu verlieren. Mit einem Wort: Er ist reifer geworden.

Die Entwicklung der Persönlichkeit ist schwierig zu beschreiben, denn die Prozesse laufen im Menschen ab, und die Ergebnisse sind kaum messbar. Ein sich entwickelnder Mensch hat die Chance, aufgeschlossen, neugierig und experimentierfreudig zu bleiben. Mit dem Alter wächst die Sicherheit des Urteils, und Überraschungen werden seltener; parallel dazu verbessert sich die Fähigkeit, neue Einsichten nutzbringend anzuwenden.

Die Art der Entwicklung ändert sich im Laufe der Zeit, nicht aber die Intensität. Wenn der Mensch einmal weiß, was er will und woran er glauben soll, wird er sich nicht als ein ideales, ebenmäßiges Wesen erleben, sondern vielmehr alles das, was seine Persönlichkeit ausmacht, akzeptieren und zur Entfaltung kommen lassen.

Schon öfter haben wir in diesem Buch betont, wie wichtig es ist, dass eine Gruppe die Probleme und Einflüsse, die ihre Situation bestimmen, aufarbeitet. Dasselbe gilt auch vom Individuum. Persönliche Weiterentwicklung bedeutet, das charakteristische Auf und Ab des persönlichen Energieniveaus zu beobachten. Wir bestärken konstruktive, leistungsbezogene und humane Verhaltensweisen und lehnen die destruktiven und statischen ab.

Passive oder aktive Lebenseinstellung

Eine Gruppe erfahrener Manager hatte sich die Aufgabe gestellt, verschiedene persönliche Führungsstile zu analysieren. Sie stellten fest, dass die Personen sich hauptsächlich in ihrer Energetik unterscheiden. Während sich einige vorwiegend passiv verhielten, strahlten andere Energie und Kreativität aus, waren also aktiv. Die etwas polemische Aufstellung, die sich aus der Diskussion der Manager ergab, verzeichnet die folgenden Merkmale:

Die passive Person
- will in Ruhe gelassen werden
- vermeidet Selbsterkenntnis
- gibt sich mit Trivialitäten zufrieden
- ist auf Misserfolg programmiert
- hat ein gestörtes Verhältnis zu ihren Gefühlen
- nimmt keine Rücksicht auf andere
- versucht, andere zu manipulieren
- ist verkrampft
- besitzt wenig Energie und Vitalität
- ist niemals mit anderen zufrieden
- ist im Leben unglücklich
- kann sich nicht von infantilen Verhaltensweisen lösen
- akzeptiert niedrige Leistungsstandards
- gibt auf und umgeht Frustrationen
- glaubt, sich nicht auf eine Arbeit konzentrieren zu können.

Die aktive Person
- sucht Herausforderungen
- macht sich Gedanken über sich selber
- weiß Zeit und Kraft als wertvolle Ressourcen zu schätzen
- kann Ergebnisse vorweisen
- kennt ihre Gefühle und setzt sie kreativ ein
- kümmert sich um andere
- ist aufgeschlossen und ehrlich
- ist entspannt
- strahlt Energie und Lebensfreude aus
- hat Menschen gern
- genießt das Leben
- hat ihre Kindheit weitgehend bewältigt
- setzt hohe Maßstäbe
- ist daran interessiert, eine Sache zu Ende zu führen
- kann sich gut auf Situationen konzentrieren.

Nur wenige Menschen zeigen eine extrem aktive oder passive Lebenseinstellung. Die meisten befinden sich irgendwo in der Mitte dieser Skala. Für sie bedeutet die Entwicklung der Persönlichkeit eine Entwicklung von Passivität zu Aktivität. Aktive Menschen neigen dazu, das Leben als Abenteuer aufzufassen, sie genießen den Reiz der Abwechslung und kommen jedes Mal irgendwie gereifter aus einer Situation heraus. Auf der anderen Seite befinden sich passive Menschen scheinbar ständig in einem aussichtslosen Kampf mit widrigen und feindseligen Lebensbedingungen.

Selbstbehauptung

In jüngster Zeit konzentriert sich das Interesse auf eine neue Technik, die unter dem Namen »Selbstbehauptungstraining« (assertiveness training) bekannt geworden ist. Sie spielt eine wichtige Rolle bei der Verbesserung der Leistungsfähigkeit eines Teams. Wenn der Einzelne weiß, was er fühlt und was er will, wenn er definitiv und eindeutig seinen Standpunkt darlegen kann und dabei sicher ist, dass man ihm zuhört, dann reden wir von »Selbstbehauptung«. Von einem Selbstbehauptungstraining profitiert sowohl der Einzelne als auch das Team:

Vorteile für das Team:
- besseres Entscheidungsverhalten: halbgare Ideen werden ausgemustert;
- mehr Initiative: die Leute wollen ihre Ideen verwirklichen, um mehr Spielraum zu gewinnen;
- bessere Ausnutzung der Ressourcen: nicht wer am lautesten schreit gewinnt;
- gutes Management-Training: aktiviert, begünstigt und stärkt Talente.

Vorteile für den Einzelnen:
- gibt Kraft, er fühlt sich stärker;
- wirkt konkret: wichtige Aufgaben werden zu Ende geführt;
- vertieft persönliche Beziehungen: öffnet neue Zugänge;
- wirkt therapeutisch, hilft Spannungen konstruktiv zu lösen.

Obwohl sich diese Vorteile gut anhören, hat die Methode auch ihre »Haken«. Menschen, die sich selbst behaupten, halten mit ihrer Meinung nicht hinter dem Berg und bilden in dieser exponierten Lage ein bequemes Angriffsziel. Manche Menschen empfinden eine solche Person als ein Ärgernis (oder im schlimmsten Fall als einen widerspenstigen Störenfried) und treffen dementsprechende Gegenmaßnahmen. Und sollte diese Person unrecht haben, kann sie durch ihr Verhalten die anderen auf die Palme bringen. Der Held eines Desasters erhält keinen Applaus. Es ist nicht notwendig, sich in jeder Situation selbst behaupten zu müssen. Besser ist es, sich die entsprechenden Verhaltensweisen anzueignen, um sie, ebenso wie andere Managementtechniken, dann einzusetzen, wenn es nötig ist.

Widerstände gegen die Selbstbehauptung

Obwohl ihnen der Verstand sagt, dass energisch durchgreifendes Verhalten notwendig und natürlich ist, fällt es manchen Menschen recht schwer. Es sind fünf Schwierigkeiten, die viele Menschen hemmen, und die eine oder andere wird wahrscheinlich auch bei Ihnen zutreffen:

1. Erziehung: jene innere Stimme der Autorität, die Ihnen verbietet, Höhergestellten zu widersprechen.
2. Ihr Recht: Jeder Mensch hat das Recht, gehört und ernst genommen zu werden; doch glauben Sie, dass das für Sie auch gilt?
3. Unklarheit: Sie wissen nicht genau, was Sie wollen, und können sich nicht klar und überzeugend ausdrücken.
4. Angst: Sie versuchen, Kritik oder Bestrafung durch andere zu vermeiden.
5. Nachgiebigkeit: Sie lassen sich durch die Reaktion eines anderen ins Bockshorn jagen oder Ihre Anstrengungen zunichte machen.

Wenn Sie die Erfahrung gemacht haben, dass Sie sich in bestimmten Situationen nicht selbstbehauptend verhalten können, dann versuchen Sie, ein Grundmuster dieser Situationen zu entdecken. In den meisten Fällen gibt es eines. Vielleicht ist Ihr Problem, dass Sie einfach nicht an die Veränderbarkeit der Verhältnisse glauben können. Es mag hilfreich sein, Selbstbehauptung teils als Frage der Einsteilung, teils der Erfahrung zu betrachten. Erfahrung kann man sich aneignen, und mit dem Erfolg steigt auch das Selbstwertgefühl.

Die Technik der Selbstbehauptung

Man kann von anderen Menschen vieles lernen, selbst von denen, die man nicht besonders mag. Beobachten Sie einmal, wie manche Menschen offensichtlich ihre Botschaft viel überzeugender vermitteln können als andere. Wenn es Ihnen gelingt, die Unterschiede zwischen erfolgreichen und nicht erfolgreichen Menschen herauszufinden, werden Sie ohne weiteres die folgende Liste von Ratschlägen verlängern können:

Vermeiden Sie emotional gefärbte Aussagen: Zorn oder Enttäuschung beeinträchtigt Ihre Zielstrebigkeit und stiftet Aufruhr in der Gruppe. Bleiben Sie bei klaren und eindeutigen Aussagen.

Bleiben Sie beim Thema: Behalten Sie den Punkt, auf den Sie hinauswollen, im Auge, und konzentrieren Sie sich darauf, bis die Entscheidung gefallen ist. Ziehen Sie sich nur dann zurück, wenn Sie zur festen Überzeugung gelangt sind, dass nicht mehr drin ist.

Reden Sie klar und gerade heraus: Sagen Sie Ihre Meinung einfach und unverblümt. Verkomplizierungen und das Herumreden um den heißen Brei sind der Tod jeder guten Entscheidung.

Drücken Sie Ihre Gefühle aus: Lassen Sie die anderen wissen, wie sehr Sie an der Sache interessiert sind. Seien Sie aufrichtig, und vermeiden Sie Übertreibungen oder falsche Bescheidenheit.

Legen Sie eine »Leuchtspur«; die anderen werden es mit Ablenkungsmanövern versuchen. Vielleicht fühlen sie sich unter Druck; lassen Sie sie ruhig reden, und knüpfen Sie anschließend an Ihrem Ausgangspunkt wieder an.

Spielen Sie nicht die Dampfwalze: Auch die anderen werden ihre Meinung äußern; anerkennen Sie die Wahrheit, die in ihren Äußerungen steckt. Sagen Sie ihnen, dass Sie ihren Standpunkt akzeptieren, doch komm Sie wieder auf Ihre eigene Meinung zurück.

Geben Sie Ihre Fehler offen zu: Wenn Sie unrecht haben, sagen Sie das offen und direkt. Manche werden zwar probieren, Sie unterzubuttern, wenn Sie einen Fehler gemacht haben, aber bleiben Sie stark und versuchen Sie, aus dem Fehler zu lernen.

Streben Sie einen funktionsfähigen Kompromiss an: Achten Sie neben ihren Interessen auch auf die Wünsche der anderen, und versuchen Sie, diese genauso wie die Ihren zu berücksichtigen. Auf diese Weise werden alle gewinnen.

Sich selbst behauptende, selbstbewusste Menschen sind eine Energiequelle für das Team, denn es geht ihnen gut, und sie haben Spaß an der Arbeit. Doch wie alle Methoden kann auch das Selbstbehauptungstraining missbraucht werden, und manche energische, sich selbst behauptende Persönlichkeiten verlangen dem Teamleiter und dem Team das Äußerste ab.
Ein reifes Team achtet darauf, dass jedes Mitglied seine persönlichen Fähigkeiten und Stärken ausbauen kann. Der Einzelne spürt die Kraft, die von seiner Persönlichkeitsentwicklung ausgeht, und diese Kraft überträgt sich auf das ganze Team. Es wird zu einem kreativen Medium für den Einzelnen. Voraussetzung dafür ist ein breites Repertoire an technischen Fertigkeiten, die Steigerung der persönlichen Leistungsfähigkeit durch Selbstbehauptung und – grundsätzlich – eine aktive, konstruktive und verantwortungsbewusste Einstellung zu Mensch und Arbeit.

> Teamverstärker X: Persönliche Weiterentwicklung
> Maßnahmen für Verstärker/Widerstand
>
> Übung 37. Ich soll – soll ich? S. 234
> Übung 38. Checkliste für Führungskräfte S. 236
> Übung 39. Das Beratungsgespräch S. 242

Kapitel 3 Die zwölf Teamverstärker

Teamverstärker XI: Kreativität

Kontrollfragen

> 11. Die Gruppe bringt nur wenig neue Ideen hervor.
> 23. Die Gruppenmitglieder trauen sich nicht, neue Ideen zu äußern.
> 35. Wir haben den Ruf, »hinter dem Mond zu leben«.
> 47. Diese Gruppe ist wenig innovativ.
> 59. Gute Gedanken werden nicht aufgegriffen.
> 71. Neue Ideen, die von außen kommen, haben kaum eine Chance.
> 83. Es ist richtig, dass unsere Gruppe wenig Phantasie besitzt.
> 95. Nur wenige Mitglieder äußern neue Ideen.
> 107. Oft werden kreative Ideen nicht in definitive Handlungen umgesetzt.

Man sagt, der junge Einstein habe einmal geträumt, auf einem Sonnenstrahl dahinzufahren, und aus diesem Traum sei das Modell des gekrümmten Raums entstanden.

Eine so brillante Idee ist das Werk eines kreativen Individuums, das über das Niveau seiner Kollegen hinausgegangen ist.

Der Geniestreich eines Einzelnen ist aber ein viel zu seltenes Ereignis, als dass man von vornherein damit rechnen könnte. Infolgedessen kommen viele Innovationen aus Teams, die sich eben besonders durch ihre Kreativität auszeichnen. Die Beispiele dafür reichen vom Produktionsteam eines Films bis zur Designergruppe. Es ist unumstritten, dass ein gutes Team kreative Ideen erzeugen und in die Praxis umsetzen kann.

Der Kreativitätsprozess lässt sich nicht in einer logischen und objektiven' Terminologie beschreiben. Die Leute sind oft außerstande zu erklären, wie ihnen eine so gewaltige Phantasieleistung glücken konnte; beispielsweise berichten sie gern: »Es überkam mich wie im Traum« oder: »Plötzlich passte alles zusammen«. Der britische Forscher Edward Matchett, der sich intensiv mit Kreativitätsprozessen beschäftigt hat, behauptet, dass Menschen lernen können, ihr Kreativitätspotenzial zu entfalten, wenn sie die richtige »Wellenlänge« zu den verborgenen Aspekten ihres Selbst finden. Seine Untersuchungen zeigen, dass Kreativität begünstigt wird, wenn der Mensch emotional, physisch und intellektuell offen[2] ist.

Doch das Nutzbarmachen von kreativen Energien fordert mehr als nur Aufgeschlossenheit für Neuerungen. Kreativität muss nicht unbedingt spontan oder zufällig entstehen. Individuum und Team können ihre Kreativität mit Hilfe von relativ unkomplizierten Methoden steuern. Der kreative Prozess beginnt unserer Ansicht nach damit, dass man sich in irgendeiner Notlage befindet und

»missing links« hat. Dann muss eine neue Idee her. Sie kann den logischen Abschluss einer Assoziationskette bilden oder eine radikale Neubildung sein. Selten ist eine Idee schon bei der Eingebung vollkommen klar und gereift; sie muss ausgearbeitet, verfeinert, modifiziert, vereinfacht und, wenn sie nicht bloß Gegenstand akademischer Dispute sein soll, auch geprüft werden.

Der Kreativitätsprozess kann kurz in vier Schritten dargestellt werden:
1. Festlegung eines Mangels,
2. Erzeugung von Rohideen,
3. Erarbeitung von ausgereiften Entwürfen,
4. Prüfung der Entwürfe und Anwendung der neuen Idee.

Ein gewisses Risiko lässt sich aus der Kreativität nie ganz ausschließen; selbst die geschicktesten und erfahrensten Leute machen immer wieder Fehler. Infolgedessen müssen Kreativität und Entscheidungsfähigkeit Hand in Hand gehen.

Kreativitätssperren

Wenn man die Faktoren der Kreativität untersucht, beginnt man am besten mit den Gründen, die die Menschen daran hindern, kreativer zu sein. Die am meisten verbreiteten Kreativitätssperren kann man in fünf Punkten zusammenfassen:

1. Starre Einstellungen
Die meisten Menschen besitzen eine feste Vorstellung darüber, wie die Welt funktioniert. Sie interpretieren ihre Erfahrungen im Lichte ihres subjektiven Denkschemas. Natürlich lässt sich eine solche Starrheit viel leichter bei anderen Menschen entdecken als bei sich selber.
Eine voreilige Definition und Bewertung von Gedanken und Sachverhalten führt dazu, dass man seine eingefahrenen Denksysteme nicht mehr in Frage stellt. Bezeichnenderweise verhärten sich rigide Einstellungen mit zunehmender Erfahrung, da sie sich immer wieder selbst bestätigen. Der Mensch bestimmt seine Erfahrungen selber, d. h., durch seine Erfahrung begründet er eine Einstellung; die wiederum bewirkt neue Erfahrungen, die bestätigen, dass die Einstellung richtig ist.

2. Schwächen im Vortrag
Wenn Menschen versuchen, neue Ideen vorzutragen, drücken sie sich oft unklar aus, wiederholen sich, verlieren den Faden, und es fällt allgemein schwer, sie zu verstehen. Kreativität heißt, sich auf fremdes und unerforschtes Territorium zu begeben, und die mit dieser Erfahrung verbundene Aufregung kann eine wirkungsvolle Darstellung der neuen Idee erschweren. Hinzu kommt die Neigung, sich dabei seiner persönlichen Ausdrucksweise zu bedienen und die Präsentation zu wenig auf die Voraussetzungen beim Empfänger abzustimmen.

Der erste Schritt zur aktiven Kommunikation heißt also, sich auf die Ebene der Person, der man etwas mitteilen will, einzustellen. Eine gemeinsame Verständnis-, Werthaltungs- und Beziehungsebene erhöht die Chance, dass eine Botschaft »ankommt«.

Weitere Momente, die im Hinblick auf das gegenseitige Verständnis Aufmerksamkeit verdienen, sind Ort und Zeit. Es muss ausreichend Zeit für einen gründlichen Meinungsaustausch vorhanden sein. Manche Punkte können schnell erledigt werden; komplexe und persönliche Probleme nehmen mehr Zeit in Anspruch. Auch die räumliche Umgebung spielt eine wichtige Rolle, deshalb kann der passende Ort beträchtlich zum Gelingen des Gesprächs beitragen.

Prüfen Sie die Gesprächsbereitschaft Ihres Partners. Dabei können Sie ganz direkt fragen: »Haben Sie Zeit, dieses Thema mit mir zu besprechen?« Auf diese Weise wird eine gemeinsame Basis hergestellt und das Gespräch als wichtig deklariert.

Es empfiehlt sich, vor der methodisch und inhaltlich klaren Darbietung kurz den Zweck der Sitzung anzusprechen. Aus den nonverbalen Signalen der Zuhörer kann der Sprecher ersehen, ob seine Rede ankommt. Etwas direkter ist die Methode, seine Zuhörer um Kommentare oder Zwischenfragen zu bitten. Manchmal dürfte es nützlich sein, die Informationen oder Gedanken optisch darzustellen und diese Veranschaulichung als Ausgangspunkt für eine Diskussion zu nehmen.

Referenten mit einem niedrigen Kommunikationsniveau zeigen folgende Schwächen:
- schlechte Zeiteinteilung
- unklare Äußerungen über den Zweck des Vortrags
- Weitschweifigkeit und Wiederholungen
- mangelnde Verständlichkeit
- Ziel- und Planlosigkeit des Vortrags
- vorwurfsvolle und polemische Reaktionen

3. Mangelnder Mut zur Offenheit

Viel Kreativität entsteht aus der Unzufriedenheit mit den vorhandenen Systemen, Methoden und Produkten. Eine kritische Einstellung liefert die Energie, die Veränderungen bewirkt.

Viele Menschen glauben, sich Offenheit mühelos aneignen zu können. Das stimmt nicht. Zwar lassen sich einige Formen von Offenheit, wie z. B. Lob, aussprechen, ohne weiteres praktizieren, doch schwierig wird es, wenn man für Dinge aufgeschlossen sein soll, die scheinbar unlogisch, sinnlos oder verbaut sind. Vielen Menschen fällt es schwer, negative Seiten offen anzusprechen, besonders denen gegenüber, die für den Status quo verantwortlich sind. Aus diesem Grund ist ihre Kritik zurückhaltender und allgemeiner Natur und verliert dadurch an Wirkung. Jeden Tag werden Entscheidungen von Menschen getroffen, die ihre Offenheit und Ausdrucksfähigkeit willkürlich beschränken. Sie müssen lernen, öfter offener zu sein, sonst blockieren sie sich selber und sind nicht in der Lage, das Gefühl der persönlichen Verantwortung zu erleben. Ohne dieses Verantwortungsgefühl geht viel von der potenziellen Stärke und Kraft eines Menschen verloren, und seine Kreativität verkümmert. Offenheit sollte unterstützt und gefördert werden und um ihrer selbst willen gepflegt werden. Jemand, der versucht, ein schwieriges grundsätzliches Problem offen anzugehen, wird oft sagen: »Ich weiß nicht, wo ich anfangen soll.« Die Antwort darauf heißt: »Fangen Sie irgendwo an! Legen Sie einfach mal los. Wir werden sehen, was sich daraus machen lässt.« Neben den Schwierigkeiten, die dabei zum Ausdruck kommen, und den Emotionen, die sie begleiten, entstehen auch neue Kräfte, die es ermöglichen, Probleme zu lösen und Fortschritte zu machen.

4. Untaugliche Methoden

Angewandte Kreativität ist zum Teil reine Technik und Übungssache. Die meisten Kreativitätstechniken sind relativ simpel und werden deshalb leider von vielen verachtet. Indessen haben uns die folgenden drei Methoden beträchtlich geholfen:

Brainstorming

Brainstorming ist eine weitverbreitete Gruppenmethode, deren Stärke in der Trennung zwischen Ideenerzeugung und Ideenbewertung liegt. Damit besteht die Möglichkeit, schnell eine große Anzahl von Ideen zu produzieren. Anschließend werden sie dann auf ihre Brauchbarkeit hin überprüft (vgl. Übung 40 »Brainstorming«).

Ideenbäume (Mind Maps)

Ideenbäume versteht man am besten, wenn man sie anfertigt. Sie sind ein kreatives und schnelles Instrument zur Ideenbildung. Dieses Verfahren wurde von Tony Buzan[3] entwickelt, und es beschleunigt das Beschaffen, Vergleichen und Strukturieren von Informationen, indem es
– verhindert, dass Ideen verlorengehen,
– Individuen und Gruppen zur Kreativität stimuliert,
– Wiederholungen weitgehend ausschließt,
– Interesse unter den Gruppenmitgliedern weckt,
– Gedankenverbindungen aufzeigt,
– fehlende Informationen sichtbar macht.

Abbildung 6 (siehe folgende Seite) ist ein Beispiel für einen Ideenbaum, der zeigt, welche Möglichkeiten in ihm stecken. Alle wichtigen Merkmale und Vorteile sind hier aufgeführt. Stichwortartig werden die wesentlichen Bestandteile von Ideen und Zusammenhängen wiedergeben, und die wichtigsten Punkte sind

Kapitel 3 *Die zwölf Teamverstärker*

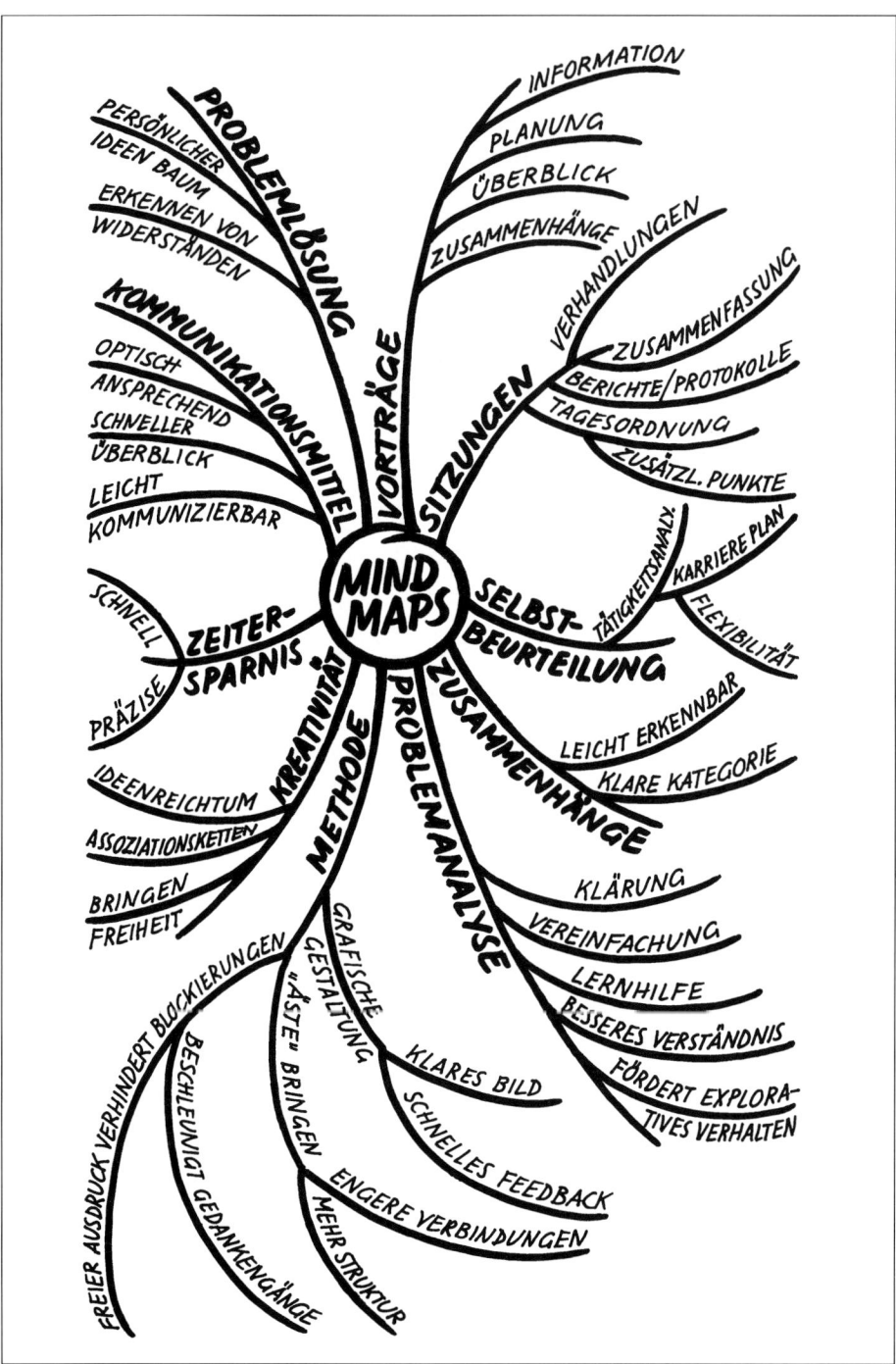

Abb. 6: Beispiel eines Mind Map

schnell zu erkennen. Außerdem können Sie Farben verwenden, wenn Sie weitere Faktoren hervorheben wollen. Wie Sie sehen, enthält der Ideenbaum eine enorme Anzahl von Informationen, die so arrangiert sind, dass das Gehirn mühelos die wesentlichen Einzelheiten und die Gesamtstruktur erkennen kann.

Weg-Ziel-Analyse
Eine der interessantesten Problemlösungstechniken, die bisher entwickelt wurde, ist unter dem Namen »Why/How Charting« bekannt geworden. Sie ist beschrieben in Übung 28 (»Weg-Ziel-Analyse«).
Die Weg-Ziel-Analyse erweitert die Kombination von Brainstorming und Ideenbaum um einen dritten Gedanken, nämlich die Zielehierarchie. Man kann ohne weiteres behaupten, dass manche Ziele sehr allgemein und unscharf formuliert sind (wie »Verbesserung der Lebensqualität«), während andere Aufgaben sehr

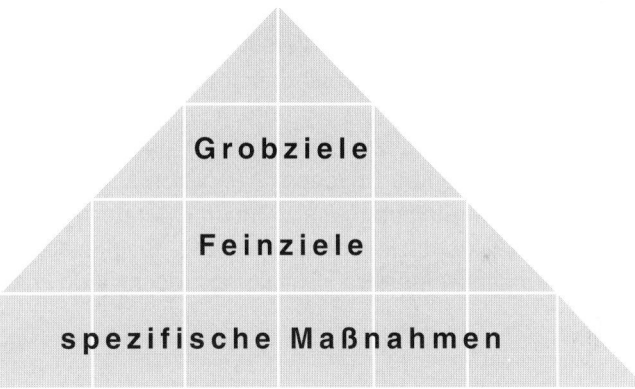

Abb. 7: Zielhierarchie

spezifisch und konkret sind, z. B.: »Reinigen Sie einmal im Monat die Wasserspiele im Park vom grünen Schleim.« Die Beziehungen zwischen diesen beiden Zielangaben werden aus Abbildung 7 ersichtlich. Sie spielen eine wichtige Rolle im Kreativitätsprozess, denn Innovation erfordert die Betrachtung der gesamten Zielhierarchie. Nur auf der Ebene der Grobziele zu arbeiten reicht nicht, und sich ausschließlich auf die spezifischen Maßnahmen zu konzentrieren kann dazu führen, dass man »vor lauter Bäumen den Wald nicht mehr sieht«.

5. Fehlende Resonanz im Unternehmen
Es gibt so etwas wie einen »genius loci« für Kreativität. Manche Unternehmen bringen es fertig, zu aufregenden Orten der Innovation zu werden. Wenn dies eintritt, steht dem Unternehmen ein riesiges Kreativitätspotenzial zur Verfügung. Eine der Hauptaufgaben des Managements ist es, die in den Mitarbeitern verborgenen Kräftepotenziale freizusetzen.

Die nervtötende Wiederholung von sinnlosen Aufgaben ruft bei den Mitarbeitern Frustration hervor und wirkt sich negativ auf ihre Vitalität, ihr Engagement und ihre Kreativität aus. Das Wohl des Unternehmens gerät in Gefahr, wenn das System seines Kreativitätspotenzials beraubt wird und der Widerstand gegen Veränderungen wächst. Zu oft in der Vergangenheit wurde Kreativität als ein seltenes Talent betrachtet, und es wurde nur ganz wenigen Menschen zugeschrieben. Dieser Irrtum hat einen großen Teil der arbeitenden Bevölkerung gegen Neuerungen verhärtet und die Unternehmen um zahllose wertvolle Ideen gebracht.

Die Resonanz im Unternehmen stellt jedoch trotz der damit verbundenen Schwierigkeiten eine wertvolle Voraussetzung für eine kreative Atmosphäre dar. Die entscheidenden Merkmale eines wirkungsvollen Rückhalts aus dem Unternehmen sind:
– Der Einzelne weiß, dass andere Vertrauen in seine Arbeit haben;
– nicht Menschen, sondern Ideen werden kritisiert;
– die Kollegen hören einander aktiv zu bei ihren Problemen;
– die entsprechenden Geldmittel für Versuche stehen zur Verfügung;
– das einzelne Teammitglied wird nicht bestraft, wenn die Sache schiefgeht.

Wenn ein Unternehmen kreative Bestrebungen unterstützt, werden diese sich in vielen Bereichen bemerkbar machen. Wenn sich z. B. das Managementteam Gedanken über neue Strategien macht, können Operatorteams nach alternativen Lösungen für Sachaufgaben suchen. Nicht alle Tätigkeiten bieten die gleiche Voraussetzung für eine kreative Entfaltung, doch jede hat ihre kreativen Elemente.

Teamverstärker XI: Kreativität
Maßnahmen für Verstärker/Widerstand

Übung 40. Brainstorming S. 244
Übung 41. Kreativer Wandel S. 246
Übung 42. Werbefunk S. 248

Teamverstärker XII:
Beziehungen zu anderen Gruppen

Kontrollfragen

12. Wir haben häufig Konflikte mit anderen Gruppen im Haus.
24. Unsere Gruppe hat keine konstruktiven Beziehungen zu anderen Gruppen innerhalb des Unternehmens.
36. Die Gruppe geht zu wenig auf die Wünsche anderer Gruppen ein.
48. Wir verbessern nicht bewusst unsere Beziehungen zu anderen Arbeitsgruppen.
60. Einige schwere Fehler wären zu vermeiden gewesen, wenn wir besser mit anderen Gruppen zusammengearbeitet hätten.
72. Die Gruppen und Abteilungen in diesem Unternehmen wollen lieber konkurrieren als kooperieren.
84. Andere Gruppen/Abteilungen haben wohl keine hohe Meinung von uns.
96. Wir lernen kaum Leute aus anderen Unternehmensbereichen kennen.
108. Wenn wir mit anderen Gruppen besser zusammenarbeiten könnten, würde sich unsere Leistungsfähigkeit erhöhen.

Jedes Team hat normalerweise Beziehungen zu anderen Individuen und Gruppen. Wir verfolgen oft mit Interesse, wie Gruppen sich Meinungen und »Images« übereinander bilden, die mit einer objektiven Beurteilung überhaupt nichts zu tun haben; eine Gruppe z. B. sei »locker«, die andere sei »eingebildet« und die dritte »unfähig«. Betriebspsychologen, die diesen Prozess der Klischeebildung untersucht haben, berichten, dass Menschen häufig die ihnen zugeschriebenen Klischees für bare Münze nehmen und sich auch danach verhalten.

Konkurrenz

Gruppen liegen oft in Konkurrenz miteinander. Sie tritt zwar manchmal getarnt auf, doch sollte man sie nie übersehen. Obwohl viel Energie und Enthusiasmus in eine solche Konkurrenz investiert wird, fällt es oft schwer, sie nachzuweisen, weil der Konkurrenzkampf unterschwellig verläuft und nur mittelbar und indirekt zum Ausdruck kommt.

Manager pflegen über ihre Arbeit in Begriffen zu reden, die sie aus der Sprache des Sports entlehnt haben. Sie reden von »Punkte machen«, wollen »am Ball bleiben« und klagen über »Marathonsitzungen«. Solche Begriffe verraten, wie Menschen über ihre Arbeit denken und welche Vergleiche sie zur Interpretation von Sachverhalten heranziehen.

Kapitel 3 *Die zwölf Teamverstärker*

Schon den Kindern wird die Vorstellung vom »Gewinnen«, den »Gegner schlagen« und »Sieger sein« vermittelt, und diese Vorstellungen bleiben bis ins Erwachsenenalter hinein bestehen. Wenn sich eine solche Einstellung zwischen Teams in einem Unternehmen durchsetzt, entsteht eine »Sieger-Verlierer«-Konstellation. Ein Team, das auf Kosten eines anderen gewinnen will, richtet damit großen Schaden an: Die Kommunikation versiegt, Beziehungen werden abgebrochen, und wichtige Beiträge bleiben aus, von den Kosten für das Unternehmen ganz zu schweigen.

Fast jedes Team ist in eine Hierarchie eingebunden, und denen, die weiter oben sind, fällt es oft schwer, ein gutes, klares und offenes Verhältnis zu »denen da unten« herzustellen. Wenn Führungsteams als Richter, Inquisitoren oder Racheengel auftreten, werden die ihnen unterstellten Teams bald lernen, ihre Spuren zu verwischen und ihr Territorium zu verteidigen.

Die Entwicklung von gegenseitigen Beziehungen

Manche Teams können sich vielleicht ganz gut leiden, und trotzdem gelingt es ihnen nicht, engere Beziehungen herzustellen. Hier liegt der Fehler eher im System als in der Einstellung, weil die Gruppen unter Umständen wenig spontane Möglichkeiten zum Kontakt haben. Es sind besondere Anstrengungen nötig, um wechselseitige Beziehungen aufzubauen und sowohl gemeinsame Ziele als auch tägliche Routineangelegenheiten zu regeln.

Um die gegenseitigen Beziehungen spürbar zu verbessern, müssen die entsprechenden Bedingungen, die im Alltagsbetrieb eines Unternehmens nicht so ohne weiteres gegeben sind, erst geschaffen werden. Der Prozess der gegenseitigen Verständigung umfasst folgende Schritte:

Erkennen der gemeinsamen Ziele

Viele Gruppen haben nur eine verschwommene Vorstellung von den Tätigkeiten und Zielen der anderen Gruppen. Zwar könnte man die »Steigerung des Profits« ohne weiteres zum gemeinsamen Ziel der verschiedenen Teile eines Unternehmens erklären, doch wäre dies zu oberflächlich und deshalb ziemlich nutzlos. Das gemeinsame Ziel muss klar und ausführlich definiert sein. Teams sollten sich grundsätzlich ihrer gegenseitigen Abhängigkeit bewusst sein. Die Koordination der Ziele und das Wissen um Gemeinsamkeiten und Unterschiede sind äußerst wichtig, und wenn dieser Prozess ausbleibt, degenerieren die Beziehungen zur sublimen Form des Guerillakriegs mittels Rundschreiben, oder sie reduzieren sich auf den Standpunkt des Götz von Berlichingen.

Persönliches Verständnis

Der persönliche Kontakt zu den Mitgliedern der anderen Gruppen ist unersetzbar. Wenn man sich persönlich kennt, ist man viel eher bereit, zwanglos miteinander zu verkehren und bei den eigenen Entscheidungen auch an die anderen zu denken. Die Bedeutung des persönlichen Kontakts wird noch größer, wenn die Möglichkeit eines Konflikts besteht.

Die Gruppenmitglieder sollten das Gefühl haben, dass sie die Motive und Triebkräfte der Mitglieder anderer Gruppen verstehen. Ein Abteilungsleiter äußerte sich folgendermaßen über seine Beziehungen zu einer anderen Abteilung: »Nach unserem Treffen merkte ich, dass wir uns menschlich viel besser verstanden; wir verstanden ihre Motive und empfanden Sympathie für sie. Uns wurde klar, wie wir ihnen und uns helfen konnten. Wir mussten aber erst wissen, wer sie sind, wie sie arbeiten und ob sie tatsächlich das tun, was sie sagen. Nachdem diese Fragen geklärt waren, hat sich alles weitere von selbst ergeben.«

Entwicklung von »Berührungspunkten«
Die meisten Großorganisationen verfügen nicht über die notwendigen strukturellen Voraussetzungen für die Regelung von Angelegenheiten und Problemen, die mehrere Gruppen betreffen. In dieser Beziehung sind die Organisationen oft unterentwickelt und müssen »Berührungspunkte« einrichten, die eine hochklassige Kommunikation und Zusammenarbeit zwischen den verschiedenen Abteilungen ermöglichen. Bevor man jedoch die entsprechenden Maßnahmen ergreifen kann, müssen die Gruppen den Wunsch nach einer Verbesserung der gegenseitigen Beziehungen verspüren; und bevor man irgendwelche Finanzmittel bereitstellt, um die Gräben zu überbrücken, sollte man die Erwartungen aller beteiligten Gruppen systematisch erfassen.

Umgang mit Grenzen
Es kommt öfter vor, dass ein Team ein oder zwei Mitglieder als Vertreter zu anderen Gruppen entsendet. Die Auswahl und Instruktion dieser Repräsentanten spielt eine große Rolle, denn die anderen Gruppen bilden sich durch diese Repräsentanten und ihren Verhandlungsstil eine Meinung über das ganze Team.

Vertrauensbildende Maßnahmen
Vertrauen entsteht dann, wenn Menschen ihre Absichten und Vorgehensweisen offen darlegen. Dies wird besonders deutlich, wenn sie gemeinsam schwierige Situationen bestehen müssen und jeder die Möglichkeit hat, den anderen zu prüfen. Wenn Gruppen ehrliche und vertrauensvolle Beziehungen zueinander aufnehmen wollen, müssen sie sowohl ihre Stärken als auch ihre Schwächen beim Namen nennen. Sie demonstrieren damit ihre Bereitschaft, sich den anstehenden Schwierigkeiten zu stellen und sie aus der Welt zu schaffen. Sie werden versuchen, konsequent zu handeln, und die Aktivitäten, die sie sich vornehmen, auch zu Ende führen.

Ein Fallbeispiel

Aus Erfahrung wissen wir, dass sich in den meisten Unternehmen die Beziehungen zwischen den Gruppen ohne besonderen Aufwand, doch mit beträchtlichem Gewinn verbessern ließen. Leider fehlt es jedoch den meisten Managern an den notwendigen Fähigkeiten. Es gelingt ihnen nicht, außerhalb ihrer Grenzen konstruktive Beziehungen zu schaffen, die ihnen eine reiche Ernte einbringen würden. Wir kennen ein gutes Beispiel für ein solches Problem aus der Nahrungsmittelbranche. Eine große Abteilung (A) stellte aus dem Rohmaterial ein Halbfertigprodukt her, das zu einer zweiten Prozesseinheit (B) weitergeleitet und dort in das fertig verpackte Endprodukt verarbeitet wurde.

Die Firma stellte einen neuen Controller ein, der sich ernsthaft vorgenommen hatte, die Kosten zu senken. Nachdem er die Produktionssolls der Abteilung A geprüft hatte, führte er rigoros Sparmaßnahmen in dieser Abteilung ein. Er versammelte seine Vorarbeiter und erklärte ihnen die Situation. Der größte Kostenpunkt der Abteilung war das Rohmaterial, deshalb machte er den Vorschlag, Rohmaterial einzusparen und die zulässigen Gewichtstoleranzen voll auszunützen. Die Vorarbeiter, alles alte Haudegen, die ihren Chef respektierten, machten sich mit gutem Willen an die Arbeit. Nach drei Monaten hatten sie nahezu 100.000 Dollar eingespart. Die Mitarbeiter beglückwünschten sich zu ihrem Erfolg und machten sich bereits Gedanken darüber, was sie mit ihren dicken Gewinnen anfangen könnten. Schon im Verlauf dieser drei Monate aber kamen dem Controller zunehmend Klagen von Seiten der Abteilung B zu Ohren, dass nämlich ihre Ausschussquote infolge des mangelhaften und untergewichtigen Rohmaterials eklatant gestiegen sei. Ein halbes Jahr später hatte Abteilung A ihr Ziel erreicht und mehr als 300.000 Dollar eingespart. Doch beim Jahresabschlussbericht der Firma stellte sich heraus, dass die Verluste infolge von Reklamationen und Nachbearbeitungen in Abteilung B auf 400.000 Dollar geklettert waren. So hatte die Firma insgesamt gesehen etwa 100.000 Dollar verloren.

Die Abteilung A hatte »gewonnen«, soweit es ihre Ziele betraf, doch die Folge davon war, dass sowohl Abteilung B als auch die Firma schwere Einbußen erlitten.

Führungsteams müssen oft von außen ein klares Signal erhalten, damit sie wissen, ob sie auf der richtigen Spur sind. Dies gilt besonders für Teams, die andere Teile eines Unternehmens bedienen.

Ein Modell

Die folgenden Gedanken bilden die Grundlage für ein Modell der Beziehungen zwischen Gruppen:
1. Organisationen sind mit lebenden Organismen vergleichbar.
2. Ein Organismus oder System besteht aus verschiedenen Untereinheiten. Jede Untereinheit hat ihre Funktion im Gesamtsystem.

3. Wenn eine Untereinheit in sich defekt ist, wirkt sich dies zerstörend auf den gesamten Organismus aus.
4. Wenn die Untereinheiten nicht am gleichen Strang ziehen und sich nicht gegenseitig ergänzen, leidet der ganze Organismus darunter. Sollte diese Malaise ernsthaft sein, kann der Organismus zusammenbrechen und absterben.
5. Zur Gesunderhaltung des Organismus ist es besonders wichtig, dass die Grenzen zwischen den Untereinheiten durchlässig bleiben und den Austausch von Nachrichten zulassen. Wenn die Grenzen geschlossen sind, verkümmert der Organismus und geht möglicherweise zugrunde.

Manche Teams sind derart auf ihre eigene Arbeit fixiert, dass sie ihren Außenkontakten zu wenig Beachtung schenken. Dies kann zu einem krankhaften Zustand werden, insbesondere dann, wenn eine Gruppe absichtlich ihre Grenzen verschließt und einen Konkurrenzkampf anzettelt, um die Rivalen auszuschalten.

> Teamverstärker XII: Beziehungen zu anderen Gruppen
> Maßnahmen für Verstärker/Widerstand
>
> Übung 43. Spiegelbild S. 249
> Übung 44. Einflusssphären S. 250
> Übung 45. Wölkenkuckucksheim S. 252

Fußnoten

1) Diese Checkliste bezieht sich auf einige Äußerungen in »Role Functions in a Group« aus: J. William Pfeiffer und John E. Jones (Hrsg.): »The 1976 Annual Handbook for Group Facilitators«; La Jolla, CA. University Associates, 1976, 136-138. (S. 99)
2) Edward Matchett und Sir George Trevelyan: »Twelve Seats at the Round Table«; Jersey, United Kingdom; Neville Speerman, 1976. (S. 116)
3) Tony Buzan: »Use Your Head«; London, BBC Publications 1974 (S. 119)

Kapitel 4
Die Übungen

4.1 Die Instrumente des Teamtrainings

Dieses Kapitel des Buches hat mit Aktivitäten zu tun. Wir beschreiben hier 46 Übungen, die sich bei unseren Teamtrainings als hilfreich erwiesen haben. Wenn man Veränderungen herbeiführen will, ist es besonders wichtig zu wissen, »was als Nächstes kommt«. Allerdings ist es uns nicht möglich, ein narrensicheres Programm für Sie zu entwerfen, das genau auf Ihre spezielle Situation passt, denn die Probleme einer Gruppe können nur von den Insidern beurteilt werden. Deshalb bitten wir Sie, jede Übung sorgfältig zu prüfen und diejenigen auszuwählen, die der jeweiligen Situation Ihrer Gruppe am ehesten entsprechen.
Unsere Erfahrungen haben ergeben, dass die Teams mindestens die Hälfte dieser Übungen für sinnvoll erachten, doch nicht alle Teams bevorzugen dieselben Aktivitäten. Das eine Team glaubt z. B., dass die Übung 6, »Die Phasen des Teamtrainings«, nützlichen Diskussionsstoff liefert, während ein anderes Team dieser Übung nicht viel Sinn abgewinnen kann.
Eine Entscheidung darüber kommt allein Ihnen und Ihrem Team zu.

4.1.1 Planung

Ein großer Vorteil der Übungen liegt darin, dass sich daraus ein Programm basteln lässt, das auf Ihre besondere Situation abgestimmt ist. Wenn man allerdings die Übungen schematisch der Reihe nach ausprobiert, tritt der gewünschte Effekt nicht ein.
Deshalb schlagen wir vor, dass das Team gemeinsam eine Serie von drei oder vier Übungen auswählt und vorbereitet. Die gemeinsame Arbeit am Trainingsprogramm verstärkt das Engagement der Mitglieder. Um das Verständnis für das Programm zu vertiefen, können sich die Mitglieder nach Abschluss der ersten Übungsserie zusammensetzen, um ihre Erfahrungen auszutauschen.

Informelle Teamsitzungen

Oft gelingt eine Gruppensitzung am besten, wenn das Team frei von der Hektik des Arbeitsplatzes ist. Eine informelle Teamsitzung bietet die Möglichkeit für eine methodisch saubere Analyse der Gruppe und kreatives und entspanntes Arbeiten. Wenn Sie eine solche Sitzung vorbereiten, können Sie die folgenden Richtlinien zugrunde legen:

− Behalten Sie bei der Planung die Formel im Hinterkopf: Bis zur Höchstgrenze von vier Tagen verdoppelt jeder weitere Tag den Gewinn für die Teilnehmer.

- Setzen Sie sich vorher mit Ihrem Team zusammen, um Ziele und Erfolgskriterien für die informelle Sitzung aufzustellen.

- Wählen Sie die Übungen aus, die Ihren Zielen entgegenkommen, und beginnen Sie mit einfachen Aktivitäten. Halten Sie sich bei der Planung an die in den Aktivitäten genannten Zeitangaben.

- Holen Sie sich einen erfahrenen Berater zu Hilfe, wenn die Gruppe in Schwierigkeiten gerät oder sich in komplizierte zwischenmenschliche Probleme verstrickt hat.

- Richten Sie es sich so ein, dass die Sitzungen möglichst ungestört ablaufen können.

- Sorgen Sie auch für Spaß und Abwechslung.

Die Auswahl der Übungen

Auf den folgenden Seiten finden Sie einen Aktivitätenindex, in dem neben dem Namen und den Zielen jeder Übung auch der »Verstärker« angegeben ist, auf den sich die Aktivität bezieht.

Allen Übungen sind Symbole beigegeben, die in etwa Folgendes (siehe nächste Seite) bedeuten:

Bewertungs-symbol	Erklärung
●	Einfache Übungen, die in den normalen Tagesablauf eingebaut werden können und keiner speziellen Vorbereitung oder äußeren Hilfe bedürfen.
●●	Übungen, bei denen heikle oder persönliche Probleme zum Vorschein kommen können; die Verwendung dieser Übungen sollte vorher mit dem Team besprochen und die freiwillige Zustimmung eingeholt werden.
●●●	Übungen für Fortgeschrittene, die wahrscheinlich Emotionen bei der Gruppe oder bei einzelnen Mitgliedern auslösen; diese Aktivitäten sollte das Team erst nach eingehender Überlegung und mit dem freiwilligen Einverständnis aller Mitglieder einsetzen. Zwei Fragen sind hier von Bedeutung: 1. Sind wir bereit, uns mit möglicherweise heiklen persönlichen Angelegenheiten im Team auseinanderzusetzen? 2. Könnten wir das Risiko verringern, wenn wir uns einen erfahrenen externen Trainer nehmen, der uns bei der Lösung dieser Probleme behilflich ist? (vgl. Kap. 1 »Der Berater im Teamtraining«)
⇌	Aktivitäten, bei denen die Mitglieder persönliches Feedback geben oder erhalten: Bei einem Einsatz dieser Aktivitäten ist es wünschenswert, wenn sich das Team zuvor mit Übung 1, »Feedback-Kommunique«, befasst hat.

4.1.2 Anwendung

Die folgenden Richtlinien können Ihnen dabei helfen, die Übungen richtig anzuwenden:

– Wenn Sie eine Übung aussuchen, lesen Sie den Aktivitätenindex, und achten Sie besonders auf das Bewertungssymbol.

– Besprechen Sie alle in Frage kommenden Übungen mit ihrer Gruppe, und wählen Sie dann diejenigen aus, die Sie versuchen wollen. Ordnen Sie diese nach Prioritäten.

Kapitel 4 *Die Übungen*

- Beginnen Sie mit den Übungen, die zur Behebung der »Widerstände« dienen, die Sie durch den Fragebogen zum Teamaufbau herausgefunden haben. (Im Aktivitätenindex ist vermerkt, welche Übungen zur Überwindung eines bestimmten »Widerstands« in Frage kommen.)

- Da jede Aktivität Schritt für Schritt beschrieben ist, sollte die Person, die die Sitzung leitet (Moderator), sich die Übung vorher ansehen. Außerdem sind gewisse Vorbereitungen zu treffen, um einen reibungslosen Ablauf zu gewährleisten. Die Gruppe benötigt einen ruhigen Raum, wo sie für sich allein und ungestört arbeiten kann und der ausreichend belüftet ist. Jeder sollte bequem sitzen können, und eventuell sollten Tische bereitstehen. Die Standardhilfsmittel zur Aufzeichnung und Darstellung von Informationen sind farbige Filzschreiber und weißes Flipchart-Papier oder Moderationsausrüstung.

- Halten Sie sich bei den Übungen möglichst an die empfohlenen Instruktionen, denn sie liefern Ihnen nützliche Tips.

- Geben Sie nach einer Übung den Teilnehmern genügend Zeit, damit sie ihre Erfahrungen vertiefen, Gefühle äußern und offen gebliebene Fragen beantworten können.

- Sorgen Sie dafür, dass Sie während der Sitzungen nicht gestört werden.

Kapitel 4 *Die Übungen*

4.2 Aktivitätenindex

Übungs-nummer	Name	Bewertungs-symbol	Problem	Ziele
1	Feedback-Kommuniqué	● ⇌	allgemeine Einführungsübung	Aufstellung von »Spielregeln« für das Geben und Empfangen von Feedback
2	Planung eines Teamtrainings	●	allgemeine Übung	1. Diagnose der Verbesserungswünsche einer Gruppe 2. Zielsetzung und Erfolgskriterien des Teamtrainings 3. Aufstellen eines Rahmenprogramms für das Teamtraining
3	Vorbereitung einer informellen Sitzung	●	allgemeine Übung	1. Definition der Ziele und Inhalte einer informellen Gruppensitzung 2. Planung des Sitzungsverlaufs
4	Checkliste: Beratung und Beurteilung	●● ⇌	allgemeine Übung	systematische Checkliste zur Vorbreitung von Beurteilungs- oder Beratungsgesprächen
5	Der Sin-Obelisk	●	allgemeine Übung	1. Umgang mit verstreuter Information im Problemlösungsprozess 2. Analyse und Führungsverhalten, Kooperationsverhalten und Konfliktmustern bei der Problemlösung in der Gruppe

Kapitel 4 Die Übungen

Übungs-nummer	Name	Bewertungs-symbol	Problem	Ziele
6	Die Phasen des Teamtrainings	●●	allgemeine Übung	1. Diagnose des Entwicklungsstands der Gruppe 2. Auswahl von Prioritäten der Maßnahmen, die zur Weiterentwicklung der Gruppe erforderlich sind
7	Führungsprofil	●● ⇌	Führung	1. Führungsverständnis der Gruppe und des Vorgesetzten und Analyse des Führungsstils 2. Feedback für den Vorgesetzten
8	Der beste Chef, den ich kenne	●● ⇌	Führung	Definition und Entwicklung von positiven Führungseigenschaften
9	Verteilte Rolle	●● ⇌	Führung	1. Analyse der Verteilung von Führungsaufgaben in der Gruppe 2. Ermittlung einer effektiven Verteilung der Führungsfunktionen
10	Wunschzettel	●●● ⇌	Qualifikation	1. Darstellung der gegenseitigen Erwartungen und Wünsche zwischen dem Vorgesetzten und der Gruppe 2. Analyse der unterschiedlichen Rollenauffassung

Kapitel 4 *Die Übungen*

Übungs-nummer	Name	Bewertungs-symbol	Problem	Ziele
11	Talent-Bilanz	●● ⇌	Qualifi-kation	1. Bestimmung der sozialen und technischen Fertigkeiten, die von der Gruppe verlangt werden 2. Bewertung der vorhandenen Fähigkeiten 3. Ermittlung der Fähigkeiten, die sich die Gruppe noch aneignen muss
12	Das neue Mitglied	●	Qualifi-kation	gemeinsame Auswahl eines neuen Mitgliedes
13	Team zu verkaufen!	●●	Qualifi-kation	1. Analyse der Fähigkeiten und Möglichkeiten der Gruppe 2. Bestimmung des »Marktwerts« einer Gruppe
14	Das Spaß-macho-meter	●	Engage-ment	Ermittlung von Faktoren, die das Engagement der Mitglieder positiv oder negativ beeinflussen
15	Weißer Fleck	●●	Engage-ment	1. Vertiefung der Beziehungen zwischen Gruppenmitgliedern 2. Stärkung der Gruppenkohäsion 3. Förderung des Engagements der Mitglieder für die Gruppe

Kapitel 4 Die Übungen

Übungs-nummer	Name	Bewertungs-symbol	Problem	Ziele
16	Konklave	●●● ⇌	Engagement	1. Exploration der Beziehungen eines Mitglieds zur Gruppe und ggf. Beratung bei gestörten Beziehungen 2. Aktivierung von Fähigkeiten und Möglichkeiten der Gruppe zur Integration eines Mitglieds
17	Der Fall Ulrich Bohn	●	Engagement	Untersuchung der Motivation und des Engagements in der Gruppe mit Hilfe eines Rollenspiels über ein spezielles Führungsproblem
18	Fragebogen zum Gruppenklima	●● ⇌	Klima	Untersuchung des Arbeitsklimas in der Gruppe und Ausarbeitung von Verbesserungsvorschlägen
19	Signale	●	Klima	1. Demonstration eines strukturierten und praktikablen Verfahrens zum Austausch von Feedback 2. Hilfe für die Mitglieder bei der Lösung von Problemen im Privat- und Arbeitsbereich
20	Verschüttet!	●	Klima	1. Untersuchung des Einflusses von individuellen Wertsystemen und Einstellungen auf Gruppenentscheidungen

Kapitel 4 *Die Übungen*

Übungs-nummer	Name	Bewertungs-symbol	Problem	Ziele
20				2. Beobachtung des Problemlöseverhaltens von Gruppen 3. Praxis der Kompromissbildung in Gruppen
21	Leistung und Kontrolle	●	Leistungs-niveau	1. Einteilung der Tätigkeiten einer Gruppe in Leistungs- und Kontrollfunktionen 2. Analyse der Arbeit einer Gruppe
22	Die Erfolgs-kurve	●	Leistungs-niveau	1. Analyse der Leistungen der Gruppe in der Vergangenheit 2. Bewertung von Erfolgen und Misserfolgen der Gruppe 3. Prognose des künftigen Erfolgs der Gruppe
23	Rostop-schin	●	Leistungs-niveau	1. Analyse der Leistungsfähigkeit einer Gruppe bei der Lösung einer Aufgabe innerhalb einer kurzen Zeitspanne 2. Beobachtung der Wirkung von Feedback auf die Leistung
24	Standort-bestimmung	●	Rolle in der Organisation	Definition der Rolle einer Gruppe im Unternehmen und Analyse ihrer Beziehungen zu anderen Gruppen

Kapitel 4 Die Übungen

Übungs-nummer	Name	Bewertungs-symbol	Problem	Ziele
25	Orgavigation	●	Rolle in der Organisation	1. Positionsbestimmung einer Gruppe innerhalb der Organisation 2. Analyse der Beziehungen zu anderen Gruppen
26	Auf Herz und Nieren	●	Rolle in der Organisation	Legitimation einer Gruppe als unentbehrlicher Bestandteil eines Unternehmens
27	Wie gut sind Ihre Sitzungen?	●	Arbeitsmethoden	Analyse der Vorbereitung und des Verlaufs von Gruppensitzungen und ggf. Maßnahmen zu ihrer Verbesserung
28	Weg-Ziel-Analyse	●	Arbeitsmethoden	Problemlösungsstrategie: Definition von Zielen und Vorbereitung von Maßnahmen
29	Problemlösungsinventar	●● ⇌	Arbeitsmethoden	1. Analyse von Stärken und Schwächen im Problemlösungsverhalten einer Gruppe 2. Verbesserungsprogramm zur Überwindung der Schwächen
30	Ziele und Vorsätze	●●	Organisation	1. Definition und Aufgaben einer Gruppe 2. Erforschung von Möglichkeiten, wie die Mitglieder ihre persönlichen Ziele in den Dienst der Gruppe stellen können

Kapitel 4 Die Übungen

Übungs-nummer	Name	Bewertungs-symbol	Problem	Ziele
31	Kommunikation im Team	●● ⇌	Organisation	Anaylse von Kommunikationsstörungen in der Gruppe
32	Startschuss	●	Organisation	1. Prüfung von verschiedenen Arbeits- und Organisationsformen 2. Beobachtung der Kooperationsfähigkeit der Mitglieder
33	Entscheidungstypen	●●	Organisation	1. Analyse des Entscheidungsverhaltens in der Gruppe 2. Verbesserungen im Entscheidungsprozess einer Gruppe
34	Neigungen und Abneigungen	●●	Kritik	1. Kritische Betrachtung einer Gruppe 2. Beschreibung der grundsätzlichen Sympathien/Antipathien der Mitglieder gegenüber ihrer Gruppe 3. Maßnahmen zur Stärkung der positiven und Beseitigung der negativen Eigenschaften einer Gruppe
35	Leistungsbilanz	●	Kritik	1. Analyse der Erfolgs-/Misserfolgsbilanz einer Gruppe 2. Maßnahmen zur Verbesserung der Gruppenleistung

Kapitel 4 *Die Übungen*

Übungsnummer	Name	Bewertungssymbol	Problem	Ziele
36	Neue Karrieren	●● ⇌	Kritik	Austausch von konstruktivem Feedback zwischen Gruppenmitgliedern
37	Ich soll – soll Ich?	●● ⇌	persönliche Weiterentwicklung	1. Analyse der Normen, die das Verhalten eines Individuums bestimmen 2. Artikulierung von Veränderungswünschen des Individuums bzgl. seines Verhaltens
38	Checkliste für Führungskräfte	●●	persönliche Weiterentwicklung	1. systematische Analyse der Tätigkeiten und Verhaltensweisen von Führungskräften 2. Feedback und Verbesserungsvorschläge für die eigenen Führungsqualitäten
39	Das Beratungsgespräch	●	persönliche Weiterentwicklung	1. Analyse der Bedingungen für ein gutes Beratungsgespräch 2. Festsetzung von Kriterien für die Beratungstätigkeit einer Gruppe
40	Brainstorming	●	Kreativität	Kennenlernen einer Kreativitätstechnik
41	Kreativer Wandel	●	Kreativität	1. Analyse des kreativen Prozesses 2. Einsatz einer Kreativitätstechnik zur Verbesserung der Arbeitsbedingungen

Übungs-nummer	Name	Bewertungssymbol	Problem	Ziele
42	Werbefunk	●	Kreativität	1. Feststellung der kreativen Potenz, die in einer Gruppe steckt 2. Analyse der Kooperationsfähigkeit einer Gruppe
43	Spiegelbild	●● ⇌	Beziehungen zu anderen Gruppen	1. Gegenseitige Beurteilung von zwei Gruppen 2. Maßnahmen zur Verbesserung der Kooperation zwischen zwei Gruppen
44	Einflußsphären	●	Beziehungen zu anderen Gruppen	Analyse der Kräfte die auf eine Gruppe einwirken, und Maßnahmen zur Vergrößerung des Einflussbereichs einer Gruppe
45	Wolkenkuckucksheim	●●	Beziehungen zu anderen Gruppen	1. Anaylse des Problemlösungs- und Führungsverhaltens in einer Gruppe 2. Untersuchungen der Beziehungen zwischen Gruppen
46	Cartoon-Time	●	Beziehungen zu anderen Gruppen	1. Beobachtung der Kooperation zwischen zwei Gruppen 2. Analyse der funktionalen und dysfunktionalen Verhaltensweisen bei der Lösung einer Aufgabe

Kapitel 4 *Die Übungen*

4.3 46 Übungen

1. Feedback-Kommuniqué ● ⇌

Ziel:
Aufstellen von »Spielregeln« für das Geben und Empfangen von Feedback

Dauer:
ca. 1 Stunde

Materialien:
ein Exemplar der »Feedback-Statements« und der »Prioritätenliste« und ein Bleistift für jeden Teilnehmer, Flipchart und Filzschreiber, Tafel und Kreide oder Moderationsausrüstung

Einführung:
Einige Aktivitäten in diesem Kapitel sind so konzipiert, dass die Mitglieder einander Feedback geben. Feedback geben und empfangen ist eine der wichtigsten Methoden zur persönlichen Weiterentwicklung. Auf die Frage, welche entscheidenden Erfahrungen sie in ihrer persönlichen Entwicklung gemacht haben, werden die meisten Menschen kurz überlegen und dann von einer bestimmten Person berichten, von der sie ehrliche und hilfreiche Informationen über sich selber erhalten haben. Feedback kann sogar bewirken, dass Menschen ihr Verhalten grundlegend ändern. Doch wie andere Techniken kann auch die Feedback-Technik dazu mißbraucht werden, Menschen zu verletzen oder zu »erledigen«. Weil dies niemals die Absicht des Feedbacks sein darf, muss man nach Möglichkeiten suchen, wie eine Person durch richtiges Feedback stärker und erfolgreicher werden kann.
Mit Hilfe dieser Übung gelingt es dem Team, seine Feedback Methoden kritisch zu beurteilen. Sie dient deshalb als Vorbereitung für spätere Aktivitäten, bei denen das Feedback-Element eine besondere Rolle spielt. Diese Übungen sind zusätzlich mit dem Symbol ⇌ gekennzeichnet.

Ablauf:
Der Moderator teilt die »Feedback-Statements«, die »Prioritätenliste« und einen Bleistift an alle Mitglieder aus und gibt folgende Instruktionen:
– Nennen Sie die fünf Aussagen, die Ihnen für gutes Feedback am wichtigsten erscheinen, und tragen Sie diese in die Prioritätenliste ein. Begründen Sie kurz, warum diese Aussagen für Sie wichtig sind.
– Stellen Sie Ihre fünf Aussagen und die Begründungen dazu der Gruppe vor.
Der Moderator schreibt die Nummern der Aussagen, die von den Mitgliedern genannt werden, an die Tafel und lässt die Gruppe nach einer Diskussion

entscheiden, welche Aussagen sie für die wichtigsten hält und welche sie unter Umständen weglassen will.

Wenn sich die Gruppe auf die endgültige Liste geeinigt hat, verfasst der Moderator daraus ein Kommunique mit der Überschrift:

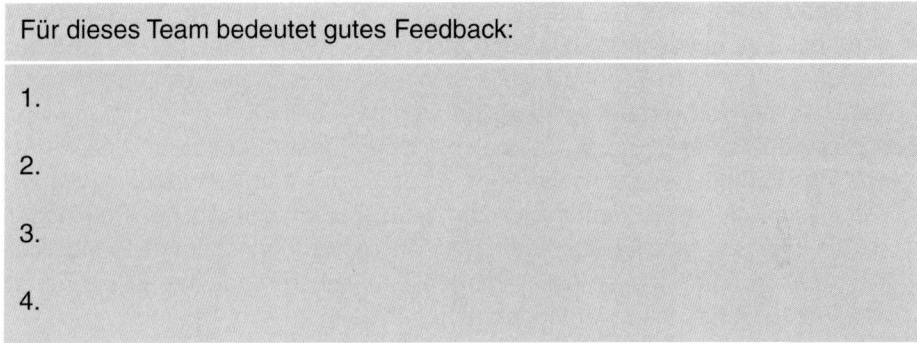

Für dieses Team bedeutet gutes Feedback:

1.

2.

3.

4.

Wenn Sie später Übungen verwenden, in denen Feedback verlangt wird, sollten Sie das Kommunique nochmals vorstellen und mit der Gruppe besprechen.

Feedback-Statements

Hilfreiches Feedback soll
1. einfühlsam sein: Wirksames Feedback verlangt vom Geber Rücksichtnahme und Einfühlungsvermögen – es soll der anderen Person helfen, nicht wehtun.
2. kontrolliert sein: Es ist wichtig, auf das eigene Verhalten zu achten, wenn man Feedback gibt. So ist gewährleistet, dass die Kommunikation in beiden Richtungen verläuft und nicht an der Oberfläche bleibt.
3. vom Empfänger gewollt sein: Feedback ist am effektivsten, wenn der Empfänger darum gebeten hat. So entsteht eine gemeinsame Vertrauensbasis und ein persönlicher Rahmen; und für den Empfänger ergibt sich die Möglichkeit, die Fragen, die ihm besonders am Herzen liegen, zu stellen und eine Antwort darauf zu bekommen.
4. konkret sein: Gutes Feedback ist spezifisch und bezieht sich auf bestimmte Ereignisse und Verhaltensweisen. Um-den-Brei-Herumreden oder allgemeines Blabla haben keinen Zweck.
5. voll zum Ausdruck kommen: Feedback ist mehr als die Schilderung von dürren Fakten. Es müssen auch die Gefühle zum Ausdruck kommen, so dass der Empfänger die ganze Wirkung seines Verhaltens einschätzen kann.

6. nicht mit Werturteilen durchsetzt sein: Meistens ist es nicht sinnvoll, Feedback mit Urteilen oder Wertungen zu verbinden. Wenn man Urteile abgeben will, sollte man klar sagen, dass es sich um eine subjektive Einschätzung handelt, dann die Situation einfach so beschreiben, wie man sie wahrnimmt, und der betreffenden Person die Wertung überlassen.
7. zeitlich abgestimmt sein: Feedback wirkt am besten, wenn der Empfänger aufnahmebereit dafür ist und der zeitliche Abstand zu den besprochenen Vorgängen so eng ist, dass sie noch frisch im Gedächtnis haften. Im Lauf der Zeit angesammeltes Feedback kann sich zu gegenseitigen Beschuldigungen aufschaukeln und verpufft wirkungslos, wenn es schließlich ankommt.
8. ohne weiteres in die Tat umsetzbar sein: Das beste Feedback konzentriert sich auf Verhaltensweisen, die vom Empfänger verändert werden können. Wenig sinnvoll ist ein Feedback, das Dinge betrifft, auf die der Empfänger keinen Einfluss hat. Oft hilft es dem Empfänger, wenn man ihm neue Möglichkeiten unterbreitet, wie er in bestimmten Situationen reagieren soll, damit er alte Probleme mit neuen Methoden angehen kann.
9. gemeinsam verfasst und objektiv sein: Jedes Feedback sollte nach Möglichkeit mit anderen Gruppenmitgliedern abgestimmt sein, um herauszufinden, ob diese die Situation ebenso erlebt haben. Besonders positiv wirkt sich diese Art von Feedback in einer Trainingsgruppe aus, kann aber auch in einer Arbeitsgruppe Verwendung finden. So lassen sich unterschiedliche Standpunkte sammeln, Meinungsverschiedenheiten und Übereinstimmungen klären, und es entsteht ein insgesamt objektiveres Bild.

Prioritätenliste	
Nummer	Begründung
1.	
2.	
3.	
4.	
5.	

2. Planung eines Teamtrainings •

Ziele:
1. Diagnose der Verbesserungswünsche einer Gruppe
2. Zielsetzung und Erfolgskriterien des Teamtrainings
3. Aufstellen eines Rahmenprogramms für das Teamtraining

Dauer:
ca. 2 Stunden

Materialien:
ein Fragebogen zum Teamaufbau, ein Antwortraster und ein Auswertungsbogen (alle Materialien siehe Kap. 2) für jeden Teilnehmer, Flipchart, Filzschreiber und Klebeband, Tafel und Kreide oder Moderationsausrüstung, Papier und Bleistift für jeden Teilnehmer

Ablauf:
1. Der Moderator verteilt die erforderlichen Materialien zur Beantwortung des Fragebogens.
2. Die Mitglieder werden gebeten, die Instruktionen zu lesen und den Fragebogen auszufüllen.
3. Nach der Beantwortung des Fragebogens trägt jeder Teilnehmer die drei seiner Ansicht nach wichtigsten »Widerstände« im Auswertungsbogen ein.
4. Jetzt fragt der Moderator die Mitglieder, ob sie einige Aussagen über die voraussichtlichen Ergebnisse des Fragebogens machen wollen. Alle Kommentare werden an die Tafel geschrieben und so lange besprochen, bis die Teilnehmer den Wunsch äußern, weiterzumachen. Sollten trotzdem noch Ängste zurückbleiben, empfehlen wir Ihnen, die Sitzung zu beenden und einen externen Berater um Hilfe zu bitten.
5. Gemäß der mit dem Team verabredeten Vorgehensweise werden die Ergebnisse des Auswertungsbogens (vgl. Punkt 3) dem Moderator anonym zugeleitet.
6. Der Moderator schreibt die Punktwerte an die Tafel (vgl. »Die Interpretation des Fragebogens zum Teamaufbau«) und leitet mit Hilfe der folgenden Fragen zu einer Diskussion über:
   Inwiefern stimmen die Ergebnisse des Fragebogens mit der augenblicklichen Situation unserer Gruppe überein?
   Ist es wichtig, dass wir an der Entwicklung unserer Gruppe weiterarbeiten?
7. Zu einem günstigen Zeitpunkt in der Diskussion stellt der Moderator die Aufgabe, sich auf einen »Widerstand« zu einigen, mit dem sich die Gruppe in den kommenden zwei Monaten beschäftigen will.

8. Jedes Mitglied soll 10 Minuten überlegen, wie man den folgenden Satz zu Ende führen könnte:
»Wir wissen, dass wir dieses Problem gelöst haben, wenn...«
9. Alle Beiträge werden an die Tafel geschrieben (auf Wunsch wird Anonymität gewahrt) und erörtert. Wenn die Teilnehmer ihre Erfolgskriterien verglichen haben, verfassen sie daraus einen Katalog. Wenn sich irgendwelche Schwierigkeiten bei der Verabredung der Ziele oder der Methoden ergeben, kann die Gruppe die »Weg-Ziel-Analyse« zu Hilfe nehmen, die in Übung 28 beschrieben ist.
10. Nun bestimmt die Gruppe ein oder zwei Mitglieder, die mit Hilfe des Katalogs konkrete Maßnahmen planen und anschließend der Gruppe ein Programm zur Überwindung des betreffenden »Widerstands« vorlegen.

3. Vorbereitung einer informellen Sitzung •

Ziele:
1. Definition der Ziele und Inhalte einer informellen Gruppensitzung,
2. Planung des Sitzungsverlaufs.

Dauer:
insgesamt 4 Stunden

Materialien:
Flipchart und Filzschreiber, Tafel und Kreide oder Moderationsausrüstung, Papier und Bleistift für jeden Teilnehmer

Räumliches Arrangement:
ein genügend großer Raum für die Gesamtgruppe mit Platz (oder Nebenräumen) für Kleingruppen

Ablauf:
Phase I:
1. Nach der Einberufung einer zweistündigen Gruppensitzung teilt der Moderator Papier und Bleistift an alle Mitglieder aus. Er bittet jeden Teilnehmer, auf ein Blatt Papier zwei oder drei Probleme aufzuschreiben, mit denen die Gruppe gerade konfrontiert ist (ca. 10 Min.).
2. Der Moderator sammelt die Blätter ein und listet die genannten Probleme an der Tafel auf.
3. Die Gruppe ordnet die Probleme nach bestimmten Gesichtspunkten, die sich aus der Liste ergeben, und bestimmt die Wichtigkeit der einzelnen Probleme mit Hilfe des folgenden Schlüssels:
   3 = akut
   2 = wichtig
   1 = geringfügig
   0 = unbedeutend (ca. 15 Min.).
4. Die Gruppe überlegt, wie ernsthaft ihr an einer Lösung der Probleme gelegen ist und welchen Aufwand sie dafür zu leisten bereit ist (15 Min.).
5. Nun versucht die Gruppe, den Grad der Komplexität der genannten Probleme zu beurteilen und (in etwa) zu schätzen, wie viel Zeit die einzelnen Probleme erfordern. Wenn das geschehen ist, versehen die Mitglieder jedes Problem mit einer Ziffer aus folgendem Index:
   3 = sehr komplex (mehr als 1 Tag zur Lösung erforderlich)
   2 = komplex (ca. ein halber Tag erforderlich)
   1 = überschaubar (weniger als 1 Stunde)
   0 = einfach (wenige Minuten) (ca. 15 Min.).

6. Der Moderator trägt die Punktwerte jeder Kategorie in die folgende Tabelle ein und zählt sie zusammen (ca. 10 Min.).

Problem	Wichtigkeit	Komplexität	Summe

7. Mit Hilfe der Tabelle errechnet die Gruppe die Zeit, die sie sich für die formelle Sitzung nehmen will. Der Moderator kann sich als Faustregel merken, dass sich mit jedem zusätzlichen Tag der Wert der Sitzung verdoppelt (Höchstgrenze: 4 Tage).
8. Der Moderator teilt die Gruppe in Paare oder Dreiergruppen und gibt jeder Kleingruppe den Auftrag, sich die Übungen in diesem Buch anzusehen und einen Plan für eine informelle Sitzung auszuarbeiten.
Jede Kleingruppe vereinbart ein (oder mehrere) Treffen, um ihren Entwurf zu verfassen (20 Min.).

Phase II:
1. Wenn alle Kleingruppen ihre Aufgaben erledigt haben, beruft der Moderator die Gruppe zu einer einstündigen Sitzung ein.
2. Jede Kleingruppe präsentiert ihren Entwurf und begründet ihn.
3. Die Gruppe bespricht jeden Entwurf und entscheidet sich entweder für einen davon oder destilliert aus den besten Vorschlägen ein neues Modell heraus.
4. Ein Teilnehmer wird beauftragt, die informelle Sitzung zu arrangieren. Er soll die organisatorischen Details regeln, die erforderlichen Materialien bereitstellen und die Übungen koordinieren.
5. Wenn die Gruppe glaubt, dass ihr für eine solche Sitzung die nötige Erfahrung fehlt, kann sie einen externen Berater um Hilfe bitten (vgl. »Der Berater im Teamtraining« in Kap. 1).

4. Checkliste: Beratung und Beurteilung ●● ⇌

Ziel:
Systematische Checkliste zur Vorbereitung von Beurteilungs- oder Beratungsgesprächen

Ablauf:
1. Beginnen Sie spätestens zwei Wochen vor dem Gesprächstermin mit der Bearbeitung der Checkliste.
2. Lesen Sie die Checkliste durch bis zum Punkt »Interview-Start«, und markieren Sie dabei alle wichtigen Punkte, auf die Sie mit »nein« geantwortet haben.
3. Überprüfen Sie alle Punkte, die Sie negativ beantwortet haben, anhand der folgenden Fragen:
    a. Was muss ich tun, um aus einem Nein ein Ja zu machen?
    b. Kann ich diese Änderung selber herbeiführen, oder muss ich andere Wege einschlagen (Diskussion mit Kollegen, Trainings etc.)?
4. Lesen Sie den Rest der Checkliste (ab »Interview-Start«) durch, und notieren Sie jeden Punkt, den Sie für besonders wichtig erachten. Stellen Sie diese Punkte in einem Merkblatt für das bevorstehende Gespräch zusammen.
5. Vergleichen Sie nach dem Gespräch Ihr Merkblatt mit der gesamten Checkliste, und vermerken Sie alle Punkte, die Sie im nächsten Gespräch besser machen können.

Checkliste: Beratung und Beurteilung

Glauben Sie, dass Sie die Eignung als Berater besitzen? → **nein** → Brauchen Sie Training oder Hilfe? Überlegen Sie sich entsprechende Maßnahmen.

↓ ja

Haben Sie Zeit für die Vorbereitung des Gesprächs eingeplant? → **nein** → Reservieren Sie sich einen Termin zur Vorbereitung des Gesprächs.

↓ ja

Haben Sie die notwendigen Informationen für die Beurteilung der Person? → **nein** → Falls relevant:
– Sprechen Sie mit Kollegen.
– Sprechen Sie mit Bekannten.
– Betrachten Sie sich die Arbeit der Person.
– Vergleichen Sie.

↓ ja

Ist die andere Person über das Gespräch informiert? → **nein** → Klären Sie die Ziele, und besorgen Sie sich schriftliche Unterlagen.

↓ ja

Besitzen Sie ein geeignetes Gesprächszimmer? → **nein** → Suchen Sie sich einen passenden Raum.

↓ ja

Steht genügend Zeit für das Gespräch zur Verfügung? → **nein** → Sorgen Sie dafür, dass Sie mindestens 1 Stunde Zeit haben.

↓ ja

Kapitel 4 *Die Übungen*

▼ ja

| Wissen Sie, wie Sie das Gespräch angehen wollen? | ▶ nein | Überlegen Sie die verschiedenen Möglichkeiten, und sprechen Sie, wenn nötig, mit einem Kollegen oder mit dem Personalchef darüber. |

▼ ja

| Sind Unterbrechungen ausgeschlossen? | ▶ nein | Sorgen Sie dafür, dass Sie nicht gestört werden können. |

▼ ja

Interview-Start

| Sind Sie locker und entspannt? | ▶ nein | Sprechen Sie über Ihr Situation. |

▼ ja

| Ist der Gesprächspartner entspannt? | ▶ nein | Ermutigen Sie ihn, seine Befürchtungen zu äußern, und zeigen Sie Verständnis dafür. |

▼ ja

| Sind die Ziele des Gesprächs klar und von beiden Seiten akzeptiert? | ▶ nein | Sagen Sie konkret, was Sie beide erreichen wollen; notieren Sie ggf. die Ziele. |

▼ ja

| Können diese Ziele im Lauf dieses Gesprächs erreicht werden? | ▶ nein | Setzen Sie Prioritäten fest, und vereinbaren Sie einen Termin für ein weiteres Gespräch. |

▼ ja

Kapitel 4 *Die Übungen*

▼ ja

Sind Sie sicher, dass Ihr Gesprächspartner nicht beeinträchtigt ist durch verborgene Motive oder Gefühle, die ihn in seiner Offenheit behindern können? — **nein** → Versuchen Sie, auf zwanglose Weise die versteckten Motive zu klären.

▼ ja

Haben Sie eine Reihenfolge der Gesprächsthemen vereinbart? — **nein** → Tun Sie das; halten Sie sie schriftlich fest, wenn nötig.

▼ ja

Haben Sie alle Punkte besprochen?
- Definition der Ziele und Aufgaben
- Überprüfung der für die Beurteilung vorliegenden Informationen
- Erfolgskriterien
- Hindernisse

→ **nein** → Gehen Sie methodisch alle Punkte durch.

▼ ja

Haben Sie bei jedem Punkt Einigung erzielt? — **nein** → Klären Sie unterschiedliche Auffassungen. Machen Sie Vorschläge, wie Lösungen herbeigeführt werden können.

▼ ja

Kapitel 4 *Die Übungen*

▼ ja

Haben Sie Feedback über den Verlauf des Gesprächs? — nein ▶ Bitten Sie um Feedback.

▼ ja

Glauben Sie, dass dies eine positive Erfahrung für Sie war? — nein ▶ Besprechen Sie, was jeder zu tun hat.

▼ ja

Haben Sie Ihre Aufgabe klar erkannt? — nein ▶ Warum nicht? Was hätte anders sein müssen?

▼ ja

Können Sie den Beurteilungs- oder Beratungsprozess informell weiterführen? — nein ▶ Analysieren Sie Ihren Führungsstil mit Hilfe der Übungen, die in Kap. 3 Abschnitt 1 (Führung) empfohlen werden.

▼ ja

Wissen Sie, wie Sie den Prozess gemeinsam fortsetzen können? — nein ▶ Verständigen Sie sich darüber.

▼ ja

Haben Sie gefragt, ob sonst noch etwas getan werden muss? — nein ▶ Fragen Sie! Und besprechen Sie, was offen geblieben ist.

5. Der Sin-Obelisk •

Ziele:
1. Umgang mit verstreuter Information im Problemlösungsprozess
2. Analyse von Führungsverhalten, Kooperationsbereitschaft und Konfliktmuster bei der Problemlösung in der Gruppe

Gruppengröße:
5–8 Teilnehmer

Dauer:
ca. 1 bis 1,5 Stunden, davon 25 Minuten zur Lösung der Aufgabe und zwischen 40–60 Minuten zur Prozessanalyse

Materialien:
ein Instruktionsblatt »Der Sin-Obelisk« für jeden Teilnehmer, ein Satz Informationskärtchen für die Gruppe (33 Kärtchen pro Satz), Flipchart und Filzschreiber, Tafel und Kreide oder Moderationsausrüstung, Papier und Bleistift für die Teilnehmer, eine Kopie »Fragen zur Prozessanalyse« für den Moderator

Räumliches Arrangement:
ein ruhiger Raum; die Teilnehmer sitzen im Kreis.

Ablauf:
1. Der Moderator gibt jedem Teilnehmer ein Instruktionsblatt, Papier und Bleistift.
2. Wenn die Mitglieder die Instruktionen gelesen haben, verteilt der Moderator einen Satz Informationskärtchen zufällig unter der Gruppe, und die Mitglieder beginnen mit der Aufgabe.
3. Das Team löst die Aufgabe und wird nach 25 Minuten vom Moderator unterbrochen.
4. Der Moderator diskutiert mit dem Team den Lösungsprozess; dazu schreibt er die »Fragen zur Prozessanalyse« und ggf. die Lösung und Erklärung der Aufgabe an die Tafel.

Varianten:
– Eine beliebige Anzahl von Kleingruppen kann simultan die Aufgabe lösen. Für jede Gruppe muss ein Satz Informationskärtchen vorhanden sein.
– Die Teilnehmer können die »Fragen zur Prozessanalyse« erst individuell und anschließend in der Gruppe beantworten.
– Weitere unerhebliche Informationen können hinzugefügt werden, um die Lösung zu erschweren.

Kapitel 4 *Die Übungen*

Informationen zum Sin-Obelisk

Schreiben Sie jede der folgenden Informationen auf ein 7 x 5 cm großes Kärtchen. Die Kärtchen sollten zufällig unter den Gruppenmitgliedern verteilt werden.

1. Die elementare Zeiteinheit in Atlantis ist der Tag.
2. Der atlantische Tag ist unterteilt in Quags und Yoghs.
3. Die Länge des Sin-Obelisks beträgt 50 Ellen.
4. Die Höhe des Sin-Obelisks beträgt 100 Ellen.
5. Die Breite des Sin-Obelisks beträgt 10 Ellen.
6. Der Sin-Obelisk wird aus Steinblöcken zusammengesetzt.
7. Jeder Steinblock ist 1 Kubikelle groß.
8. Der erste Tag der atlantischen Woche heißt Aquatag.
9. Der zweite Tag der atlantischen Woche heißt Neptiminus.
10. Der dritte Tag der atlantischen Woche heißt Avgamatia.
11. Der vierte Tag der atlantischen Woche heißt Ninildu.
12. Der fünfte Tag der atlantischen Woche heißt Meltemi.
13. Die Woche in Atlantis hat fünf Tage.
14. Ein Arbeitstag dauert 9 Quags.
15. Jeder Arbeiter hat insgesamt 16 Yoghs Pause.
16. 1 Quag besteht aus 8 Yoghs.
17. Jeder Arbeiter legt 150 Blöcke pro Quag.
18. Während der Arbeitszeit befindet sich jeweils eine Gruppe von 9 Leuten am Bau.
19. Ein Mitglied jeder Gruppe hat rituelle Pflichten und legt keine Blöcke.
20. Am Meltemi wird nicht gearbeitet.
21. Was ist ein Klaster?
22. Ein Klaster ist ein Würfel, dessen Kanten 1 antediluvialen Yard betragen.
23. 1 antediluviale Parasange hat 3//1/2// Ellen.
24. Wird am Sonntag gearbeitet?
25. Was ist der Sin?
26. Mit welcher Seite nach oben steht der Sin?
27. Der Sin besteht aus blassvioletten Blöcken.
28. Blassviolett hat am Avgamatia eine besondere kultische Bedeutung.
29. In jeder Gruppe arbeiten 2 Frauen.
30. Die Arbeit beginnt am Aquatag bei Tagesanbruch.
31. Nur 1 Gruppe arbeitet jeweils am Bau des Sin-Obelisks.
32. 8 Atlantis-Chips ergeben einen pharaonischen Dollar.
33. 1 Steinblock kostet 2 pharaonische Dollar.

Lösung und Erklärung

Die Lösung heißt: Neptiminus

Kapitel 4 Die Übungen

Erklärung:
1. Die Ausmaße des Sin-Obelisks ergeben, dass er aus 50 000 Kubikellen Raum besteht.
2. Jeder Block hat eine Kubikelle, deshalb werden 50 000 Blöcke benötigt.
3. Jeder Arbeiter arbeitet 7 Quags pro Tag (2 Quags sind Ruhepause)
4. Jeder Arbeiter legt 150 Blöcke pro Quag, das ergibt 1050 Blöcke pro Tag.
5. Es arbeiten immer 8 Leute am Obelisk, diese legen 8400 Blöcke pro Arbeitstag.
6. Der 50 000. Block wird daher am 6. Arbeitstag gelegt.
7. Weil am Meltemi nicht gearbeitet wird, ist der sechste Arbeitstag der Neptiminus.

Instruktion für die Teilnehmer- und Gruppenleiter-Unterlage:

Teilnehmerunterlage

Der Sin-Obelisk

Instruktionen:

in der alten Stadt Atlantis wurde zu Ehren der Göttin Onra ein »Sin«, ein massiver rechteckiger Obelisk, gebaut. Das Bauwerk wurde in weniger als zwei Wochen vollendet.
Aufgabe Ihrer Gruppe ist es nun herauszufinden, an welchem Tag der Obelisk fertiggestellt wurde. Sie haben 25 Minuten Zeit.
Wählen Sie keinen Vorsitzenden.
Sie werden Kärtchen mit Informationen über die Aufgabe erhalten. Sie können diese Informationen mündlich weitergeben, dürfen aber Ihr Kärtchen nicht herzeigen.

Gruppenleiter-Unterlage

Fragen zur Prozessanalyse:

1. Welche Verhaltensweisen haben der Gruppe bei der Lösung der Aufgabe geholfen?
2. Welche Verhaltensweisen haben die Gruppe bei der Lösung der Aufgabe behindert?
3. Auf welche Weise sind Führungsfunktionen entstanden?
4. Wer hat sich am meisten beteiligt?
5. Wer hat sich am meisten zurückgehalten?
6. Wie haben Sie den ganzen Lösungsprozess erlebt?
7. Was würden Sie vorschlagen, um die Leistung der Gruppe zu verbessern?

Die Autoren danken Mike Woodcock, Koautor der Originalversion dieser Übung.

Kapitel 4 Die Übungen

6. Die Phasen der Gruppenentwicklung ••

Ziele:
1. Diagnose des Entwicklungsstands der Gruppe
2. Auswahl und Prioritäten der Maßnahmen, die zur Weiterentwicklung der Gruppe erforderlich sind

Dauer:
mindestens 45 Minuten

Materialien:
eine Kopie des Abschnitts »Die Phasen des Teamtrainings« (siehe Seite 21), eine Kopie der »Team-Entwicklungs-Uhr« und ein Bleistift für jeden Teilnehmer, Flipchart und Filzschreiber, Tafel und Kreide oder Moderationsausrüstung

Ablauf:
1. Der Moderator verteilt die »Phasen des Teamtrainings« und die »Team-Entwicklungs-Uhr« an die Mitglieder und gibt folgende Instruktionen dazu:

   - Lesen Sie die »Phasen des Teamtrainings« durch.
   - Sehen Sie sich die »Team-Entwicklungs-Uhr« an, und zeichnen Sie einen »Zeiger« an die Stelle des »Zifferblatts«, die dem gegenwärtigen Entwicklungsstand der Gruppe entspricht. Behalten Sie Ihre Meinung aber vorerst noch für sich.

2. Der Moderator malt eine Team-Entwicklungs-Uhr an die Tafel und trägt die von den Mitgliedern angegebenen »Uhrzeiten« auf der Tafel ein.
3. Nun werden die Ergebnisse im Hinblick auf weitere Entwicklungsmöglichkeiten diskutiert. Für die Mitglieder mag es hilfreich sein, wenn jeder seinen Standpunkt erläutert und begründet. Nach Möglichkeit sollten konkrete Verhaltensweisen zur Illustration einer bestimmten Entwicklungsphase herangezogen werden.
4. Im Lauf der Diskussion gelangt die Gruppe mit der Unterstützung des Moderators zu einem einheitlichen Bild über ihren Entwicklungsstand.

Vor diesem Hintergrund überlegen sich die Mitglieder eine Reihe von Übungen, die sie in ihrem weiteren Entwicklungsprozess voranbringen werden.

Kapitel 4 *Die Übungen*

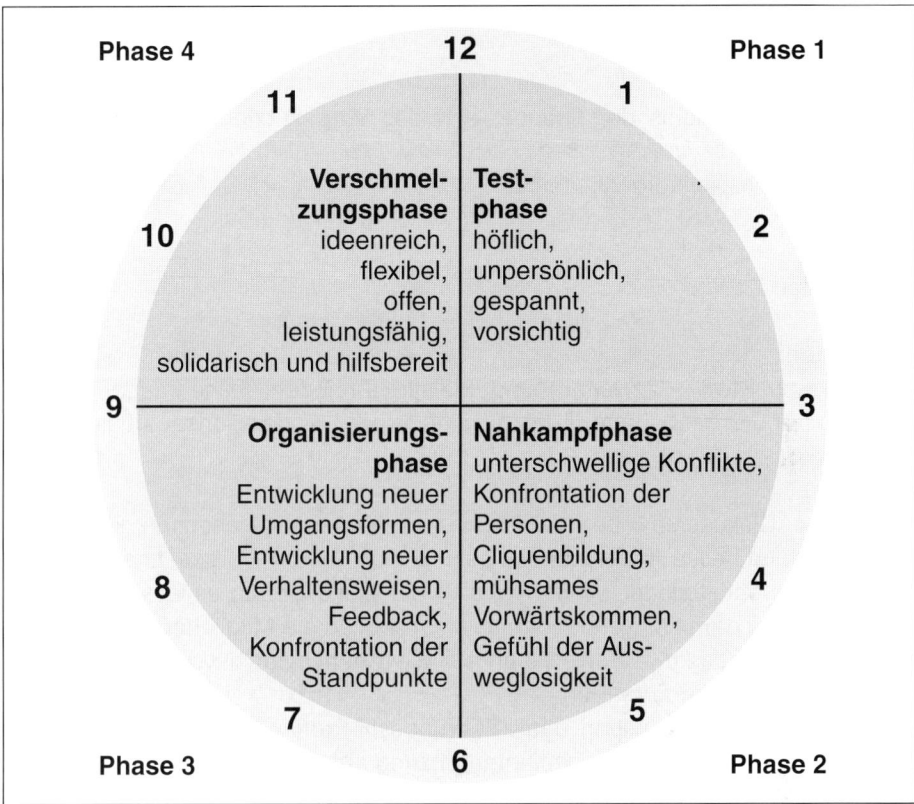

Abb.8: Die Team-Entwicklungs-Uhr

Kapitel 4 *Die Übungen*

7. Führungsprofil ●● ⇌

Ziele:
1. Führungsverständnis der Gruppe, und des Vorgesetzten und Analyse des Führungsstils
2. Feedback für den Vorgesetzten

Dauer:
1–2 Stunden

Materialien:
»Führungsstil-Profil« (2 Seiten) und Bleistift für jeden Teilnehmer, Flipchart, Filzschreiber und Klebeband, Tafel und Kreide oder Moderationsausrüstung

Ablauf:
Die offene Diskussion über den Führungsstil des Vorgesetzten kann eine schwierige und heikle Angelegenheit sein, sowohl für den Vorgesetzten als auch für die Gruppenmitglieder. Wenn Sie sich auf diese Übung einlassen, müssen alle Teilnehmer damit einverstanden sein. Oft wollen die Mitglieder ihre Kritik am Vorgesetzten anonym äußern. Wenn sie die Anonymität bevorzugen, verfährt der Moderator folgendermaßen:
1. Er verteilt vor der Sitzung das »Führungsstil-Profil« an alle Mitglieder und bittet sie, das Profil bis zur geplanten Sitzung auszufüllen.
2. Er bereitet eine Kopie des »Führungsstil-Profis« auf einem großen Papierbogen vor. Sie dient zum einen dazu, die Selbstbeurteilung des Vorgesetzten zu zeigen, und zum anderen sollen darauf die Beurteilungen der Mitglieder eingetragen werden. Die einzelnen Punktwerte können Sie oberhalb der Siebenerskala registrieren. Die Wünsche der Mitglieder nach »mehr von« einem besonderen Merkmal können Sie am Rand vermerken.

Mehr davon	Beschreibung des Merkmals	Bewertungs-skala	Beschreibung des Merkmals
ⅠⅠⅠⅠ Ⅰ	Delegiert, damit Menschen sich entfalten können	1 2 3 4 5 6	Delegiert nur, damit die Arbeit erledigt wird

3. Die Gruppe trifft zusammen und händigt dem Moderator die ausgefüllten Führungsstil-Profile aus. Er überträgt die Punktwerte zusammen mit der Selbstbewertung des Vorgesetzten auf das große Plakat.

4. Die Gruppe bespricht jedes Einzelmerkmal des Profils, um die Reaktionen und deren Hintergründe zu klären. Es ist sehr hilfreich, konkrete Beispiele von Verhaltensweisen des Vorgesetzten anzuführen, wenn die Teilnehmer zu soviel Offenheit bereit sind.
5. Der Moderator vermerkt auf dem großen Profil die Merkmale, von denen sich die Mitglieder »mehr« vom Vorgesetzten wünschen. Die Mitglieder nennen die Führungseigenschaften, die sie geändert sehen möchten, und der Vorgesetzte vergleicht sie mit seiner Selbstbeurteilung.
6. Die »Mehr«-Wünsche werden erörtert, bis sich Gemeinsamkeiten ergeben, und vielleicht fasst der Vorgesetzte am Schluss die Diskussion in dem Satz zusammen: »In Zukunft werde ich mehr...«

Kapitel 4 *Die Übungen*

Führungsstil-Profil

Name...

Instruktion:
Bitte geben Sie Ihre ehrliche Meinung über den Vorgesetzten dieser Gruppe ab, und bewerten Sie seine Führungsqualitäten auf der unten angegebenen Sieben-Punkte-Skala. Wenn Sie glauben, dass der Vorgesetzte von einem bestimmten Merkmal »mehr« zeigen sollte, dann machen Sie einen Kreis um die entsprechende Beschreibung.

Delegiert, damit Menschen sich entfalten können	1	2	3	4	5	6	7	Delegiert nur, damit die Arbeit erledigt wird
Ist immer auf der Suche nach Ideen und Produkten	1	2	3	4	5	6	7	Verbringt die meiste Zeit damit, seine Ideen zu verkaufen und die Leute zu überreden
Bezieht die Mitglieder in alle Entscheidungen ein	1	2	3	4	5	6	7	Bezieht die Mitglieder nur in unwichtige Entscheidungen ein
Schätzt und nützt die Arbeit aller Mitglieder	1	2	3	4	5	6	7	Hat die Möglichkeiten der Gruppenmitglieder nicht voll erkannt
Gewinnt die Unterstützung der Mitglieder durch seine überlegten und anerkannten Grundsätze	1	2	3	4	5	6	7	Verschafft sich Unterstützung durch Position, Status und Macht
Lässt in der Gruppe Selbstständigkeit walten	1	2	3	4	5	6	7	Lässt Diskussionen zu, trifft aber die Entscheidung selber
Hat eine logisch fundierte, vernünftige Meinung	1	2	3	4	5	6	7	Schwankt je nach Argument und Situation hin und her

Führungsstil-Profil (Fortsetzung)

Hat seine Rolle klar erkannt und mit der Gruppe abgesprochen	1	2	3	4	5	6	7	Neigt dazu, seine Probleme für sich zu behalten, und es fällt ihm schwer, offen darüber zu sprechen
Weiß um seine Verantwortlichkeit für die Arbeit des Teams, überlässt die Verantwortung aber der Gruppe	1	2	3	4	5	6	7	Glaubt, dass er allein für die Arbeit der Gruppe verantwortlich ist
Ermutigt zur Kreativität	1	2	3	4	5	6	7	Neigt dazu, kreative Beiträge der Mitglieder abzuwürgen
Ist bereit, Risiken einzugehen	1	2	3	4	5	6	7	Geht lieber auf Nummer sicher
Verlangt Feedback, um seine Arbeit kontrollieren zu können	1	2	3	4	5	6	7	Es fällt ihm schwer, um Feedback zu bitten und es zu akzeptieren
Sucht und schätzt neue Erfahrungen	1	2	3	4	5	6	7	Arbeitet gewöhnlich mit derselben Methode, ohne aus seinen Erfahrungen zu lernen
Ist Teil der Gruppe	1	2	3	4	5	6	7	Schafft psychologische Distanz zur Gruppe
Ist konsequent in seinem Verhalten zu den Mitgliedern	1	2	3	4	5	6	7	Sein Verhalten der Gruppe gegenüber ist wechselhaft und kaum berechenbar

Die Autoren bedanken sich herzlich bei Celia Palfreyman für ihre Mitarbeit an dieser Übung und an den Übungen 8, 9 und 38.

Kapitel 4 *Die Übungen*

8. Der beste Chef, den ich kenne ●● ⇌

Ziele:
Definition und Entwicklung von positiven Führungseigenschaften

Dauer:
1 Stunde

Materialien:
ein großes Plakat mit den »Beispielen für positive Führungseigenschaften« als Vorlage, Flipchart, Filzschreiber und Klebeband, Tafel und Kreide oder Moderationsausrüstung, Papier und Bleistift für alle Teilnehmer

Ablauf:
1. Der Moderator teilt Papier und Bleistift an die Mitglieder aus und gibt folgende Instruktionen:

> a. Denken Sie an einen guten Vorgesetzten, für den Sie entweder einmal gearbeitet haben oder von dem Sie gehört oder gelesen haben.
> b. Zählen Sie mindestens sechs außergewöhnliche persönliche Merkmale auf, die dieser Vorgesetzte Ihrer Ansicht nach besaß.

2. Der Moderator hängt das Plakat mit den Beispielen auf, macht aber die Mitglieder darauf aufmerksam, nicht die Beispiele abzuschreiben, sondern sie nur als Vorlage zu betrachten, wie man Vorgesetzten-Eigenschaften beschreiben kann.
3. Die Teilnehmer füllen ihre Listen aus (10 Min.).
4. Der Moderator überträgt die Beschreibungen der Mitglieder auf die Pinnwand; dann leitet er über zur Auswertung der Listen unter folgenden Gesichtspunkten:
   − Erklärung der beschriebenen Eigenschaften
   − Zusammenfassung von übereinstimmenden Beschreibungen
   − Bestimmung der drei wichtigsten Führungsqualitäten, die die Mitglieder im Team verbessert sehen wollen
   − Überlegung von Maßnahmen, um diese Qualität in der Gruppe zu verstärken.

Beispiele für positive Führungseigenschaften

Ein guter Vorgesetzter

- versucht, das Positive an den Vorschlägen der anderen zu erkennen, auch wenn sie mit seinen eigenen im Widerspruch stehen;
- stellt durchweg hohe Ansprüche an seine Mitarbeiter;
- ermuntert die Leute, neue Wege zu beschreiten;
- trägt keine Fehler nach, solange man daraus lernt;
- erwartet hervorragende Leistungen und anerkennt sie;
- versucht, seinen Leuten die übergeordneten Ziele verständlich zu machen;
- ist immer ansprechbar, auch wenn er unter Druck steht;
- versucht, den Leuten die Informationen zu geben, die sie wollen;
- gibt bereitwillig konstruktives, hilfreiches Feedback;
- etc.

9. Verteilte Rolle ●● ⇌

Ziele:
1. Analyse der Verteilung der Führungsaufgaben in der Gruppe
2. Ermittlung einer effektiveren Verteilung der Führungsfunktionen

Dauer:
maximal 2 Stunden; es lohnt sich, diese Übung während des Teamtrainings regelmäßig zu wiederholen.

Materialien:
eine Kopie der »Checkliste Führungsaufgaben« und ein Bleistift für jeden Teilnehmer, Flipchart und Filzschreiber, Tafel und Kreide oder Moderationsausrüstung

Ablauf:
1. Diese Übung sollten Sie nur mit dem freiwilligen Einverständnis aller Beteiligten versuchen. Alle Mitglieder erhalten einige Tage vor der geplanten Sitzung die Checkliste mit der Bitte, etwaige Bedenken sofort anzumelden. Erst wenn alle ihre freiwillige Zustimmung gegeben haben, können Sie mit der Aktion beginnen.
2. Jedes Gruppenmitglied einschließlich des Vorgesetzten sollte die Checkliste vor oder zu Beginn der Sitzung ausfüllen.
3. Der Moderator schreibt alle Fragen an die Tafel und trägt die Antworten ein. Sollte ein Mitglied Bedenken haben, seine Antworten öffentlich zu äußern, können die Checklisten auch anonym abgegeben werden.
4. Die Gruppe bespricht gemeinsam die Fragen; dabei konzentriert sie sich auf die Punkte, bei denen Arbeitsmethoden oder Verhaltensweisen revidiert werden müssen. Diese Punkte werden anschließend zusammengestellt und diskutiert, bis eine Einigung erzielt ist

Checkliste Führungsaufgaben

Instruktion:
Im Folgenden finden Sie eine Reihe von Führungsfunktionen, die normalerweise irgendjemand in der Gruppe innehat. Lesen Sie jede Frage sorgfältig durch, und machen Sie ein Kreuz in der Spalte, die am genauesten beschreibt, wer diese Aufgaben in Ihrer Gruppe wahrnimmt.

Führungsfragen	Niemand	der Vorgesetzte	Gruppenmitglied, möglichst mit Namen
1. Wer koordiniert die Arbeit der Gruppenmitglieder?			
2. Wer garantiert, dass Entscheidungen getroffen werden?			
3. Wer eröffnet unsere Sitzungen oder schickt uns an die Arbeit?			
4. Wer überprüft, ob Ziele gesetzt sind?			
5. Wer sorgt dafür, dass die Zusammenarbeit klappt?			
6. Wer motiviert uns, wenn wir anfangen sollen oder nicht mehr weiter wissen?			
7. Wer überwacht unsere Arbeit und bemerkt, wenn wir etwas vergessen haben?			
8. Wer schafft Informationen von außen herbei, damit unsere Arbeit relevant bleibt?			
9. Wer vertritt unsere Gruppe bei den anderen?			
10. Wer fasst unsere Diskussionen zusammen und schafft Klarheit?			
11. Wer ermuntert die Mitglieder, ihre Fähigkeiten zu entfalten?			
12. Wer hilft anderen Mitgliedern in schwierigen Situationen?			

Kapitel 4 *Die Übungen*

10. Wunschzettel ●●● ⇌

Ziele:
1. Darstellung der gegenseitigen Erwartungen und Wünsche zwischen dem Vorgesetzten und der Gruppe
2. Analyse der unterschiedlichen Rollenauffassungen

Dauer:
mindestens 2 Stunden

Materialien:
Flipchart, Filzschreiber und Klebeband, Tafel und Kreide oder Moderationsausrüstung, Papier und Bleistift für jeden Teilnehmer

Ablauf:
1. Es ist wichtig, dass die Gruppe diese Aktivität freiwillig unternimmt und die Ergebnisse gemeinsam bespricht.
2. Der Moderator teilt Papier und Bleistift aus und bittet die Mitglieder, die folgenden Sätze zu vervollständigen:
    a. Vom Vorgesetzten dieser Gruppe wünsche ich mir...
    b. Der Vorgesetzte wünscht sich von mir als Gruppenmitglied...
3. Während die Mitglieder ihre Sätze ergänzen, versucht der Vorgesetzte, die folgenden Aussagen zu Ende zu führen:
    a. Meine wichtigsten Aufgaben als Vorgesetzter dieser Gruppe sind...
    b. Ich wünsche mir von den Gruppenmitgliedern...
       (möglichst konkrete Beispiele angeben).
4. Der Moderator sammelt die Antworten und trägt sie in folgendes Schema ein:

	Erwartungen der Mitglieder	Erwartungen des Vorgesetzten
Rolle des Vorgesetzten		
Rolle der Gruppe		

5. Die Gruppenmitglieder diskutieren ihre Auffassungen, die sie von der Rolle des Vorgesetzten haben:
   Sie einigen sich auf gemeinsame Punkte und schreiben sie auf. Dann sprechen sie die noch verbleibenden Punkte durch; wenn Widerstände auftreten, kann das Verfahren auch umgedreht werden, d. h, der Vorgesetzte argumentiert aus der Position der Gruppenmitglieder, und ein Gruppenmitglied übernimmt die Rolle des Vorgesetzten. Wenn ein Kompromiss erzielt ist, werden diese Punkte ebenfalls aufgeschrieben. Falls weiterhin beträchtliche Meinungsunterschiede bestehen, macht die Gruppe Folgendes:
   – Sie stellt die umstrittenen Punkte zusammen und definiert sie so klar wie möglich.
   – Für jeden umstrittenen Punkt versuchen die Mitglieder, folgenden Satz zu vervollständigen:
   »Damit wir uns näherkommen, können wir Folgendes tun:...«
   – Die Mitglieder legen Ihre Vorschläge so dar, prüfen sie auf ihre Realisierbarkeit und versuchen, soweit als möglich Konsens zu erreichen.
6. In der gleichen Weise werden die Antworten, die die Rolle der Gruppenmitglieder betreffen, gesammelt und besprochen.
7. Nun können die Gruppenmitglieder die beiden Listen als Merkblätter verwenden, um ihre Rollen zu analysieren, und zu untersuchen, wie wirksam sie ihre Rollen verteilt haben. Frühere Aufgaben, gelöste und ungelöste, lassen sich so mit Hilfe der Merkblätter nachprüfen.

Bemerkungen:
1. Der Erfolg dieser Übung hängt davon ab, wie offen die Mitglieder sich über ihre Rollen und Erwartungen äußern.
2. Diese Art der Diskussion kann während des Trainings regelmäßig wiederholt werden.

Kapitel 4 *Die Übungen*

11. Talent-Bilanz ●● ⇌

Ziele:
1. Bestimmung der sozialen und fachlichen Fertigkeiten, die von der Gruppe verlangt werden
2. Bewertung der vorhandenen Fähigkeiten
3. Ermittlung der Fähigkeiten, die sich die Gruppe noch aneignen muss

Dauer:
ca. 2 Stunden

Materialien:
eine Kopie der »Talent-Bilanz« (Teil I und Teil II), ein Bleistift für jeden Teilnehmer, Flipchart, Filzschreiber und Klebeband, Tafel und Kreide oder Moderationsausrüstung

Ablauf:
1. In dieser Übung können einige Themen zur Sprache kommen, auf die manche Mitglieder oder die ganze Gruppe empfindlich reagieren. Deshalb muss vor Beginn der Aktivität die Zustimmung der gesamten Gruppe vorliegen.
2. Der Moderator gibt jedem Mitglied Teil I der »Talent-Bilanz« und einen Bleistift.
3. Der Moderator bittet die Mitglieder, die Instruktion durchzulesen und das Blatt auszufüllen. Während sie arbeiten, kopiert der Moderator die »Talent-Bilanz« (Teil I und II) auf ein großes Plakat.
4. Der Moderator registriert im Teil I des Plakats die Punktzahlen, mit denen die Mitglieder jede Fähigkeit bewertet haben. Die daraus resultierende Summe trägt er in die Spalte »Individuelle Bewertung« ein.
5. Die Gruppe versucht gemeinsam, die Fähigkeiten in eine Rangreihe zu bringen, indem sie die Unterschiede, die sich zwischen den individuellen Bewertungen der Mitglieder ergeben haben, bespricht. Wenn die Mitglieder sich auf eine gemeinsame Rangreihe geeinigt haben, wird sie in die Spalte »Gruppenbewertung« eingetragen.
6. Nachdem die Gruppe ihre Rangreihe gesehen hat, teilt der Moderator den Teil II der »Talent-Bilanz« aus und bittet die Mitglieder, die Instruktion zu lesen und den Bogen auszufüllen.
7. Der ganze Vorgang wird wiederholt, und der Moderator vermerkt die Gesamtpunktzahl der individuellen Bewertungen in der Spalte »Persönliche Beurteilung«.

8. Die Gruppe diskutiert die persönlichen Bewertungen der Mitglieder, um dann zu einer gemeinsamen Beurteilung aller Fähigkeiten zu gelangen; diese Beurteilung wird vom Moderator auf dem Plakat festgehalten.
9. Wenn die Gruppe ihr Urteil gefällt hat, sucht sie die ersten fünf Fähigkeiten, die mit 2 oder 3 Punkten zu Buche stehen, heraus. Diese Fähigkeiten sind es, die sich die Gruppe speziell vornehmen und möglicherweise mit Hilfe eines Teamtrainings verbessern sollte.

Kapitel 4 Die Übungen

Talent-Bilanz Teil I

Instruktion:
Bewerten Sie die Wichtigkeit der folgenden Fähigkeiten für Ihre Gruppe, und versehen Sie jede der aufgeführten Fähigkeiten mit einem Punktwert, wobei Sie untenstehenden Schlüssel zugrunde legen. Schreiben Sie weitere Fähigkeiten dazu, die Ihnen wichtig erscheinen, aber auf der Liste fehlen, und tragen Sie die Punktwerte in die Spalte »Individuelle Bewertung« ein.

Schlüssel:
3 = entscheidend für den Erfolg der Gruppe
2 = wichtig für den Erfolg der Gruppe
1 = nützlich für den Erfolg der Gruppe
0 = unbedeutend für den Erfolg der Gruppe

Fähigkeiten	Individuelle Bewertung	Gruppen-Bewertung
1. geschickter und konstruktiver Führungsstil		
2. klare Definition der Ziele		
3. Kreativität und innovative Ideen		
4. realistische Planung		
5. Fähigkeit, konsequent auf ein Ziel hin zu arbeiten		
6. gute begriffliche und theoretische Fähigkeiten		
7. erfolgreiches Krisenmanagement		
8. überzeugender Kommunikationsstil		
9. phantasievolle Verfahrensmuster		
10. technisches Wissen		
11. Kenntnisse im Finanzwesen		
12. Fachwissen im Produktbereich		
13. Fachwissen auf dem Sektor Personalwesen		
14. Fachwissen auf dem Sektor Marketing		
15. etc.		

Kapitel 4 Die Übungen

Talent-Bilanz Teil II

Instruktion:
Übertragen Sie die vereinbarte Reihenfolge der 15 Fähigkeiten aus Teil I auf dieses Blatt. Beurteilen Sie anhand der angegebenen Bewertungsskala jede Fähigkeit für Ihre Gruppe. Tragen Sie die Punktzahlen in die Spalte »Persönliche Beurteilung« ein.

Bewertungsskala:
1 = Die Gruppe besitzt die entsprechenden Fähigkeiten auf diesem Gebiet.
2 = Wir müssen unsere Fähigkeiten auf diesem Gebiet ausbauen.
3 = Wir haben überhaupt keine Fähigkeiten auf diesem Gebiet und müssen sie uns aneignen.

Fähigkeiten	Persönliche Bewertung	Beurteilung der Gruppe
1.		
2.		
3.		
4.		
5.		
6.		
7.		
8.		
9.		
10.		
11.		
12.		
13.		
14.		
15.		
16.		
17.		

Kapitel 4 *Die Übungen*

12. Das neue Mitglied ●

Ziel:
gemeinsame Auswahl eines neuen Mitglieds

Dauer:
ca. 1,5 Stunden

Materialien:
Flipchart, Filzschreiber und Klebeband, Tafel und Kreide oder Moderationsausrüstung

Ablauf:
1. Der Moderator bittet die Mitglieder, sich zu jedem der folgenden Punkte eine persönliche Meinung zu bilden:
    a. die Beschreibung der Stelle, für die ein neues Gruppenmitglied angeworben wird (Sie können zu diesem Zweck den Satz »Die wichtigsten Aufgaben an dieser Stelle sind...« vervollständigen lassen)
    b. die Kollegen, mit denen das neue Mitglied zusammenarbeiten müsste (mit Begründung)
    c. die Qualifikationen, die für den Job erforderlich sind (es ist ratsam, zwischen fachlichen und persönlichen Qualitäten zu unterscheiden)
    d. der Typ von Mensch, der zu dieser Tätigkeit am besten passen würde (es empfiehlt sich hier, einen kleinen Artikel zu schreiben, der etwa so beginnt: »Am liebsten wäre mir an dieser Stelle ein Mensch, der...«).
2. Die Mitglieder besprechen, definieren und halten fest:
    – die Stellungnahmen der Mitglieder zu den Punkten 1 a bis d
    – Ähnlichkeiten und Übereinstimmungen in den Auffassungen
    – die Hauptunterschiede in den Auffassungen.
3. Die Gruppe arbeitet die verschiedenen Standpunkte exakt heraus und überlegt, warum es überhaupt Unterschiede gibt, um dann einen möglichst breiten Konsens über jeden Punkt herbeizuführen.
4. Der Moderator lässt die vier zustande gekommenen Definitionen abtippen und verteilt sie an alle Mitglieder, die potenzielle Kandidaten für die Stelle kennen. Das künftige Mitglied sollte möglichst vielen Mitgliedern bekannt sein, bevor die letzte Entscheidung getroffen wird.

13. Team zu verkaufen! ••

Ziele:
1. Analyse der Fähigkeiten und Möglichkeiten einer Gruppe
2. Bestimmung des »Marktwerts« einer Gruppe

Dauer:
2 Stunden

Materialien:
Flipchart und Filzschreiber, Tafel und Kreide oder Moderationsausrüstung, Papier und Bleistift für alle Teilnehmer

Ablauf:
1. Der Moderator macht, nachdem er Papier und Bleistift ausgegeben hat, die Gruppe mit folgender Situation bekannt:

> **Instruktion:**
> Sie arbeiten alle in der internen Beratungsabteilung eines Großunternehmens. Die Zeiten sind lausig. Gestern war der Abteilungsleiter bei einer Besprechung mit seinem Chef, der ihm erklärte: »Es tut mir leid, dass ich es sagen muss, aber wir haben die kritische Grenze erreicht, und es ist sehr fraglich, ob die Gesellschaft überleben kann. Wie Sie wissen, waren wir immer sehr anständig und haben niemals Leute gefeuert, außer wenn es absolut notwendig war. Wie die Dinge stehen, sehe ich nur zwei Möglichkeiten für Ihre Abteilung: Erstens: wir machen den Laden zu; zweitens: wir bieten Ihre Dienste auch auf dem freien Markt an und decken damit 50% Ihres Budgets ab. ich weiß, der Markt ist miserabel und die Konkurrenz sehr, sehr stark, aber ich glaube, wir können es schaffen. Wenn Sie wollen, können Sie auch neues Know-how einkaufen, vorausgesetzt, Sie tragen die Kosten. Ich gebe Ihnen sechs Monate Zeit zur Planung und Vorbereitung für den Start.«

2. Mit diesen Hintergrundinformationen ausgestattet, versuchen die Mitglieder, die folgenden Aufgaben unter Anleitung des Moderators zu lösen:
   – Sie analysieren die Fähigkeiten und Talente, über die sie in der Gruppe verfügen und die anderen Unternehmen von Nutzen sein könnten.
   – Sie versuchen, die Mängel in ihrer Gruppe zu erkennen, und besprechen, ob sie zusätzliches Know-how einkaufen müssen.

Kapitel 4 *Die Übungen*

- Sie entscheiden unter Berücksichtigung der sechsmonatigen Vorbereitungszeit, die ihnen zugestanden wurde, welche Maßnahmen sie ergreifen würden, um die vorhandenen Qualitäten zu verstärken.
- Sie entwerfen einen Prospekt, mit dem sie potenzielle Kunden für das neue Team anwerben können.
- Sie fassen zum Schluss der Aktivität ihre Erfahrungen zusammen und prüfen, welche vorhandenen Qualitäten sie ausbauen und welche fehlenden Qualitäten sie sich aneignen müssten. Die wichtigsten Schlussfolgerungen schreiben sie auf und behalten sie im Auge.

Der Moderator versorgt die Gruppe mit Flipchart-Papier und Filzschreibern und gibt ihr 90 Minuten Zeit, um ihre Aufgaben zu erledigen.

3. Nach 90 Minuten beendet der Moderator die Aktion und ist den Mitgliedern behilflich, wenn sie über ihre Ergebnisse und Erfahrungen aus dieser Übung berichten.

Kapitel 4 *Die Übungen*

14. Das Spaßmachometer •

Ziel:
Ermittlung von Faktoren, die das Engagement der Mitglieder (Identifikation mit der Gruppe und ihren Zielen) positiv oder negativ beeinflussen

Dauer:
1 Stunde

Materialien:
eine Kopie der »Faktoren des Engagements in der Gruppe« und ein Bleistift für jeden Teilnehmer; Flipchart, Filzschreiber und Klebeband, Tafel und Kreide oder Moderationsausrüstung

Ablauf:
1. Der Moderator verteilt an alle Mitglieder ein Exemplar der »Faktoren des Engagements in der Gruppe« und einen Bleistift.
2. Die Mitglieder lesen die Instruktionen durch und beginnen mit ihrer Arbeit.
3. Die »Spaßmachometer« der Teilnehmer werden entweder für alle sichtbar aufgehängt oder vom Moderator auf einen großen Papierbogen übertragen.
4. Mit Hilfe des Moderators suchen die Mitglieder nach neuen Möglichkeiten (Brainstorming o. Ä.), um die positiven Faktoren, die das Engagement der Mitglieder beeinflussen, zu verstärken und die negativen abzubauen.

Kapitel 4 *Die Übungen*

Faktoren des Engagements in der Gruppe

Instruktion:
Sie finden auf diesem Blatt eine Reihe von Faktoren, die sich positiv oder negativ auf das Engagement eines Mitglieds für die Gruppe und die Arbeit auswirken können. Man kann sie als die Kräfte bezeichnen, die für oder gegen ein angemessenes Engagement der Gruppenmitglieder arbeiten.

1. Prüfen Sie die untenstehenden Aussagen, und kennzeichnen Sie jede Aussage, die für Sie von Wichtigkeit ist.
2. Vermerken Sie am Schluss der Liste weitere Faktoren, die Sie in Ihrem Engagement für diese Gruppe beeinflussen könnten.
3. Tragen Sie im »Spaßmachometer« die Nummern der Faktoren ein, die Sie als wichtig erkannt haben. Die Kräfte, die sich als engagementfördernd herausgestellt haben, tragen Sie bitte rechts, diejenigen, die zu einer Verminderung des Engagements führen, links von der Mittellinie ein.

Die Faktoren:
1. Ihre persönliche Identifikation mit der Gruppe
2. Ihr Vertrauen in die Ziele der Gruppe
3. Die Fähigkeit Ihrer Gruppe, Ziele zu verwirklichen
4. Die Hilfsbereitschaft unter den Mitgliedern Ihrer Gruppe
5. Zeit und Energie, die Ihre Gruppe für die Weiterbildung aufwendet
6. Klarheit der Leistungsstandards in der Gruppe
7. Feedback und Anerkennung von Seiten der Gruppenmitglieder
8. Feedback und Anerkennung aus anderen Unternehmungsbereichen
9. Funktion der Gruppe im Unternehmen

Zählen Sie weitere Faktoren auf, die Ihnen und Ihrer Gruppe wichtig sind.

Das Spaßmachometer

Mir macht die Arbeit in dieser Gruppe...

wenig Spaß, weil...	viel Spaß, weil...

Kapitel 4 Die Übungen

15. Weißer Fleck ●●

Ziele:
1. Vertiefung der Beziehung zwischen den Gruppenmitgliedern
2. Stärkung der Gruppenkohäsion
3. Förderung des Engagements der Mitglieder für die Gruppe

Ablauf:
1. Der Moderator erklärt, dass die gemeinsame Beschäftigung mit einem Projekt, das unter freiem Himmel stattfindet und körperlichen Einsatz verlangt, ein schneller und erfolgversprechender Weg ist, die Kooperationsfähigkeit und Moral einer Gruppe zu stärken; deshalb werde die Gruppe ein zweitägiges Unternehmen starten, das neben physischen Anstrengungen und Entbehrungen auch Spaß und Erfolg bringen werde.
Die Gruppe wird aufgefordert, sich ein Projekt zu überlegen, das ungewohnte Anforderungen stellt. Reisebüros, Volkshochschulen etc. bieten eine breite Palette von entsprechenden Projekten inklusive Führung an.
2. Die Gruppe prüft ihre Möglichkeiten und wählt aus diesen oder ähnlichen Aktivitäten eine aus:
    – zweitägige Segeltour
    – Bergsteigen oder ausgedehnte Bergwanderung
    – Wildwasserfahrt
    – Planspiele im Freien
    – Spendenaktion für einen sozialen Zweck.
3. Wenn ein Projekt ausgewählt ist, wird das Ziel definiert. Eines könnte z. B. lauten: »Wir bauen aus Bohlen, Ölfässern und Tauen ein Floß und transportieren mit dem fertigen Floß alle Gruppenmitglieder von Punkt A nach B über den Fluss (oder See).«

Bemerkungen:
1. Es ist wichtig, dass der Projektleiter spezielle Erfahrung im Umgang mit solchen Unternehmungen besitzt. Er kann bei der Vorbereitung und Koordination des Projekts von einem Gruppenmitglied unterstützt werden.
2. Eine mögliche Gefahr bei diesem Unternehmen besteht darin, dass die Teilnehmer nicht über die notwendige körperliche Fitness und Ausdauer verfügen. Die Teilnehmer sollten insbesondere auf die physische Beanspruchung hingewiesen werden und sollten ihre Zustimmung aus freiem Entschluss geben.

16. Konklave ••• ⇌

Ziele:
1. Exploration der Beziehungen eines Mitglieds zur Gruppe und ggf. Beratung bei gestörten Beziehungen
2. Aktivierung von Fähigkeiten und Möglichkeiten der Gruppe zur Integration eines Mitglieds

Dauer:
mindestens 2 Stunden

Materialien:
Flipchart und Filzschreiber, Tafel und Kreide oder Moderationsausrüstung

Räumliches Arrangement:
ein großer Raum für die ganze Gruppe und ein separater Raum für Privatgespräche

Ablauf:
1. Feedback von der Gruppe kann für den Einzelnen von großer Bedeutung sein, doch wenn es nicht sorgfältig und geschickt gehandhabt wird, kann es auch negativ wirken. Zu Beginn der Übung sollte der Moderator den Mitgliedern nahelegen, die Übung 1 »Feedback-Kommunique« zu lesen. Die Anwesenheit eines erfahrenen Beraters kann von Nutzen sein, wenn die Gruppe noch kein formales Teamtraining erlebt hat.
2. Die Gruppe entscheidet, welche(r) Teilnehmer von den anderen Beratung und Feedback erhalten soll(en). Es ist wichtig, dass die Person, die beraten wird, Feedback von der Gruppe wünscht und auch gewärtig ist, dass ein Teil des Feedbacks persönlicher Natur ist oder zu Beginn einige Unannehmlichkeiten bereitet. Auf keinen Fall sollte jemand zu einer Beratung gedrängt werden.
3. Wenn ein Kandidat gefunden ist, begibt sich dieser in einen separaten Raum, und die Gruppe wählt unterdessen jemanden aus, der die Person, die beraten werden soll, interviewt. (Dieser Vorgang sollte nicht in Gegenwart des Kandidaten stattfinden.)
Zwei wichtige Kriterien für die Auswahl des Interviewers sind:
   - Er sollte bereit sein, Verantwortung für seine Arbeit mit dem zu beratenden Individuum zu übernehmen;
   - er sollte sich zutrauen, auch mit heiklen Situationen während des Gesprächs fertigzuwerden.

4. Die Gruppe bereitet zusammen mit dem Interviewer das Gespräch vor. (Dies sollte nicht in Anwesenheit des Interviewten geschehen.) Der Moderator erklärt, dass der Zweck des Interviews sei, »etwas über die Beziehungen des Befragten zur Gruppe, insbesondere über seine Aversionen oder Schwierigkeiten zu erfahren«. Die Aufgabe der übrigen Gruppenmitglieder ist es, dem Interviewer bei der Ausarbeitung von Fragen zu helfen, die in dem Interview erörtert werden sollen; darüber hinaus sollten sie Vorschläge machen, wie der Interviewer bei dem Gespräch vorgehen könnte. Wichtige Fragen sind zum Beispiel:
   - Welche konkreten Hilfen könnte die Gruppe ihrem Mitglied bei seiner Arbeit geben?
   - Welche besonderen Ereignisse der letzten Monate waren positiv und hilfreich für ihn?
   - Gibt es Gruppenmitglieder, zu denen er/sie sich ein besseres Verhältnis wünscht? Welche? Wie?
5. Der Interviewer begibt sich dann ebenfalls in den separaten Raum und führt das Gespräch unter vier Augen.
6. Nach dem Interview sollte der Interviewer sein Material strukturieren und im Verlauf der nächsten halben Stunde den Rest der Gruppe über die Ergebnisse des Gesprächs informieren. Dann bereitet sich die Gruppe gemeinsam vor, den Interviewten zu beraten. Dabei sollten sich die Mitglieder auf folgende Punkte konzentrieren:
   - Wie, glauben wir, erlebt er/sie uns als Gruppe?
   - Wie denken wir über ihn/sie als Gruppenmitglied?
   - Was können wir unternehmen, um ihm/ihr zu helfen, die Schwierigkeiten aus dem Weg zu räumen, die er/sie als Mitglied dieser Gruppe erfahren hat?

   Es ist gut, wenn der Interviewer zu Beginn dieser Beratungsphase die Diskussionsleitung übernimmt.
7. Nun wird das Mitglied, das beraten werden soll, wieder hereingebeten, und die Beratungssitzung beginnt. Eine nützliche Struktur für diese Sitzung könnte sein:
   - Die Gruppe gibt dem Kandidaten ihr erstes Feedback.
   - Dann hat der Kandidat Gelegenheit, klärende Fragen zu stellen, Vorschläge zu machen und die für ihn wichtigen Punkte herauszustellen.
   - Gemeinsam werden die Probleme durchgesprochen, die der Kandidat und die Gruppe als bedeutsam erkannt haben.

   In dieser Phase sollte besonders auf klare und brauchbare Aussagen geachtet werden, die unter dem Aspekt gemacht werden: »Was können wir alles tun, um einem wertvollen Mitglied unserer Gruppe zu helfen?« Dieser Teil der Sitzung kann gut eine Stunde dauern.
8. Am Ende der Sitzung sollte die Gruppe die ganze Aktion einer genauen Prüfung unterziehen, die wichtigsten Erkenntnisse zusammenfassen und, falls nötig, weiterführende Maßnahmen einleiten (ca. eine halbe Stunde).

17. Der Fall Ulrich Bohn •

Ziel:
Untersuchung der Motivation und des Engagements in der Gruppe mit Hilfe eines Rollenspiels über ein spezielles Führungsproblem

Dauer:
1 Stunde oder länger

Materialien:
eine Kopie der Problembeschreibung und ein Bleistift für jeden Teilnehmer, Flipchart und Filzschreiber, Tafel und Kreide oder Moderationsausrüstung

Räumliches Arrangement:
ein ruhiger Raum für die Gruppe und ein kleiner Raum, wo der Rollenspieler sich vorbereiten kann

Ablauf:
1. Der Moderator gibt jedem Teilnehmer ein Exemplar der Problembeschreibung und einen Bleistift und bittet die Mitglieder, das Blatt zu lesen.
2. Unter der Leitung des Moderators versucht die Gruppe, das Problem zu definieren (20 Min.).
3. Der Moderator erkundigt sich nach einem Freiwilligen, der den Ulrich Bohn im Rollenspiel darstellt, und ersucht ihn, den Raum zu verlassen und sich anhand der Problembeschreibung in seine Rolle einzuarbeiten. (Falls eine Frau den Part übernimmt, sollte die Rolle einen entsprechenden weiblichen Namen tragen.)
4. Die Gruppe überlegt, was Matthias Gindele unternehmen könnte. Der Moderator fragt nach einem Freiwilligen, der den Matthias (bzw. Monika) Gindele spielt (15 Min.).
5. Das Mitglied, das die Rolle des Ulrich Bohn übernommen hat, wird in den Gruppenraum gerufen. Während die anderen Gruppenmitglieder still beobachten, versuchen die beiden Rollendarsteller, das Problem durchzuspielen (10 Min.).
6. Mit Hilfe der Beobachtungen der Mitglieder analysiert die Gruppe das Rollenspiel (mind. 20 Min.).
7. Am Ende der Sitzung fasst ein Teilnehmer die Diskussion zusammen und fragt: »Was haben wir über Engagement in der Gruppe erfahren?«

Kapitel 4 *Die Übungen*

Ulrich Bohn – Problembeschreibung

Ulrich Bohn, 41 Jahre alt, arbeitet als REFA-Fachmann in einer Maschinenfabrik mit 2000 Beschäftigten. Er berichtet an Matthias Gindele, den Chef der REFA-Abteilung. Zusammen mit Ulrich Bohn sind es vier REFA-Leute, die auf der gleichen Hierarchie-Ebene stehen.

Das Unternehmen musste in beträchtlichem Ausmaß umstrukturieren, da das Hauptfließband durch die Erfindung eines neuen Plastikwerkstoffes nicht mehr verwendungsfähig war. Verschiedene kleinere Niederlassungen wurden geschlossen, und das Unternehmen baut jetzt in Bargfeld die Fertigungslager auf, in denen das neuentwickelte Material ausprobiert werden soll. Die allgemeine Rendite war in den letzten Jahren recht dürftig. Der Vorstand sah sich deshalb zu einschneidenden Maßnahmen veranlasst, um die Firma zu ihrer alten Rentabilität zurückzuführen.

Während der letzten vier Monate war Ulrich Bohn der Niederlassung in Bargfeld zugeteilt, um am Neuaufbau der Produktion mitzuwirken. Seine Aufgabe ist es, »Arbeits- und Qualifikationsanforderungen festzustellen und dafür zu sorgen, dass entsprechende Systeme bzw. Lehrgänge geplant und eingeführt werden«. Sein Chef, Matthias (oder Monika) Gindele, hat sein Büro in der Verwaltungsabteilung, die etwa 50 km von Bargfeld entfernt ist. Gindele besucht Bohn alle zwei Wochen für ca. einen halben Tag.

Gindele hält viel von Teamarbeit; er hat in seiner Abteilung regelmäßige Teamsitzungen eingerichtet und sich auch mit verschiedenen Problemlösungsansätzen in Gruppen beschäftigt. Doch Bohn scheint dagegen resistent zu sein. Er sitzt nur da mit finsterer Miene und geht jeder Konfrontation mit anderen Teammitgliedern systematisch aus dem Weg. Wenn seine Mitarbeit gefragt ist, weicht er aus, scheint gekränkt zu sein und »macht ein Gesicht, als ob er 1000 Schnecken nach Jerusalem treiben müsste«, wie ein Teammitglied es formuliert hat. Bei anderen Gelegenheiten verhält sich Bohn viel interessierter und offener; dann bringt er Vorschläge und setzt sich mit aller Kraft für deren Realisierung ein.

Es ist augenscheinlich, dass Gindele den Kontakt zu Bohn immer mehr einschlafen lässt. Er ist verunsichert durch Bohns Rückzugsdrohungen und weiß, dass es schwierig sein würde, einen Mann mit der Erfahrung von Bohn zu ersetzen. Doch die finanziellen und technischen Probleme der Firma verlangen, dass Bohn sich mit ganzer Kraft auf seine Arbeit in der Bargfelder Niederlassung konzentriert. Die Situation spitzt sich zu, als eines Tages Herbert Möslang, der Chef der Bargfelder Niederlassung, bei Gindele anruft, um sich über Bohn zu beschweren.

Möslang: »Offen gesagt, ich bin mit Bohns Leistung überhaupt nicht zufrieden. Er kommt seiner Arbeit häufig nicht nach, und oft erhalte ich die Berichte und Unterlagen, die ich angefordert habe, überhaupt nicht. Zwar kommt er mit den Meistern und Arbeitern gut zurecht, dafür mit mir um so weniger. Er macht einen verstörten Eindruck auf mich und scheint immer darauf zu warten, dass er erst gebeten sein will, bevor er etwas tut. Und da ist noch eine andere Sache, eine ziemlich persönliche: Bohn trinkt in letzter Zeit ziemlich viel. Fast jeden Tag geht er mit einigen Meistern zur Mittagszeit auf ein paar Bier in die Kantine, und abends genauso. Mir gefällt das gar nicht. Sie wissen, wie wichtig Bargfeld für uns ist, und ich muss mich auf meinen REFA-Dienst absolut verlassen können.«

Gindele bedankt sich bei Möslang für den Anruf, lehnt sich in seinem Stuhl zurück und murmelt: »So, die Situation ist das. Was ist zu tun?«

18. Fragebogen zum Gruppenklima ●● ⇌

Ziel:
Untersuchung des Arbeitsklimas in der Gruppe und Ausarbeitung von Verbesserungsvorschlägen

Dauer:
mindestens 45 Minuten; die Gruppen finden es oft nützlich, wenn sie die Ergebnisse bei einer späteren Gelegenheit durch eine zweite Darbietung des Fragebogens kontrollieren können.

Materialien:
eine Kopie des »Fragebogens zum Gruppenklima« und ein Bleistift für jeden Teilnehmer, Flipchart und Filzschreiber, Tafel und Kreide oder Moderationsausrüstung, Papier und Bleistift für jeden Teilnehmer

Räumliches Arrangement:
ein ruhiger, ungestörter Raum

Ablauf:
1. Der Moderator bereitet auf einem großen Plakat eine Tabelle vor, auf der die Ergebnisse der Fragebögen eingetragen werden.
2. Der Moderator gibt an alle Mitglieder den »Fragebogen zum Gruppenklima« und einen Bleistift aus.
3. Die Teilnehmer werden gebeten, die Anweisungen zu lesen und den Fragebogen innerhalb von fünf Minuten auszufüllen.
4. Wenn alle Teilnehmer fertig sind, fragt der Moderator, ob jeder seine Antworten mündlich mitteilen oder auf ein Blatt Papier schreiben und ohne Namen abgeben will.
5. Der Moderator lässt sich die Punktwerte geben und trägt sie in seiner Tabelle ein; dann weist er auf die Streubreite der Punktwerte hin und rechnet die Mittelwerte aller Items aus.
6. Unter der Leitung des Moderators diskutiert die Gruppe folgende Punkte:
   - Mittelwert und Streuung der Antworten
   - die Chancen für die Weiterentwicklung der Gruppe, wenn sich die Mitglieder in ihrem Verhalten mehr nach links oder nach rechts auf der Skala orientieren würden
   - die konkreten Verhaltensweisen, die im Zusammenhang mit den Items stehen
   - das allgemeine Klima in der Gruppe und wie es verbessert werden könnte.
7. Die Gruppe kann nun einen Maßnahmenkatalog aufstellen. Falls sie das tut, sollte er schriftlich fixiert werden.

8. Wenn die Gruppe öfter zusammengetroffen ist, sollte diese Übung wiederholt und die Ergebnisse mit früheren Untersuchungen verglichen werden.

Fragebogen zum Gruppenklima

Instruktion:
Bitte bewerten Sie die Eigenschaften Ihrer Gruppe auf der angegebenen Sieben-Punkte-Skala und geben Sie dabei ihre ehrliche Meinung wieder. Machen Sie einen Kreis um die Ziffer, die Ihrer Ansicht am nächsten kommt.

Offenheit: Verhalten sich die Mitglieder offen zueinander? Gibt es geheime Absprachen? Gibt es Themen, die in der Gruppe tabu sind? Können die Mitglieder ihre Meinungen über andere offen ausdrücken, ohne zu verletzen?

Die Mitglieder sind sehr offen zueinander	1	2	3	4	5	6	7	Die Mitglieder sind sehr zurückhaltend

Konformität: Hat die Gruppe Methoden, Rituale, Dogmen und Traditionen, die eine effektive Arbeit behindern? Werden die Meinungen der älteren Mitglieder als Gesetz betrachtet? Können die Mitglieder abweichende oder unpopuläre Ansichten frei äußern?

Starre Konformität, schablonenhaftes Verhalten	1	2	3	4	5	6	7	Freie Gruppe, flexible Verhaltensmuster

Loyalität: Ziehen die Mitglieder alle an einem Strang? Was geschieht, wenn ein Mitglied einen Fehler macht? Kümmern sich die stärkeren Mitglieder um die anderen, die weniger erfahren oder leistungsfähig sind?

Hohes Maß an Loyalität in der Gruppe	1	2	3	4	5	6	7	Wenig gegenseitige Unterstützung der Mitglieder

Konfrontation mit Schwierigkeiten: Werden schwierige oder unbequeme Fragen erörtert? Werden Konflikte offen ausgetragen oder unter den Teppich gekehrt? Können sich die Mitglieder Meinungsverschiedenheiten mit dem Vorgesetzten leisten? Setzt sich die Gruppe dafür ein, ihre Schwierigkeiten vollständig auszuräumen?

Schwierige Fragen werden vermieden	1	2	3	4	5	6	7	Probleme werden offen und ohne Umschweife angepackt

Risikobereitschaft: Merken die Mitglieder, dass sie Neues ausprobieren und Fehlschläge riskieren können und trotzdem noch Loyalität genießen? Werden die Einzelnen von der Gruppe ermuntert, ihre Fähigkeiten voll auszuschöpfen?

Risikobereitschaft bei der Arbeit nicht gefragt	1	2	3	4	5	6	7	Experimentieren und eigenes Nachprüfen sind selbstverständlich

Gemeinsame Wertvorstellungen: Haben die Mitglieder ihre persönlichen Wertvorstellungen einander nahegebracht? Sind ihnen sowohl die Ursachen (Warum?) als auch die Wirkungen (Was?) bewusst? Besitzt die Gruppe gemeinsame Grundwerte, denen sich alle Mitglieder verpflichtet fühlen?

Keine gemeinsamen Grundwerte	1	2	3	4	5	6	7	Weitgehende Übereinstimmung in den Wertvorstellungen

Motivation: Kümmern sich die Mitglieder genügend um die Vertiefung ihrer gegenseitigen Beziehungen? Wirkt die Zugehörigkeit zu dieser Gruppe stimulierend und motivierend auf die Einzelnen?

Die Mitglieder pflegen ihre Gruppe	1	2	3	4	5	6	7	Die Mitglieder vernachlässigen ihre Gruppe

19. Signale ●●● ⇌

Ziele:
1. Demonstration eines strukturierten und praktikablen Verfahrens zum Austausch von Feedback
2. Hilfe für die Mitglieder bei der Lösung von Problemen im Privat- und Arbeitsbereich

Dauer:
Mit 1–2 Stunden muss für die erste Sitzung gerechnet werden. Es können weitere notwendig werden, um alle Wünsche, die von den Mitgliedern geäußert werden, zu erfassen.

Materialien:
So viele »Signal«-Formulare, dass jedes Mitglied allen anderen eines zusenden kann (ergibt zusammen N^2-n Kopien), Flipchart und Filzschreiber, Tafel und Kreide oder Moderationsausrüstung, Papier und Bleistift für jeden Teilnehmer, Klebestreifen (für Variante 3)

Ablauf:
1. Der Moderator gibt Signalformulare, Papier und Bleistift an alle Teilnehmer aus und fordert sie auf, allen anderen ein Signal zu übermitteln.
2. Die Teilnehmer werden gebeten, aufzustehen und ihre Signale auf die leeren Stühle der Empfänger zu legen.
3. Jede Person liest die empfangenen Signale durch und verhält sich still.
4. Der Moderator fordert die Mitglieder auf, die erhaltenen Signale intensiv zu diskutieren und maximale Klarheit und Einsicht zu suchen. Sie sollen genaue Aussagen machen und, wenn nötig, konkrete Beispiele von Verhaltensweisen anführen.
5. Nach der Diskussion versuchen die Mitglieder, sich für spezielle Verhaltensänderungen zu verpflichten. Aussagen wie »in Zukunft werde ich...« können dabei sehr hilfreich sein.
6. Diese Vorsätze können zur Bekräftigung auch aufgeschrieben und bekanntgegeben werden.

Varianten:
1. Wenn sich die Gruppe stark genug fühlt, können die Mitglieder versuchen, ihre Signale nur an jene Personen zu richten, mit denen sie Probleme haben.
2. Jeder Teilnehmer überlegt sich, mit wem er am liebsten seine Signale besprechen würde, und vereinbart mit dieser Person ein Gespräch unter vier Augen.
3. Die Signale werden für alle Teilnehmer sichtbar und kommentierbar aufgehängt.

Kapitel 4 *Die Übungen*

Diese Übung entstand aus einer Idee von Roger Harrison von Development Research Associates.

Signal
von...   an...
Es wäre hilfreicher und einfacher für mich, wenn Sie.
1. häufiger oder mehr...
2. weniger oder überhaupt nicht mehr...
3. weiterhin...
4. außerdem...
...tun würden.

Kapitel 4 Die Übungen

20. Verschüttet! •

Ziele:
1. Untersuchung des Einflusses von individuellen Wertsystemen und Einstellungen auf Gruppenentscheidungen
2. Beobachtung des Problemlösungsverhaltens von Gruppen
3. Praxis der Kompromißbildung in Gruppen

Gruppengrösse:
Beliebige Anzahl von Kleingruppen mit 4–7 Mitgliedern, die gleichzeitig agieren können

Materialien:
je ein Exemplar der Problembeschreibung, der biographischen Daten und der Auswertungsfragen und ein Bleistift für alle Teilnehmer, eine Kopie des Rettungsplans für jede Kleingruppe Flipchart und Filzschreiber, Tafel und Kreide oder Moderationsausrüstung

Räumliches Arrangement:
ein genügend großer Raum, so dass jede Kleingruppe für sich einen Kreis bilden kann und genügend Abstand zu den anderen behält

Ablauf:
1. Der Moderator erklärt kurz die Ziele der Übung. Die Kleingruppen bittet er, einen Kreis zu bilden und sich in ausreichendem Abstand voneinander niederzulassen, so dass sie ungestört arbeiten können (ca. 4–7 Mitglieder).
2. Alle Teilnehmer erhalten die Problembeschreibung, die biographischen Daten und einen Bleistift. Sie haben fünf Minuten Zeit, um die Unterlagen zu lesen und sich mit der Situation vertraut zu machen.
3. Danach fordert der Moderator die Kleingruppen auf, innerhalb von 45 Minuten darüber zu entscheiden, in welcher Reihenfolge die Eingeschlossenen befreit werden sollen. Dazu händigt er jeder Kleingruppe einen Rettungsplan aus.
4. Wenn die Zeit abgelaufen ist, sammelt der Moderator die Rettungspläne ein und verteilt die Auswertungsfragen.
5. Die Teilnehmer beantworten die Auswertungsfragen und tauschen ihre Meinungen untereinander aus.
6. Anhand der Auswertungsfragen diskutiert die gesamte Gruppe unter der Leitung des Moderators ihre Erfahrungen.

Bemerkungen und Varianten:
- Es können weitere Charaktertypen eingeführt werden.
- Einige Mitglieder können dazu ausersehen werden, die Entscheidungsprozesse zu beobachten und mit ihren Kommentaren bei der Besprechung der Aktivität helfend einzugreifen.
- Manche Gruppenmitglieder wollen vielleicht aus ethischen Gründen bei dieser Übung nicht mitmachen; daher sollte die Teilnahme freigestellt werden.

Problembeschreibung

Ihre Gruppe soll die Rolle eines Beirats übernehmen, der für die sozialwissenschaftlichen Projekte eines großen Forschungsinstituts verantwortlich ist. Sie wurden zu einer Krisensitzung zusammengerufen, denn einem der Projekte, für das Sie zuständig sind, droht eine Katastrophe.

Kern dieses Projekts, bei dem menschliches Verhalten in beengten Räumen untersucht wird, ist ein Experiment in einem abgelegenen Teil des Landes. An dem Experiment nehmen sechs Freiwillige teil, die sich bereit erklärt haben, vier Tage in einem weitverzweigten Höhlensystem zu verbringen. Der einzige Kontakt der Gruppe zur Außenwelt ist eine Funkverbindung zu einer Forschungsstation am Eingang der Höhle. Diese Station hat einen Notruf aus der Höhle empfangen:

Herabfallendes Gestein hat den sechs Freiwilligen den Rückweg abgeschnitten, und in der Höhle steigt das Wasser.

Das einzige einsatzbereite Bergungsteam hat gemeldet, dass eine Rettungsaktion extrem schwierig sein werde, denn mit der zur Verfügung stehenden Ausrüstung könne nur jeweils eine Person pro Stunde evakuiert werden. So müsse man damit rechnen, dass in dem schnell steigenden Wasser einige der Eingeschlossenen ertrinken würden, noch bevor sie gerettet werden können.

Über Funk wurden die Eingeschlossenen über die Gefährlichkeit ihrer Lage in Kenntnis gesetzt. Sie antworteten, dass sie es ablehnen, über die Reihenfolge ihrer Bergung zu entscheiden. Die Verantwortung für diese Entscheidung verbleibt nun bei dem zuständigen Beirat; er muss die Reihenfolge der Evakuierungen festsetzen.

Die Rettungsausrüstung wird in 50 Minuten am Höhleneingang eintreffen. Bis dahin müssen Sie das Bergungsteam mit einem Rettungsplan versehen haben – einer Rangordnung, nach der die Verschütteten befreit werden sollen. Die einzig verfügbaren Informationen stammen aus den Forschungsunterlagen und liegen Ihnen als biographische Daten vor.

Bei Ihrer Entscheidung sind Sie an keinerlei Kriterien gebunden. In spätestens 50 Minuten sollten Sie den Rettungsplan ausgefüllt und abgegeben haben.

Biographische Daten

1. Sabine, Deutsche, 34 Jahre
Sabine ist verheiratet und von Beruf Hauswirtschaftslehrerin. Ihr Mann ist Mitglied im Stadtrat. Sie war eine hoffnungsvolle Psychologiestudentin, bevor sie ihr Studium abbrach, um zu heiraten. Sabine ist Mutter von vier Kindern zwischen sieben Monaten und acht Jahren und wohnt in einer hübschen Vorortgemeinde in der Nähe der Universität. Ihre Hobbys sind Schlittschuhlaufen und Kochen. Sabine kam zu dem Experiment durch Heinz, mit dem sie ein heimliches Verhältnis hat.

2. Hatice, Türkin, 19 Jahre
Hatice ist ledig und studiert Soziologie. Ihre wohlhabenden Eltern wohnen in Istanbul; ihr Vater ist Unternehmer und eine nationale Autorität auf dem Gebiet der Ornamentik in islamischen Kirchen. Hatice ist ungewöhnlich attraktiv und hat etliche prominente Freunde in der »High Society«. Sie wurde kürzlich zusammen mit anderen Frauen in einem Dokumentarfilm über türkische Frauen porträtiert.

3. Gerhard, Deutscher, 36 Jahre
Gerhard ist verheiratet und Leiter einer Familienberatungsstelle der Caritas. Er hat fünf Kinder (6 bis 15 Jahre alt). Gerhard besuchte neben seiner beruflichen Arbeit die Fachhochschule und schloss als graduierter Sozialpädagoge ab. Lange Jahre engagierte er sich in einer radikalen Bürgerinitiative gegen die Errichtung von Kernkraftwerken. Seine Hobbys sind Photographieren und Camping mit seiner Familie.

4. Heinz, Deutscher, 35 Jahre
Heinz ist ledig und Lehrer an einem Gymnasium. Nach dem Abitur verpflichtete er sich für acht Jahre bei der Bundeswehr. Als Ausbilder war er berüchtigt. Bei einer Übung ließ er seinen Zug über einen reißenden Fluß übersetzen. Dabei kamen zwei Soldaten ums Leben. Bei der Gerichtsverhandlung konnte ihm aber keine grobe Fahrlässigkeit nachgewiesen werden. Bis zu seinem Abschied als Oberleutnant verdiente er sich einige hohe Auszeichnungen. Mit seinem Entlassungsgeld studierte er Sport und Französisch und schloss mit dem Staatsexamen ab. Seit seiner Rückkehr ins Zivilleben führt Heinz ein unstetes Leben, und er spricht mehr und mehr dem Alkohol zu. In seiner Freizeit bastelt er an alten Autos und fährt Stock-Car-Rennen.

5. Werner, Österreicher, 47 Jahre
Werner lebt geschieden und ist Professor an einer Universitätsklinik. Er ist eine internationale Kapazität auf dem Gebiet der Tollwutbehandlung und arbeitet

gerade an Laborversuchen mit einem neuartigen Präparat zur Bekämpfung von Tollwut, doch der Großteil seiner Forschungsergebnisse befindet sich noch auf diverse Notizzettel verstreut. Seine besondere Vorliebe gilt der Musik von Gustav Mahler; außerdem geht er gerne segeln. Seine Ex-Frau ist inzwischen wieder glücklich verheiratet, während er in den sechs Jahren seit der Scheidung erhebliche emotionale Probleme erlebt hat. Kinder sind keine da. Werner wurde zweimal wegen Erregung öffentlichen Ärgernisses verurteilt (das letzte Mal vor elf Monaten).

6. Eduard, Deutscher, 56 Jahre
Eduard ist verheiratet und hat zwei erwachsene Kinder, die in die Großstadt gezogen sind und dort mit ihren eigenen Familien leben. Er ist Chef einer kleinen Firma, die Computerprogramme entwickelt und 71 Beschäftigte hat. Eduard selber hat für seine Firma einen umfangreichen Vertrag ausgehandelt, und die letzten Details will er nach seiner Rückkehr regeln. Dieser Vertrag würde, wenn er unterzeichnet ist, Beschäftigung für weitere 85 Leute bringen. Eduard hat sich stark im sozialen und politischen Leben seiner Stadt engagiert; er ist Freimaurer und Mitglied des Stadtrats. Sein Hobby ist die Speläologie (Höhlenkunde), und er beabsichtigt, nach dem Experiment ein Buch über dieses Gebiet zu schreiben.

Kapitel 4 *Die Übungen*

Rettungsplan

Instruktion:
Ihre Aufgabe ist es, die sechs Eingeschlossenen nach ihrer Bergungspräferenz zu ordnen.
Tragen Sie die Namen in der Reihenfolge ein, in der sie gerettet werden sollen.

Reihenfolge der Evakuierung	Name
1	
2	
3	
4	
5	
6	

Auswertungsfragen:

1. Was waren die Hauptkriterien Ihrer Entscheidung?

2. Wie gut stimmten die Kriterien der Gruppe mit Ihren eigenen Kriterien überein?

3. Wie zufrieden sind Sie mit der Entscheidung?

4. Hatten Sie ernsthafte Meinungsverschiedenheiten mit anderen Gruppenmitgliedern? Was empfinden Sie jetzt gegenüber diesen Mitgliedern?

5. Welche Verhaltensweisen haben der Gruppe bei der Entscheidungsfindung geholfen?

6. Welche Verhaltensweisen haben die Gruppe bei der Entscheidungsfindung behindert?

Die Autoren danken Mike Woodcock, Coautor der Originalversion dieser Übung.

21. Leistung und Kontrolle •

Einleitung:
Gruppen geraten oft in Schwierigkeiten, wenn sie nicht wissen, wie sie Kontrollfunktionen – die Überwachung der Tätigkeiten und Arbeitsmethoden – und Leistungsfunktionen – das Erreichen eines Ziels innerhalb einer bestimmten Zeit – sinnvoll koordinieren können. Ein Missverhältnis zwischen den beiden Funktionen kann zu Kräfteverschwendung und Leistungsminderung führen.

Ziele:
1. Einteilung der Tätigkeiten einer Gruppe in Kontroll- und Leistungsfunktionen
2. Analyse der Arbeit einer Gruppe

Dauer:
mindestens 1 Stunde

Materialien:
eine Kopie der Übersichtstabelle und ein Bleistift für jeden Teilnehmer, Flipchart und Filzschreiber, Tafel und Kreide oder Moderationsausrüstung

Ablauf:
1. Der Moderator gibt jedem Teilnehmer eine Übersichtstabelle und einen Bleistift.
2. Die Mitglieder werden gebeten, alle wichtigen Tätigkeiten, bezogen auf einen bestimmten Zeitraum (z. B. 1 Monat), in die Übersichtstabeile einzutragen.
   - Die Mitglieder schätzen in etwa ab, wie viel Prozent ihrer gesamten Arbeitszeit ihnen für jede Tätigkeit zur Verfügung gestanden hat. Sie können dies entweder aus dem Gedächtnis niederschreiben oder, falls vorhanden, schriftliche Unterlagen zu Rate ziehen.
   - Die Mitglieder klassifizieren die Tätigkeiten entweder als Leistungs- oder Kontrollfunktion und vermerken dies in der entsprechenden Spalte.
3. In der Sitzung gibt jedes Mitglied seine Schätzungen bekannt, und der Moderator listet alle Daten an der Tafel auf.
4. Unter der Leitung des Moderators diskutiert die Gruppe die folgenden Fragen:
   - Wie ist das Verhältnis zwischen Kontroll- und Leistungsfunktionen?
   - Falls Änderungen wünschenswert sind: Was müssen wir unternehmen, um sie herbeizuführen?

Kapitel 4 *Die Übungen*

Übersichtstabelle

Wichtigste Tätigkeiten	% der Zeit	Zweck	
		Erreichen des Ziels	Kontrolle des internen Ablaufs
		% Zeit für Zielerreichung	% Zeit für Kontrollfunktionen

22. Die Erfolgskurve •

Ziele:
1. Analyse der Leistungen der Gruppe in der Vergangenheit
2. Bewertung von Erfolgen und Misserfolgen der Gruppe
3. Prognose des künftigen Erfolgs der Gruppe

Dauer:
mindestens 1,5 Stunden

Materialien:
ein Papierbogen, ca. 3 m lang, Klebeband oder ein anderes Verfahren zur Befestigung des Papierbogens an der Wand, Flipchart und Filzschreiber, Tafel und Kreide oder Moderationsausrüstung, Papier und Bleistift für jeden Teilnehmer

Räumliches Arrangement:
ein Raum mit einer großen Wandfläche

Ablauf:
1. Vor der Sitzung zeichnet der Moderator die große Version (A) des Erfolgsdiagramms (siehe Beispiel) auf dem Papierbogen ein und hängt es an die Wand.
2. Der Moderator erklärt das Erfolgsdiagramm anhand einer kleineren Version (B), die er auf einem Flipchart vorstellt. Darin zeichnet er als Beispiel eine punktierte Trendlinie ein.
3. Nachdem die Teilnehmer Papier und Bleistift erhalten haben, werden sie gebeten, das Diagramm abzuzeichnen und die Trendlinie einzutragen, die ihrer Ansicht nach die Erfolge und Misserfolge der Gruppe während der vergangenen zwölf Monate wiedergibt.
4. Wenn alle ihre Diagramme fertig haben,
    a. sammelt der Moderator die Diagramme ein und überträgt alle Trendlinien auf das kleine Diagramm B.
    b. Er schätzt die Mittelwerte der Gruppe für jeden Monat und zeichnet im Diagramm A den Durchschnittstrend der Gruppe ein.
    c. Er fordert die Mitglieder auf, alle signifikanten Abweichungen des Kurvenverlaufs zu analysieren.
    d. Er schreibt die Gründe für diese Abweichungen neben die entsprechenden Punkte auf der Kurve.
5. Die Gruppe überlegt sich Ereignisse, die im Lauf der nächsten Zeit auf sie zukommen werden, und erweitert das Erfolgsdiagramm nach rechts. Sie versucht, ihre Chancen für eine erfolgreiche Bewältigung dieser Ereignisse zu prognostizieren und trägt die voraussichtliche Erfolgskurve im Diagramm ein.

Kapitel 4 Die Übungen

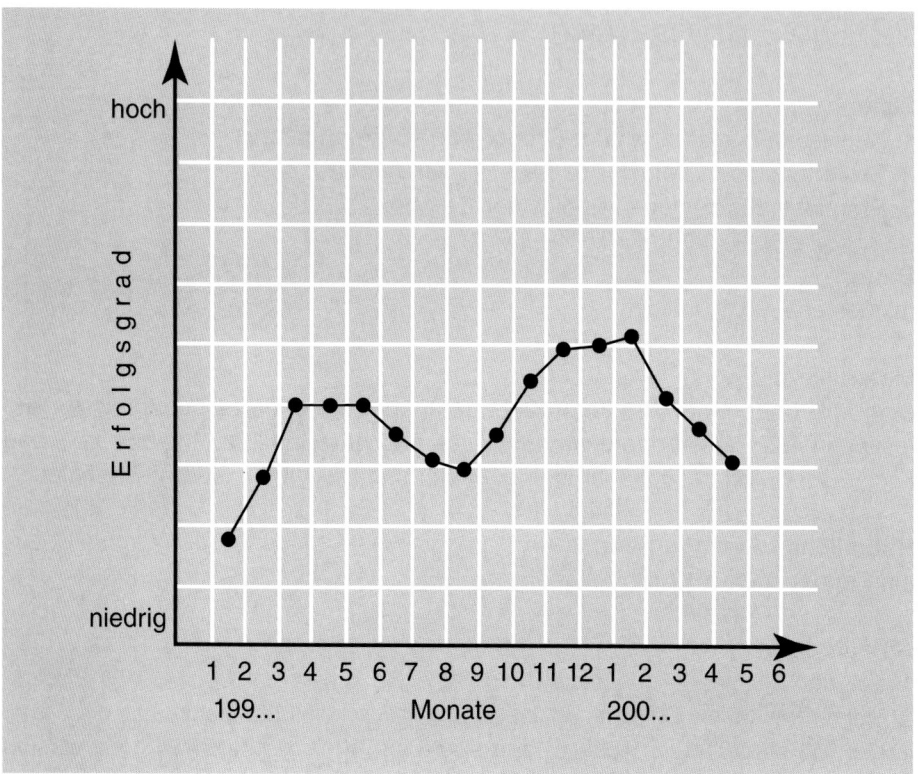

Abb. 9: Die Erfolgskurve

23. Rostopschin •

Ziele:
1. Analyse der Leistungsfähigkeit einer Gruppe bei der Lösung einer Aufgabe innerhalb einer kurzen Zeitspanne
2. Beobachtung der Wirkung von Feedback auf die Leistung

Dauer:
1,5 Stunden

Materialien:
eine Kopie der Auswertungsfragen und ein Bleistift für jeden Teilnehmer, zehn gleichwertige Münzen, ein Paket Spielkarten und eine große Tüte Bonbons, Flipchart und Filzschreiber, Tafel und Kreide oder Moderationsausrüstung

Räumliches Arrangement:
ein Raum für die Sitzung und ein kleiner Raum, in dem die Gutachter warten können; im Sitzungsraum sollte ein Tisch zur Ablage der Spielmaterialien vorhanden sein.

Vorbereitung:
Es müssen vor der Übung zwei Personen ausfindig gemacht werden (keine Gruppenmitglieder), die in der zweiten Phase als Gutachter auftreten. Unterrichten Sie die beiden über Inhalt und Dauer ihrer Aufgabe.

Ablauf:

Phase I:
Der Moderator informiert die Gruppe, dass sie 40 Minuten Zeit hat, um ein neues Spiel namens »Rostopschin« zu erfinden. Dabei darf sie nur die vorhandenen Materialien verwenden; sie muss Spielregeln festsetzen und sich darauf vorbereiten, das Spiel zwei Gutachtern zu erklären, die in 40 Minuten die Gruppe besuchen werden.

Phase II:
a. Die Gutachter treten ein und werden aufgefordert, das neue Spiel 10 Minuten lang auszuprobieren.
b. Danach sollen die Gutachter die Stärken und Schwächen des neuen Spiels beurteilen und dann den Raum wieder verlassen (ca. 15 Min.).

Phase III:
Der Moderator beauftragt die Gruppe, innerhalb von 15 Minuten das »Rostopschin« unter Berücksichtigung der Gutachterurteile zu verbessern.

Kapitel 4 *Die Übungen*

Phase IV:
Die Gutachter kehren zurück und spielen nochmals 10 Minuten mit revidierten Spielregeln.

Phase V:
Der Moderator verteilt die Auswertungsfragen und leitet zum gemeinsamen Erfahrungsaustausch über.

Auswertungsfragen:

1. Auf welche Weise hat die Gruppe ihre Erfolgsmotivation gezeigt?

2. Welche Verhaltensweisen wirkten sich positiv oder negativ auf die Leistung aus?

3. Wer hat Führungsfunktionen übernommen, und wer hat die Gruppe zur Leistung angetrieben?

4. Wurden in den Regeln besonders hohe Leistungsanforderungen an die Spieler eingebaut?

24. Standortbestimmung •

Ziel:
Definition der Rolle einer Gruppe im Unternehmen und Analyse ihrer Beziehungen zu anderen Gruppen (Diese Übung ist besonders geeignet für Gruppen, die in einer Dienstleistungs- oder Serviceeinheit arbeiten.)

Dauer:
mindestens 1,5 Stunden

Materialien:
Flipchart, Filzschreiber und Klebeband, Tafel und Kreide oder Moderationsausrüstung, Papier und Bleistift für alle Teilnehmer

Vorbereitung:
Wenn die Gruppe mit dem Ablauf einer solchen Übung nicht vertraut ist, will sie vielleicht einen externen Trainer engagieren, der bereits einige Erfahrungen mit Problemlösung in Gruppen besitzt. Seine Aufgabe ist es, der Gruppe Informationen zu vermitteln und systematisch Fragen zu stellen, mit deren Hilfe sie zu klaren Antworten und Schlussfolgerungen gelangen kann.

Ablauf:
1. Der Moderator gibt Papier und Bleistift aus und bittet die Mitglieder, individuell folgende Fragen zu beantworten:
   a. Worin besteht der Beitrag unserer Gruppe zum Wohl und zur Sicherheit des Unternehmens?
   b. Welche drei oder vier Leistungen sind charakteristisch für unsere Gruppe und unterscheiden uns von allen anderen?
   c. Welche drei oder vier Aufgaben sollten wir mit anderen Gruppen gemeinsam erledigen?
2. Wenn alle ihre Antworten aufgeschrieben haben, überträgt der Moderator bzw. Trainer die Antworten auf Plakate und hängt sie auf. Dann wird der Gruppe genügend Zeit gelassen, sich mit den Aussagen vertraut zu machen.
3. Die Gruppe diskutiert unter der Leitung des Moderators die Aussagen und untersucht sie auf:
   a. gemeinsame Merkmaie und
   b. Unterschiede.
4. Wenn Meinungsunterschiede auftreten, versucht die Gruppe, sich zu einigen und eine gemeinsame Liste ihrer Aufgaben und Leistungen zu erstellen.
5. Die gemeinsame Liste bildet die »Beschreibung des Stellenwerts der Gruppe im Unternehmen«, und sie kann ggf. den anderen Gruppen mitgeteilt werden.

25. Orgavigation •

Ziele:
1. Positionsbestimmung einer Gruppe innerhalb der Organisation
2. Analyse der Beziehungen zu anderen Gruppen

Dauer:
bis zu 2 Stunden

Materialien:
Flipchart, Filzschreiber in mindestens drei verschiedenen Farben und Klebeband, Tafel und Kreide oder Moderationsausrüstung

Räumliches Arrangement:
ein Raum mit ausreichend Wandfläche

Ablauf:
1. Wenn die Übung ohne externen Berater durchgeführt wird, sollte der Gruppenleiter oder ein Gruppenmitglied als Moderator fungieren.
2. Der Moderator erklärt, dass die Gruppe eine Skizze entwerfen soll, auf der sie ihre Beziehungen zu anderen Gruppen graphisch darstellt. Der Moderator malt einen Kreis in die Mitte des Plakats, der die anwesende Gruppe symbolisieren soll.
3. Die Mitglieder nennen andere Gruppen innerhalb des Unternehmens, zu denen sie Beziehungen unterhalten. Diese Gruppen werden als kleinere Kreise auf dem Plakat eingetragen (siehe Beispielskizze, Abb. 10).
4. Die Gruppe klassifiziert ihre Beziehungen zu anderen Gruppen nach folgenden Kriterien:
   – Intensität und Häufigkeit der Beziehung: Dies kann durch Verbindungslinien zwischen den Kreisen wiedergegeben werden; d. h., eine dreifache durchgezogene Linie bedeutet, dass die Kontakte häufig oder wichtig sind, eine einfache gestrichelte Linie heißt, dass sie selten oder unwichtig sind.
   – Richtung der Beziehung: Beispiel: Unsere Arbeit ist Basis für .../Zwischenstufe von... für.../Endstufe von...; dies kann durch Richtungspfeile deutlich gemacht werden.
   – Ggf. können die Verbindungslinien durchnummeriert und mit Bemerkungen bezüglich Richtung, Zweck und Funktionsfähigkeit der Beziehung auf einem gesonderten Plakat aufgezeichnet werden.
5. Wenn die Skizze vollständig ist, sollte sie von den Teilnehmern nochmals kontrolliert werden, um sicherzugehen, dass alles stimmt und keine wichtigen Gruppen vergessen worden sind.

6. Danach beschäftigen sich die Mitglieder mit folgenden Fragen und schreiben die Antworten dazu auf:
   – Sollten wir den Kontakt zu diesen Gruppen
     • vermehren
     • verbessern
     • aufnehmen oder abbrechen?
   Welche Mitglieder der Gruppe würden davon besonders betroffen werden?

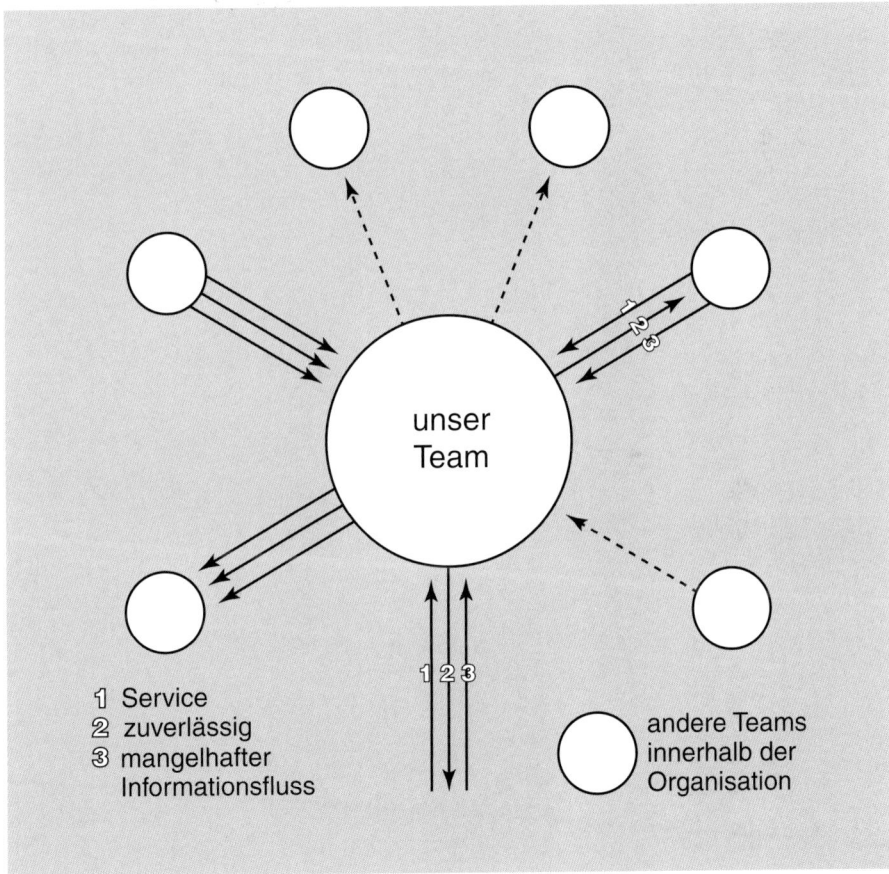

Abb. 10: Orgavigations-Diagramm

– Was möchten wir gerne tun, um
  • einen besseren Service zu leisten?
  • einen besseren Service zu erhalten?
  • die Kontakte vorteilhafter oder positiver zu gestalten?
  Sind dies Aufgaben des Gruppenleiters, der ganzen Gruppe oder einzelner Gruppenmitglieder?

Weitere Möglichkeiten:
1. Die Skizze kann auch den anderen Gruppen gezeigt werden, um so die Gelegenheit für einen gemeinsamen Meinungsaustausch über die Qualität der gegenseitigen Beziehungen herbeizuführen.
2. Die Skizze kann als Grundlage für einen Maßnahmenkatalog zur Verbesserung der Beziehungen zu anderen Gruppen verwendet werden.

26. Auf Herz und Nieren •

Ziel:
Legitimation einer Gruppe als unentbehrlicher Bestandteil eines Unternehmens

Dauer:
2 Stunden

Materialien:
Flipchart und Filzschreiber, Tafel und Kreide oder Moderationsausrüstung, Papier und Bleistift für jeden Teilnehmer

Ablauf:
1. Der Moderator schildert der Gruppe folgende Situation:
   Seit kurzer Zeit leitet ein neuer Vorstandsvorsitzender die Geschicke des Unternehmens XY. Er hat den Ruf eines eiskalten, erbarmungslos zupackenden Managers. Sein Spezialgebiet ist die Rationalisierung von Kosten und Arbeitsplätzen, und damit hat er in der Vergangenheit auch schon beträchtliche Erfolge erzielt. Einige seiner »chirurgischen Eingriffe« verliefen allerdings weniger glücklich, denn sie führten geradewegs zum Bankrott der betreffenden Firma.
   Der neue Vorstandsvorsitzende macht den Eindruck eines Mannes von unheimlicher Dynamik und Tatkraft, der nur darauf bedacht ist, Budgets zu kürzen und die Belegschaft zu reduzieren. Es heißt, die einzige Möglichkeit, ihn zu beeindrucken, seien starke, wohldurchdachte, logisch zwingende Argumente.
   Der neue VV hat in den vergangenen sechs Monaten, seitdem er bei XY ist, ohne mit der Wimper zu zucken, ganze Abteilungen aufgelöst. Gerüchteweise ist verlautet, dass Ihre Gruppe als nächste auf der »Schwarzen Liste« steht. Es ist jetzt 9.30 Uhr; um 11.00 hat Ihr Chef einen Termin beim neuen VV. Er soll ihm genau begründen, welche Berechtigung Ihre Gruppe in diesem Unternehmen hat.

Kapitel 4 *Die Übungen*

2. Der Moderator verteilt Papier und Bleistift und stellt der Gruppe folgende Aufgaben:

> - Sie haben eine Stunde Zeit, ein Plädoyer für Ihre Gruppe vorzubereiten. Sie müssen hieb- und stichfest beweisen können, dass Ihre Gruppe für dieses Unternehmen lebenswichtig ist. Rechnen Sie damit, dass die ganze Gruppe aufgelöst und entlassen wird, wenn Ihre Argumente nicht stark genug sind.
> - Bei der Vorbereitung dieses Plädoyers sollen Sie folgende Punkte im Auge behalten:
>   - die Ziele des Unternehmens
>   - Ihre spezielle Aufgabe im Unternehmen
>   - eine Kosten-Nutzen-Analyse für die Erhaltung und Auflösung Ihrer Gruppe
>   - die Konsequenzen für das Unternehmen, wenn Ihre Gruppe aufgelöst wird
>   - die Konsequenzen einer teilweisen Auflösung der Gruppe.

3. Die größte Wirkung läßt sich mit dieser Aktivität dann erzielen, wenn das Plädoyer so realistisch wie möglich durchgespielt wird, d. h., wenn das Plädoyer gegenüber einer starken und eindrucksvollen Persönlichkeit, die nicht aus der Gruppe kommt, gehalten wird. Diese Person kann über das Ziel der Aktivität informiert werden und sich folgende Fragen stellen: »Wenn ich als Vorstandsvorsitzender dieses Plädoyer hören würde,
   - würde ich weitere Informationen verlangen?
   - wäre ich danach überzeugt, dass diese Gruppe unentbehrlich für das Unternehmen ist? Wenn nicht, was würde mich überzeugen?
   - worin besteht die besondere, lebenswichtige Leistung dieser Gruppe?
   - müsste die Gruppe meiner Ansicht nach ihre Leistungen verbessern? Wenn ja, auf welchen Gebieten?«

4. Am Ende des Plädoyers bittet der Moderator die Mitglieder, Folgendes zu überlegen:
   - Ist den Mitgliedern die Rolle und Bedeutung ihrer Gruppe für das Unternehmen klargeworden?
   - Gab es bei der Vorbereitung des Plädoyers irgendwelche Meinungsverschiedenheiten?
   - Was haben die Mitglieder über ihre Rollen erfahren?
   - Wäre es nützlich, die Ergebnisse mit anderen Gruppen zu vergleichen?
   - Was könnte die Gruppe tun, um ihre Bedeutung im Unternehmen zu erhöhen?

27. Wie gut sind Ihre Sitzungen? •

Ziel:
Analyse der Vorbereitung und des Verlaufs von Gruppensitzungen und ggf. Maßnahmen zu ihrer Verbesserung

Dauer:
mindestens 1 Stunde

Materialien:
eine Kopie des Fragebogens und ein Bleistift für jeden Teilnehmer, Flipchart und Filzschreiber, Tafel und Kreide oder Moderationsausrüstung

Ablauf:
1. Der Moderator teilt Fragebögen und Bleistifte an die Mitglieder aus und bittet sie, den Fragebogen gemäß den Instruktionen zu beantworten.
2. Wenn die Mitglieder ihre Fragebögen ausgefüllt haben, entscheiden sie sich, ob sie die Antworten mit oder ohne Namen bekanntgeben wollen.
3. Der Moderator zählt die Gesamtpunktwerte der Statements zusammen und schreibt sie der Reihe nach an die Tafel, das Statement mit der höchsten Punktzahl an die Spitze.
4. Die Gruppe nimmt sich das erste Statement vor und überlegt sich Möglichkeiten, wie das Problem bis zur nächsten Sitzung beseitigt werden könnte. Auf diese Weise verfährt die Gruppe auch bei weiteren Sitzungen, so dass alle Probleme der Reihe nach abgearbeitet werden.

Fragebogen

Instruktion:
Bewerten Sie bitte jede der untenstehenden Aussagen anhand der vorgegebenen Skala. Tragen Sie den Punktwert, der Ihrer Ansicht am nächsten kommt, in das entsprechende Feld ein:

Aussage	4 Stimmt	2 Stimmt manchmal	0 Stimmt nicht
1. Es ist oft nicht klar, weshalb wir zusammenkommen.			
2. Wir halten nicht fest, was wir bis zum Ende einer Sitzung erreicht haben wollen.			
3. Wir bereiten uns nicht genügend auf unsere Sitzungen vor.			
4. Wir kontrollieren zu wenig unsere Fortschritte während der Sitzung.			
5. Unsere Sitzungstermine liegen nicht besonders günstig.			
6. Ideen und Argumente gehen oft verloren oder geraten in Vergessenheit.			
7. Wir stimmen uns nicht ab, welche Tagesordnungspunkte Vorrang haben.			
8. Triviale und wichtige Fragen nehmen oft gleich viel Zeit in Anspruch.			
9. Wir schweifen oft ab.			
10. Die Konzentration und Aufmerksamkeit der Teilnehmer lässt zu wünschen übrig.			
11. Manchmal sind mehrere Sitzungen, wenn eine einzige Sitzung sein sollte.			
12. Es kümmert uns wenig, was wir beschlossen haben und wie wir diese Beschlüsse in die Tat umsetzen wollen.			

28. Weg-Ziel-Analyse •

Ziel:
Problemlösungsstrategie: Definition von Zielen und Vorbereitung von Maßnahmen

Dauer:
1,5 Stunden

Materialien:
Flipchart, Filzschreiber und Klebeband, Tafel und Kreide oder Moderationsausrüstung

Ablauf:
1. Der Moderator bittet die Mitglieder, sich anhand des Beispieldiagramms mit der Weg-Ziel-Analyse vertraut zu machen. Dieses Beispiel dient nur dazu, die Technik in groben Zügen zu demonstrieren.
2. Der Moderator lässt die Gruppe ein Thema auswählen, mit dem sie es gerade zu tun hat, und schreibt es in die Problem-Box in die Mitte des Plakats.
3. Die Gruppe überlegt sich die Motive (Ziele), die sie zur Beschäftigung mit diesem Thema veranlasst haben, und versucht auf die Frage »Wozu?« möglichst viele Antworten zu finden.
Der Moderator trägt alle Antworten auf dem oberen Teil des Plakats ein und fragt so lange weiter, bis alle Ziele oder Absichten genannt sind; zur besseren Übersicht kann der Moderator jede Antwort in ein Kästchen fassen. Sollten mehrere Plakate beschrieben werden, hängt er diese für alle sichtbar auf.
4. Die Gruppe bespricht die »Wozu«-Antworten, prüft nach, ob die Ziele alle notwendig sind, und kennzeichnet diejenigen, die besondere Aufmerksamkeit verdienen.
5. Die Gruppe versucht dann, die »Wie?«-Fragen zu beantworten. Der Moderator schreibt die Vorschläge der Mitglieder im unteren Teil des Plakats auf und ordnet die verschiedenen »Stränge« nach ihrer Priorität im Hinblick auf die Vorbereitung von konkreten Maßnahmen.
6. Wenn alle Vorschläge an der Tafel stehen, werden sie anhand der folgenden Fragen geprüft:
   a. Sind alle diese Maßnahmen notwendig, um die Ziele zu erreichen?
   b. Reichen diese Maßnahmen für unsere Zwecke aus?

Variante:
Die Gruppe kann auf andere Weise zu einem Maßnahmenkatalog kommen, indem sie nämlich die jeweils oberste Stufe eines Maßnahmenstranges durch Brainstorming vertieft.

Kapitel 4 Die Übungen

Das Beispieldiagramm »Weg-Ziel-Analyse«
finden Sie auf der nächsten Seite.

(Die im Diagramm aufgeführten Ziffern sind ein Beispiel für einen Maßnahmenkatalog, der nach Prioritäten geordnet ist.)

Kapitel 4 *Die Übungen*

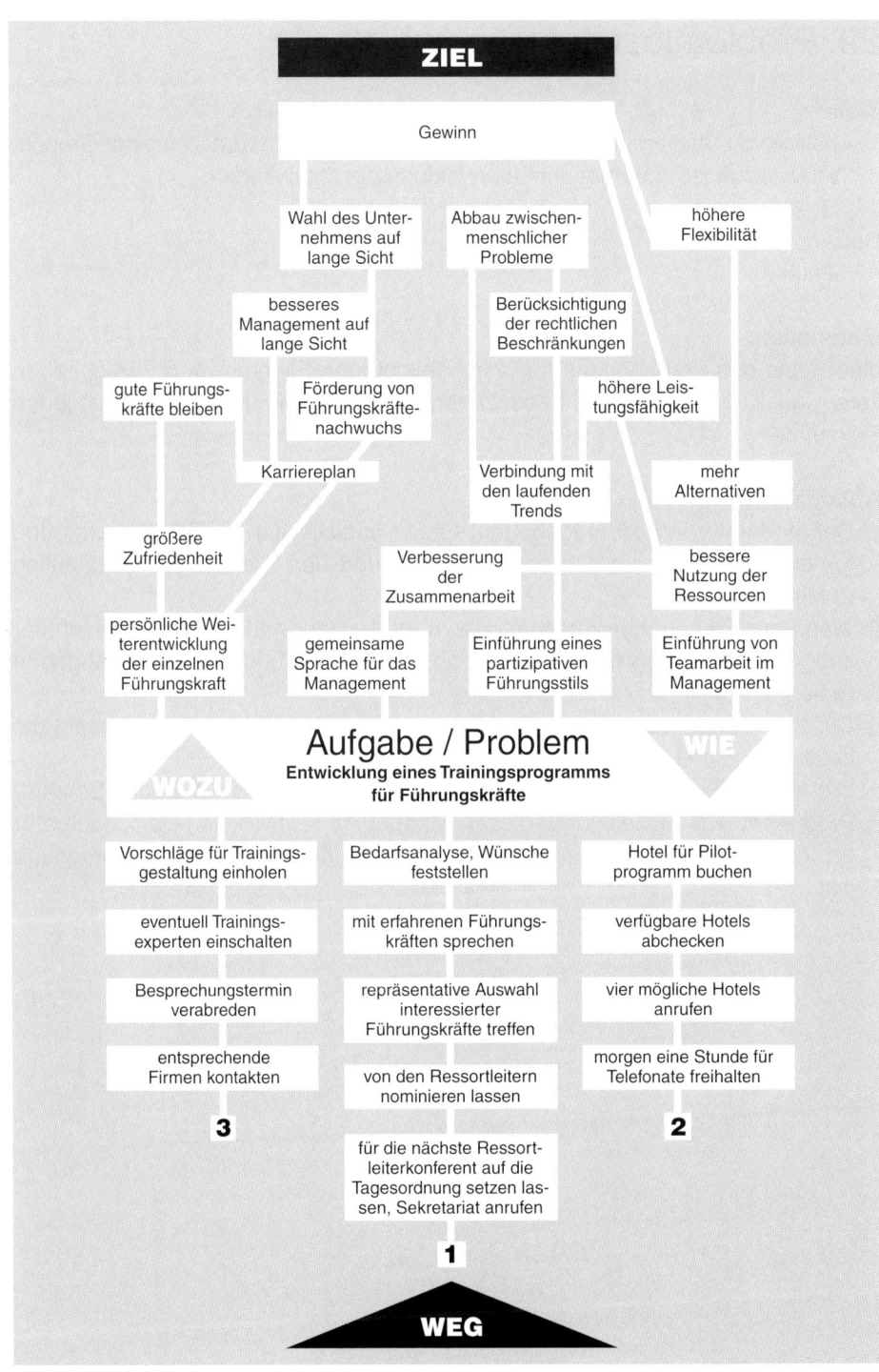

29. Problemlösungsinventar ●● ⇌

Ziele:
1. Analyse von Stärken und Schwächen im Problemlösungsverhalten einer Gruppe
2. Verbesserungsprogramm zur Überwindung der Schwächen

Dauer:
45 Minuten

Materialien:
eine Kopie des Fragebogens für jeden Teilnehmer, Flipchart und Filzschreiber, Tafel und Kreide oder Moderationsausrüstung, Papier und Bleistift für jeden Teilnehmer

Ablauf:
1. Der Moderator verteilt Fragebogen, Papier und Bleistift an alle Mitglieder und fordert sie auf, die Instruktionen zu lesen und den Fragebogen auszufüllen (5 Min.).
2. Wenn der Fragebogen ausgefüllt ist, fragt der Moderator, ob die Teilnehmer ihre Antworten mündlich berichten oder ihre Fragebögen anonym abgeben wollen.
3. Der Moderator lässt sich die Resultate geben, schreibt sie auf und sucht die beiden Items mit der niedrigsten Punktzahl aus (10 Min.).
4. Die Mitglieder besprechen diese Items und versuchen, ein Sechs-Schritte-Programm zur Beseitigung dieser Mängel zu entwickeln. Der Moderator schreibt die Vorschläge auf und bringt sie zur nächsten Dienstbesprechung mit.

Fragebogen

Instruktion:
Bitte beurteilen Sie die letzte Dienstbesprechung Ihrer Gruppe. Machen Sie einen Kreis um die Zahl, die Ihrer Meinung am ehesten entspricht.

keine Systematik, mangelhafte Führung	1	2	3	4	5	6	7	methodisch, gute Führung
Ziele nicht definiert	1	2	3	4	5	6	7	klare Ziele, mit denen alle einverstanden sind
Organisation nicht auf die Aufgabe abgestimmt	1	2	3	4	5	6	7	Organisation flexibel und der Aufgabe angepasst
keine Erfolgskriterien vorhanden	1	2	3	4	5	6	7	klare Erfolgskriterien aufgestellt
Informationen zu wenig berücksichtigt	1	2	3	4	5	6	7	Informationen genau analysiert
oberflächliche Planung	1	2	3	4	5	6	7	gründliche, sinnvolle Vorbereitung
Maßnahmen erfolglos	1	2	3	4	5	6	7	Maßnahmen wirkungsvoll und adäquat
kein Versuch, aus den Fehlern zu lernen	1	2	3	4	5	6	7	eingehende Kritik, um aus den Fehlern zu lernen
Zeit vertrödelt	1	2	3	4	5	6	7	Zeit gut genützt
Teilnehmer desinteressiert oder destruktiv	1	2	3	4	5	6	7	jeder hat konstruktiven Anteil

30. Ziele und Vorsätze ●●

Ziele:
1. Definition der Aufgaben einer Gruppe
2. Erforschung von Möglichkeiten, wie die Mitglieder ihre persönlichen Ziele in den Dienst der Gruppe stellen können

Dauer:
eine halbe Stunde für die individuelle Vorbereitung und eine Stunde für die Gruppendiskussion; es können zwei oder mehr Sitzungen erforderlich sein, bis ein zufriedenstellendes Ergebnis erzielt ist.

Materialien:
eine Kopie der »Ziele und Vorsätze« und ein Bleistift für die Teilnehmer, Flipchart, Filzschreiber und Klebeband, Tafel und Kreide oder Moderationsausrüstung

Ablauf:
1. Die Gruppe trifft sich kurz, um die Vorbereitungen für die eigentliche Sitzung zu treffen. Der Moderator gibt die »Ziele und Vorsätze« an die Mitglieder aus und bittet sie, die Fragen bis zur nächsten Sitzung zu beantworten.
2. Zu Beginn der Sitzung liest jeder Teilnehmer seine Antworten auf die Frage 1 (Gemeinsame Ziele) vor.
3. Die Gruppe bespricht die Aussagen und versucht, einen Aufgabenkatalog zu verfassen, mit dem sich alle Teilnehmer einverstanden erklären.
4. Jeder Teilnehmer erläutert nun seine Persönlichen Vorsätze (Frage 2) und überlegt sich, ob diese mit dem gemeinsamen Aufgabenkatalog im Einklang stehen.
5. Wenn es sich herausstellt, dass einige Vorsätze nicht länger haltbar sind, wird die Sitzung vertagt, um den Mitgliedern Gelegenheit zu geben, ihre Vorsätze zu revidieren.
   Nach ca. vier Wochen trifft sich die Gruppe dann erneut, um ihre Vorsätze nochmals zu überprüfen.

Kapitel 4 Die Übungen

Ziele und Vorsätze

1. Gemeinsame Ziele

> Die wichtigsten Aufgaben unserer Gruppe lauten:

2. Persönliche Vorsätze

Während der nächsten (sechs Monate, neun Monate, ein Jahr, zwei Jahre, wie Sie wünschen) will ich mir für meine Arbeit Folgendes vornehmen:

Vorsatz	bis wann erfüllt?	Erfolgs-Kriterien	Gewinn für die Gruppe
1.			
2.			

31. Kommunikation im Team ●● ⇌

Ziele:
1. Analyse von Kommunikationsstörungen in der Gruppe
2. Planen von Maßnahmen zur Behebung von Kommunikationsstörungen

Dauer:
1,5 Stunden plus individuelle Vorbereitung

Materialien:
Flipchart, Filzschreiber und Klebeband, Tafel und Kreide oder Moderationsausrüstung, Papier und Bleistift für jeden Teilnehmer

Ablauf:
1. Der Moderator verteilt Papier und Bleistift und zeichnet folgendes Schema an die Tafel:

Kommunikationsschwierigkeiten in der Gruppe: 3 Beispiele

Beispiel	Wirkung auf mich
1.	
2.	
3.	

2. Der Moderator fordert die Teilnehmer auf, der Vorlage entsprechend drei konkrete Beispiele für mangelnde Kommunikation in der Gruppe aufzuschreiben.
3. Die Teilnehmer berichten ihre Beispiele, und der Moderator schreibt sie an die Tafel.
4. Der Moderator assistiert der Gruppe bei der Auswertung der Beispiele und bei der
   - Zusammenstellung der Kommunikationsprobleme, deren Ursachen oder Wirkungen vergleichbar sind;
   - Einschätzung ihrer Dringlichkeit;
   - Diskussion und Entscheidung darüber, was man tun könnte, um solche Vorkommnisse in Zukunft zu verhindern.

32. Startschuss •

Ziele:
1. Prüfung von verschiedenen Arbeits- und Organisationsformen
2. Beobachtung der Kooperationsfähigkeit der Mitglieder

Dauer:
mindestens 1,5 Stunden, inkl. Auswertung

Materialien:
Instruktionen, Auswertungsfragen Bleistifte für alle Teilnehmer, Flipchart und Filzschreiber, Tafel und Kreide oder Moderationsausrüstung

Ablauf:
1. Jeder Teilnehmer erhält die Instruktionen und einen Bleistift.
   (Die Instruktionen können auch an die Tafel geschrieben werden.)
2. Wenn die Teilnehmer die Instruktionen gelesen haben, beginnen sie mit den Aufgaben.
3. Nach 50 Minuten verteilt der Moderator die Auswertungsfragen und bittet die Teilnehmer, diese zu beantworten.
4. Mit Hilfe der Auswertungsfragen besprechen die Teilnehmer ihre Erfahrungen (40 Min.).

Instruktion:
Ihrer Gruppe wurde soeben ein Projekt übertragen, das den großen Durchbruch bringen könnte, auf den Sie schon so lange gewartet haben. Ihre Firma hat eine neue Anlage gekauft, mit der man Hundefutter nach dem revolutionären »Frolic-Frio-Verfahren« herstellen kann. Der Vorstand ist überzeugt davon, dass ihm damit der große Coup auf dem Hundefuttermarkt gelingen wird. Die Firma ist maschinell voll ausgerüstet; was ihr noch fehlt, sind 120 Arbeitskräfte. Ihre Gruppe, so lautet der Auftrag, soll die Produktion in Gang bringen und ein Jahr lang führen. Sie haben 50 Minuten Zeit, sich mit dem Projekt vertraut zu machen und folgende Fragen zu beantworten:

1. Welche Funktionen und Titel sollen die Gruppenmitglieder erhalten?

2. Wie wollen Sie die vielen Entscheidungen bewältigen, die auf Sie zukommen werden?

3. Wie wollen Sie Kompetenzen verteilen und Meinungsverschiedenheiten klären?

4. Mit welchen Fragen werden Sie sich die nächsten zwei Monate in Ihren Sitzungen beschäftigen?

Auswertungsfragen:

1. Sind Sie mit Ihrer Rolle zufrieden?

2. Halten Sie den Führungsstil, den Sie gewählt haben, für sinnvoll?

3. Klappt der Informationsfluss?

4. Sind Sie zufrieden mit den vorgeschlagenen Rollendefinitionen und Konfliktlösungen?

5. Glauben Sie, dass die Gruppe den Betrieb erfolgreich führen kann?

33. Entscheidungstypen ●●

Ziele:
1. Analyse des Entscheidungsverhaltens in der Gruppe
2. Verbesserungen im Entscheidungsprozess einer Gruppe

Dauer:
1 Stunde oder länger

Materialien:
ein Exemplar des Kontrollregisters und des Auswertungsschemas und ein Bleistift pro Teilnehmer, Flipchart und Filzschreiber, Tafel und Kreide oder Moderationsausrüstung

Einleitung:
Eine wichtige Frage bei der Untersuchung des Entscheidungsverhaltens von Gruppen lautet: Wer entscheidet letztlich? Daraus lassen sich fünf verschiedene Entscheidungstypen ableiten:

Typ 1: Einzelentscheidung: Eine Person, üblicherweise der Vorgesetzte, fällt die Entscheidung. Von den übrigen Beteiligten wird erwartet, dass sie sich an diese Entscheidung gebunden fühlen.

Typ 2: Minderheitsentscheidung: Ein paar der Betroffenen setzen sich zusammen, besprechen das Problem und treffen eine Entscheidung, die für alle gilt.

Typ 3: Mehrheitsentscheidung: Mehr als die Hälfte der Beteiligten fasst den Beschluss; dieser ist für alle Betroffenen verpflichtend. Viele politische und gesellschaftliche Organisationen verfahren nach diesem Prinzip.

Typ 4: Kompromissentscheidung: Alle Mitglieder einer Gruppe legen ihre Argumente dar und versuchen, in einem vernünftigen Gespräch eine Entscheidung zu finden, mit der sich alle, zumindest teilweise, identifizieren können.

Typ 5: Einstimmige Entscheidung: Alle Beteiligten sind mit dem Vorschlag einverstanden und können den Beschluss voll unterschreiben.

Wenn man an einer Entscheidung selber mitgewirkt hat, ist man eher bereit, diese Entscheidung zu tragen, als wenn irgendeine Person oder Clique eine Entscheidung zu ihren Gunsten diktiert. Deshalb nimmt von Typ 1 (Einzelentscheidung) nach Typ 5 (Einstimmige Entscheidung) das Engagement der Mitglieder zu, gleichzeitig aber auch die Schwierigkeiten, eine Einigung zu erzielen.

Ablauf:
1. Der Moderator gibt anhand der oben geschilderten Informationen einen Überblick über das Thema.
2. Jeder Teilnehmer erhält das Kontrollregister, das Auswertungsschema und einen Bleistift.
3. Die Teilnehmer füllen das Kontrollregister und das Auswertungsschema aus.
4. Der Moderator fordert jeden Teilnehmer einzeln auf, den Entscheidungstyp zu nennen, der ihm am liebsten ist, und seine Wahl kurz zu begründen.
5. Der Moderator schreibt alle Antworten an die Tafel und ordnet sie nach ihrer Häufigkeit.
6. Die Teilnehmer versuchen, sich auf einen gemeinsamen Entscheidungstyp für ihre Gruppe zu einigen. Wenn dies gelungen ist, können sie nach Möglichkeiten suchen, wie sie das gewählte Entscheidungsverfahren in der nächsten Sitzung verwirklichen wollen.

Kontrollregister: Wie entscheiden wir?

Instruktion:
Denken Sie bitte über die Art und Weise nach, in der Sie Ihre Entscheidungen treffen. Lesen Sie dann alle Aussagen durch, und wählen Sie die fünf aus, die für Ihre Gruppe typisch sind. Wenn Sie sich entschieden haben, nehmen Sie bitte das Auswertungsschema zur Hand.

Kapitel 4 *Die Übungen*

1. Wenn Entscheidungen anstehen, setzen sich einige von uns zusammen und nehmen sich der Sache an.

2. Normalerweise entscheidet der Vorgesetzte, und damit hat sich's.

3. Jeder hat eine Chance, seine Meinung zu äußern.

4. Es ist bezeichnend für uns, dass jeder bis zu einem gewissen Maß mit der getroffenen Entscheidung konform geht.

5. Bei uns entscheidet häufig die Mehrheit.

6. Derjenige, der die Verantwortung hat, entscheidet letztlich.

7. Oft erklären sich alle freiwillig mit einem Vorschlag einverstanden und unterstützen ihn mit voller Überzeugung.

8. Es gibt eine kleine Clique, die alles regelt.

9. Wenn die Mehrheit der Mitglieder auf einer Linie liegt, wird ein Beschluss herbeigeführt.

10. Wir fassen keinen Beschluss, solange nicht jeder völlig einverstanden ist.

11. Die Leute können frei ihre Meinung sagen, aber der Chef entscheidet.

12. Ein paar Mitglieder beherrschen die Gruppe.

13. Eine Entscheidung wird erst dann gefällt, wenn jeder sie bis zu einem gewissen Grad akzeptieren kann.

14. Zahlenmäßige Überlegenheit ist Voraussetzung für eine Entscheidung.

15. Alle Mitglieder unterstützen aktiv die Entscheidung.

Auswertungsbogen

Wenn Sie Ihre fünf Aussagen gewählt haben, machen Sie bitte einen Kreis um die jeweilige Nummer, und zählen Sie die Anzahl der Kreise in jeder Zeile zusammen. Der höchste Punktwert entspricht dem vorherrschenden Entscheidungstyp in Ihrer Gruppe.

Nummer der Aussage	Summe	Entscheidungstyp
2 – 6 – 11		Dominanz eines Einzelnen
1 – 8 – 12		Dominanz einer Minderheit
5 – 9 – 14		Demokratie
3 – 4 – 13		Kompromiss
7 – 10 – 15		Einstimmigkeit

34. Neigungen und Abneigungen ••

Ziele:
1. Kritische Betrachtung einer Gruppe
2. Beschreibung der grundsätzlichen Sympathien und Antipathien der Mitglieder gegenüber ihrer Gruppe
3. Maßnahmen zur Stärkung der positiven Beseitigung der negativen Eigenschaften in einer Gruppe

Dauer:
1 Stunde

Materialien:
eine Kopie der »Neigungen und Abneigungen« und ein Bleistift für jeden Teilnehmer, Flipchart, Filzschreiber und Klebeband, Tafel und Kreide oder Moderationsausrüstung

Ablauf:
1. Der Moderator gibt jedem Mitglied ein Exemplar der »Neigungen und Abneigungen« und einen Bleistift. Dann bittet er, auf jede der beiden Aussagen bis zu sechs Antworten zu suchen.
2. Wenn die Teilnehmer fertig sind, fragt der Moderator, ob sie ihre Antworten mündlich berichten und ihre persönlichen Ansichten der Gruppe offen darlegen wollen oder ob sie lieber ihre Blätter anonym abgeben und eine mehr allgemeine Diskussion führen wollen.
3. Wenn sich die Gruppe für die allgemeine Diskussion entschieden hat, werden die Blätter aufgehängt, und die Teilnehmer analysieren Gemeinsamkeiten und Unterschiede in ihren Antworten.
   Der Moderator registriert die am häufigsten genannten Neigungen und Abneigungen.
4. Die Gruppe überlegt sich, was sie tun kann, um die positiven Faktoren zu verstärken und die negativen zu beseitigen, und erstellt unter Anleitung des Moderators einen Maßnahmenkatalog.

Neigungen und Abneigungen

An dieser Gruppe gefällt mir...

1.

2.

3.

4.

5.

6.

An dieser Gruppe gefällt mir nicht...

1.

2.

3.

4.

5.

6.

35. Leistungsbilanz ●

Ziele:
1. Analyse der Erfolgs-/Mißerfolgsbilanz einer Gruppe
2. Maßnahmen zur Verbesserung der Gruppenleistung

Materialien:
eine Kopie des Bilanzbogens und ein Bleistift für jeden Teilnehmer, Flipchart und Filzschreiber, Tafel und Kreide oder Moderationsausrüstung

Ablauf:
1. Der Moderator verteilt Bilanzbögen und Bleistifte an die Mitglieder und bittet sie, die Bögen auszufüllen.
2. Die Teilnehmer entscheiden sich, ob sie die Blätter mit oder ohne Namen abgeben wollen.
3. Der Moderator schreibt die Antworten an die Tafel, und die Gruppe arbeitet Gemeinsamkeiten und Unterschiede in den Antworten heraus. Sie versucht, über mindestens drei positive und drei negative Leistungen Konsens zu erzielen.
4. Die Mitglieder planen für die nächsten vier Wochen je eine Aktion zur Bekämpfung von Misserfolgen und zur Stabilisierung von Erfolgen.

Kapitel 4 Die Übungen

Bilanzbogen

Name: Beobachteter Zeitraum:

Die fünf größten Leistungen, die die Gruppe während des obengenannten Zeitraums vollbracht hat, sind:

1.

2.

3.

4.

5.

Die gravierendsten Fehlschläge und Misserfolge in dieser Zeit waren:

1.

2.

3.

4.

5.

Kapitel 4 *Die Übungen*

36. Neue Karrieren ●● ⇌

Ziel:
Austausch von konstruktivem Feedback zwischen Gruppenmitgliedern

Dauer:
ca. 1 Stunde

Materialien:
mehrere Kopien des Arbeitsblattes und ein Bleistift für jeden Teilnehmer, Flipchart, Filzschreiber und Klebeband, Tafel und Kreide, Papier für jeden Teilnehmer

Ablauf:
1. Der Moderator verteilt die Arbeitsblätter und einen Bleistift an die Mitglieder und bittet sie, die Aussage zu vervollständigen.
2. Die Mitglieder lesen ihre Beschreibungen vor, und der Moderator überträgt alle Antworten mit Namensangabe an die Tafel. Dadurch ergeben sich für jedes Mitglied eine Reihe von Aussagen.
3. Die Mitglieder haben fünf Minuten Zeit, sich mit dem erhaltenen Feedback vertraut zu machen.
4. Auf diese Orientierungsphase folgt eine offene Sitzung, in der jeder dem Verfasser seines Feedbacks Fragen stellen kann. Ziel dieses Meinungsaustauschs sollte es sein, die Gefühle und Motive kennen zu lernen, die den anderen zu diesem Feedback veranlasst haben.
5. Als Variante oder Erweiterung dieser Technik kann jedes Mitglied eine Beschreibung auswählen, die es besonders interessant findet, und sich 10–15 Minuten mit der Person unterhalten, die diese Beschreibung verfasst hat.
6. Am Ende des Meinungsaustausches gibt der Moderator Schreibpapier aus und sagt, dass jedes Mitglied eine Liste anfertigen soll mit der Überschrift: »Welche Vorstellungen haben die anderen von mir?«
Diese Listen können die Teilnehmer entweder gemeinsam besprechen oder aber für sich behalten, wenn sie nicht darüber zu reden wünschen.

Bemerkung:
Diese Übung sollte von einem erfahrenen Gruppenleiter oder Moderator geleitet werden. Der Zweck dieser Aktivität ist es, hilfreiches und konstruktives Feedback auszutauschen. Deshalb sollten die Mitglieder sehr gewissenhaft vorgehen und auf konstruktive, präzise und konkrete Aussagen achten. Es empfiehlt sich, zuvor die Übung 1 »Feedback-Kommunique« zu machen.

Arbeitsblatt

Denken Sie an irgendein Gruppenmitglied und ergänzen Sie dann den folgenden Satz:

Wenn... seine/ihre

Berufslaufbahn neu beginnen und sich für einen anderen Beruf entscheiden würde,

sollte er/sie... werden,

weil...

37. Ich soll – soll ich? ●● ⇌

Einführung:
Die freie Entfaltung der Persönlichkeit wird oft behindert durch rollenfixiertes oder unnatürliches Verhalten. Ein Vorgesetzter, der sein Verhalten seinen Gefühlen angleichen will, wird versuchen, sich natürlich zu geben und sich nicht von Geltungsstreben und Profilneurosen leiten zu lassen. Die meisten erfolgreichen (und liebenswerten) Vorgesetzten, so sehr sie sich auch in ihren Methoden unterscheiden, haben eines gemeinsam: Sie glauben an sich selber. Sie sind bereit, für sich und ihre Arbeit einzustehen. Sie kennen ihre Fähigkeiten genau und arbeiten mit Nachdruck innerhalb dessen, was sie als ihre Grenzen erkannt haben.

Gute Führungskräfte wissen ihre Stärken und Schwächen richtig einzuschätzen und setzen sich mit ihren persönlichen Problemen so lange auseinander, bis sie definitiv gelöst sind. So gelangen sie zu einem natürlichen, spontanen und persönlichen Führungsstil.

Ziele:
1. Analyse der Normen, die das Verhalten eines Individuums bestimmen
2. Artikulierung von Veränderungswünschen des Individuums bez. seines Verhaltens

Dauer:
ca. 1 Stunde

Materialien:
Papier und Bleistift für jeden Teilnehmer

Ablauf:
1. Diese Aktivität ist für eine einzelne Person gedacht, die allein an einem ruhigen, ungestörten Ort arbeitet. Auf der linken Seite ihres Blattes soll die Person alle wichtigen »Solls« eintragen, von denen ihr Verhalten beeinflusst wird, z. B.: Ich soll erfolgreich sein; ich soll höflich sein; ich soll dem Chef nicht widersprechen.
2. Wenn die Liste fertig ist, versucht die Person herauszufinden, woher diese Gebote kommen (z. B. von den Eltern, Lehrern, Vorgesetzten, Kollegen, Organisationen, Kultur, Religion usw.).
3. Zu jedem »Soll« notiert die Person, was sie tun würde, wenn das Gebot nicht bestünde, und ob sie sich dabei wohlfühlen würde.

4. Die Person sucht sich einen Partner, mit dem sie sich gut versteht, erklärt ihm die Aussagen auf ihrer Liste und bittet ihn um seine Meinung. Während der Partner spricht, sollte sich die andere Person ausschließlich auf Verständnisfragen beschränken und keine Abwehrhaltung einnehmen, bzw. versuchen, defensive Tendenzen möglichst frühzeitig zu erkennen.

Übernommen aus »Is It OK to Be More Me?« in Mike Woodcock und Dave Francis »Unblocking Your Organization«, La Jolla, CA: University Associates, 1979, p.222.

38. Checkliste für Führungskräfte ••

Ziele:
1. Systematische Analyse der Tätigkeiten und Verhaltensweisen von Führungskräften
2. Feedback und Verbesserungsvorschläge für die eigenen Führungsqualitäten

Dauer:
mindestens 1 Stunde

Materialien:
eine Kopie der »Checkliste für Führungskräfte« und ein Bleistift für jeden Teilnehmer

Einführung:
Vor dieser Sitzung sollte die Gruppe die Übung 39 »Das Beratungsgespräch« absolvieren.

Ablauf:
1. Der Moderator teilt die Checklisten aus und bittet darum, sie innerhalb der nächsten 20 Minuten auszufüllen.
2. Anschließend sollen die Teilnehmer ihre Antworten mit mindestens einem Mitglied aus der Gruppe besprechen und um dessen Feedback bitten. Der Moderator betont dabei, wie wichtig eine gegenseitige Beratung für die Mitglieder sein kann (mindestens 40 Min.).

Checkliste für Führungskräfte

Instruktion:
Diese Checkliste ist dazu gedacht, Ihnen die Möglichkeit zu geben, wichtige Tätigkeiten, die von Führungskräften ausgeübt werden, zu erkennen und Ihre eigenen Verhaltensweisen und Fähigkeiten kritisch zu beurteilen.

1. Lesen Sie sich die Checkliste durch und entscheiden Sie, welche Ihrer Verhaltensweisen Sie in Ordnung finden und welche Sie verbessern bzw. verändern sollten, und kreuzen Sie das entsprechende Feld an.
2. Manche Verhaltensweisen, die für Sie wichtig sind, befinden sich vielleicht nicht auf der Liste. Tragen Sie diese bitte in die freigelassenen Zeilen ein.
3. Verhaltensweisen/Tätigkeiten, die für Sie nicht in Frage kommen, vermerken Sie bitte im Feld »trifft nicht zu«.
4. Gehen Sie die Liste nochmals durch und wählen Sie die drei oder vier Verhaltensweisen aus, die Sie zuerst verbessern wollen. Tragen Sie diese auf dieser Seite unten ein, und sprechen Sie mit mindestens einem anderen Teilnehmer darüber.

Ich muss besonders darauf achten...

1.

2.

3.

4.

Kapitel 4 *Die Übungen*

Verhaltensweisen/ Tätigkeiten	ist gut so	müsste anders/ besser werden	trifft nicht zu
Mein Verhältnis zum Vorgesetzten			
1. Ich konkurriere mit anderen Kollegen.			
2. Ich habe ein offenes Verhältnis zu meinem Vorgesetzten.			
3. Ich fühle mich meinen Kollegen gegenüber unterlegen.			
4. Ich stehe für das ein, was ich tue.			
5. Ich halte mich an die von der Geschäftsleitung ausgegebene Marschroute.			
6. Ich stelle die von der Geschäftsleitung ausgegebene Marschroute in Frage.			
Mein Verhältnis zur Gruppe			
1. Ich kenne die anderen Gruppenmitglieder auch privat.			
2. Wir setzen uns oft zusammen um unsere Arbeit/Probleme zu besprechen.			
3. Wir sorgen für einen freien Meinungsaustausch.			
4. Wir fordern ein hohes Leistungsniveau.			
5. Jemand, der sich gegen die Gruppennorm vergeht, wird zurechtgewiesen.			
6. Wir definieren unsere Ziele.			
7. Jeder gibt seine Informationen an die anderen weiter.			
8. Der eigene Status wird dazu benützt, um Entscheidungen in der Gruppe zu manipulieren.			
9. Wir delegieren, um die Arbeit zu erleichtern.			
Mein Verhältnis zu Kollegen			
1. Ich helfe den anderen, ihre Probleme zu erkennen.			
2. Ich helfe den anderen bei der Lösung ihrer Probleme.			

Verhaltensweisen/ Tätigkeiten	ist gut so	müsste anders/ besser werden	trifft nicht zu
3. Einigen Kollegen gegenüber verhalte ich mich reserviert.			
4. Ich greife ein, wenn etwas nicht klappt.			
5. Ich bin unerbittlich in meiner Kritik.			
6. Ich motiviere die anderen.			
7. Ich kenne meine Ziele und die meiner Kollegen.			
8. Wenn jemand in Schwierigkeiten ist, helfe ich ihm.			
9. Ich halte mit meiner Meinung nicht hinter dem Berg,			
10. Ich unterstütze es, wenn jemand ein Risiko eingeht.			
11. Ich bin immer offen für Kritik.			

Mein Verhältnis zur Belegschaft

1. Die Beschäftigten kennen mich persönlich.			
2. Ich stehe der Belegschaft immer zur Verfügung.			
3. Ich weiß, was die Leute denken.			
4. Ich bin für sie da, wenn es Konflikte zu lösen gilt.			
5. Mein Verhältnis zur Belegschaft ist mir zu wichtig.			
6. Ich gebe meine Informationen schnell weiter.			
7. Ich lege Wert auf meine Stellung.			
8. Bei meinen Kontakten zur Belegschaft halte ich nicht immer den Dienstweg ein.			

Die Arbeit mit Gruppen

1. Wir gehen immer systematisch vor.			
2. Alle Mitglieder können ihre Fähigkeiten entfalten.			

Verhaltensweisen/ Tätigkeiten	ist gut so	müsste anders/ besser werden	trifft nicht zu
3. Wir achten auf Pünktlichkeit.			
4. Wir nützen unsere Zeit effektiv.			
5. Wir hören aktiv zu.			
6. Ich sage, was ich denke.			
7. Ich beherrsche die Szene.			
8. Ich achte auf ein gutes Klima in der Gruppe.			
9. Ich weiß, wie ich mit destruktiven Kräften umgehen muss.			
10. Ich pflege auch informelle Kontakte zu den Gruppenmitgliedern.			
11. Andere Gruppen interessieren uns weniger.			
12. Wir stimmen uns mit anderen Gruppen ab.			
13. Wir wollen uns gegenseitig besser kennen lernen.			
14. Wir treffen uns öfter mit anderen Gruppen.			
15. Wir versuchen, Konflikte mit anderen Gruppen aus dem Weg zu räumen.			
Training und Weiterbildung			
1. Wir nehmen uns Zeit für gegenseitige Beratung.			
2. Ich kenne die Weiterbildungswünsche der Gruppenmitglieder.			
3. Ich veranlasse die Leute, Trainings zu besuchen.			
4. Ich stelle den Mitgliedern Zeit und Geld für Trainings zur Verfügung.			
5. Wir geben einander Feedback.			
6. Ich vertraue anderen meine Arbeit an, damit sie in neue Verantwortungen hineinwachsen können.			

Verhaltensweisen/ Tätigkeiten	ist gut so	müsste anders/ besser werden	trifft nicht zu
Kontinuierliche Weiterentwicklung 1. Ich nehme mir Zeit zum Nachdenken. 2. Ich informiere mich über andere Unternehmen. 3. Wir diskutieren unsere Prinzipien und Wertvorstellungen. 4. Ich suche nach neuen Herausforderungen. 5. Ich besuche regelmäßig Weiterbildungsveranstaltungen. 6. Ich weiß, wann und wie ich spezielles Know-how einsetzen muss.			

Nach A. G. Banet: »Consulting-Skills Inventory«. In J.W. Pfeiffer und J. E. Jones (Hrsg.) »The 1976 Annual Handbook für Group Facilitators«, La Jolla, CA: University Associates 1976.

39. Das Beratungsgespräch •

Ziele:
1. Analyse der Bedingungen für ein gutes Beratungsgespräch
2. Festsetzung von Kriterien für die Beratungstätigkeit einer Gruppe

Dauer:
ca. 1 Stunde

Materialien:
eine Kopie der »Checkliste zum Beratungsgespräch« und ein Bleistift für jeden Teilnehmer, Flipchart, Filzschreiber und Klebeband, Tafel und Kreide oder Moderationsausrüstung

Räumliches Arrangement:
ein Raum, in dem mehrere Kleingruppen ungestört arbeiten können

Ablauf:
1. Der Moderator erklärt, dass es das Ziel dieser Aktivität sei, die Gruppe mit den Merkmalen eines guten Beratungsgesprächs vertraut zu machen.
Beratung heißt, einer anderen Person bewusst zu helfen, ihre Fähigkeiten zu verbessern, und ihr am Arbeitsplatz die Möglichkeiten zu verschaffen, ihre Persönlichkeit weiterzuentwickeln.
2. Die Mitglieder werden in zwei oder drei Kleingruppen aufgeteilt und gebeten, in genügendem Abstand zu den anderen einen Kreis zu bilden.
3. Jeder Teilnehmer erhält ein Exemplar der Checkliste und einen Bleistift.
4. Alle Teilnehmer lesen die Instruktionen durch und haben 30 Minuten Zeit, die Aufgabe zu erledigen.
5. Wenn die Zeit um ist, treffen sich die Kleingruppen und tauschen ihre Listen miteinander aus. Der Moderator fertigt eine große Liste an, auf der er die neu hinzugekommenen und die durchgestrichenen Aussagen einträgt.
6. Unter der Anleitung des Moderators versucht die Gruppe, sich auf eine gemeinsame Checkliste zu einigen (ca. 20 Minuten).
7. Der Moderator lässt die gemeinsame Liste abtippen und verteilt sie an alle Mitglieder unter der Überschrift »Richtlinien für die Beratung«.
8. Wenn so der Rahmen für Beratungsgespräche steht, können weiteres Know-how und weitere Fertigkeiten nur durch die Praxis erworben werden. Eine Möglichkeit besteht darin, ein Beratungsgespräch zu führen und dazu, mit dem Einverständnis aller Beteiligten, einen Beobachter einzuladen, der das Gespräch anhand der Checkliste mitverfolgt und nach der Sitzung sein Feedback abgibt.

Checkliste zum Beratungsgespräch

Instruktion:
Sie finden hier einige Merkmale aufgelistet, die allgemein als wichtig für ein Beratungsgespräch erachtet werden. Allerdings mögen Sie vielleicht einigen Aussagen nicht ohne weiteres zustimmen. Prüfen Sie deshalb Punkt für Punkt, und wenn Sie glauben, dass er für Sie nicht gilt, dann streichen Sie ihn durch. Da die Liste unvollständig ist, fallen Ihnen vielleicht noch mehr Punkte ein, die bei einer Beratung von Wichtigkeit sind. Tragen Sie diese Merkmale am Ende der Liste ein.

1. Der Berater hat eine wohlwollende Einstellung zu seinem Klienten.
2. Das Gespräch bleibt vertraulich.
3. Der Berater sorgt dafür, dass die Sitzung nicht gestört wird.
4. Zu Beginn des Gesprächs erklären beide, was sie voneinander erwarten.
5. Einen guten Teil der Sitzung verbringt der Berater mit aktivem Zuhören.
6. Der Berater fasst zwischendurch zusammen und fragt nach.
7. Alle sachdienlichen Informationen werden offengelegt.
8. Gefühle können offen gezeigt werden.
9. Das Problem wird gemeinsam analysiert und beurteilt.
10. Es werden verschiedene Lösungswege gesucht und ihre Vor- und Nachteile offen diskutiert.
11. Es wird besonders Wert auf aktives Handeln gelegt, und dementsprechend werden Pläne entworfen.
12. Möglichkeiten zur persönlichen Weiterentwicklung werden mit besonderem Interesse verfolgt.
13. Es wird ein Termin zur Gesprächsfortsetzung vereinbart.
14. Das Gespräch wird analysiert, so dass Klient und Berater aus ihren Erfahrungen lernen können.
15. etc.

Kapitel 4 *Die Übungen*

40. Brainstorming •

Ziel:
Kennenlernen einer Kreativitätstechnik

Dauer:
1 Stunde

Materialien:
Flipchart, Filzschreiber und Klebeband, Tafel und Kreide oder Moderationsausrüstung

Ablauf:
1. Der Moderator präsentiert das Problem, das die Gruppe verarbeiten soll (vgl. Themenvorschläge zum Brainstorming), formuliert es in einem »Wie kann man... «-Satz und gibt die Brainstorming-Regeln bekannt:
   a. Keine Wertungen während des Brainstormings;
   b. alle Ideen, egal wie lustig, werden akzeptiert;
   c. es sollen möglichst viele Ideen erzeugt werden.
2. Alle Ideen werden vom Moderator protokolliert.
3. Im Anschluss an das Brainstorming fordert der Moderator die Mitglieder auf, die Ideen nach folgenden Kriterien zu bewerten:
   a. Zusammenfassung von ähnlichen Ideen
   b. Beurteilung der Ideen nach:
   Nutzen/Vorteil
   Kosten
   Realisierbarkeit
   erforderlichen Hilfsmitteln.
4. Der Moderator schreibt die endgültige Bewertungsliste an die Tafel und lässt von der Gruppe die Reihenfolge der Prioritäten festsetzen.

Themenvorschläge zum Brainstorming

1. Keine Gruppe ist perfekt, jede kann noch besser werden. Die Brainstorming-Aufgabe lautet: »Wie kann unsere Gruppe noch besser werden?«

2. Es gibt Mitglieder, die bei Gruppensitzungen selten etwas sagen. Eine Aufgabe könnte heißen: »Wie kann man zurückhaltende Mitglieder ermutigen, sich in unseren Sitzungen mehr zu beteiligen?«

3. Wenn jemand ehrenamtlich in einer Gruppe tätig ist, will er seine Zeit nicht verschwenden. Die Aufgabe: »Wie kann man die Sitzungen so vorbereiten, dass die Zeit der Teilnehmer optimal genutzt wird?«

4. Raubüberfälle in Großstädten werden ein immer größeres Problem. Frage: »Wie kann man sie verhindern?«

5. etc.

41. Kreativer Wandel ●

Ziele:
1. Analyse des kreativen Prozesses
2. Einsatz einer Kreativitätstechnik zur Verbesserung der Arbeitsbedingungen

Materialien:
Flipchart und Filzschreiber, Tafel und Kreide oder Moderationsausrüstung, Papier und Bleistift für die Teilnehmer

Ablauf:
1. Der Moderator stellt kurz das Projekt vor, das die Gruppe bearbeiten soll, und gibt dazu folgende Informationen:
   – Ihre Gruppe beteiligt sich an einem Projekt mit dem Titel: Verbesserung der Arbeitsbedingungen.
   – Das Projekt dauert sechs Wochen.
   – Das Projekt wird nur dann als erfolgreich angesehen, wenn messbare Verbesserungen eingetreten sind.

2. Der Moderator verteilt Papier und Bleistift an die Mitglieder und leitet sie zu den folgenden Arbeitsschritten an:

   1. Schritt: Phantasieren
   Jeder Teilnehmer versucht, sich seine persönliche Vorstellung davon zu machen, welches für ihn die optimalen Arbeitsbedingungen wären, wenn es praktisch keine Einschränkungen gäbe (10 Min.).

   2. Schritt: Sammeln
   Jedes Mitglied liest seine Ideen laut vor, und der Moderator notiert alle, egal wie bizarr sie erscheinen, an der Tafel (20 Min.).

   3. Schritt: Auswählen
   Jeder Teilnehmer hat drei Stimmen, die er den Ideen verleihen kann, die er am liebsten in der Praxis verwirklicht sehen möchte. Die Anzahl der Stimmen wird neben den entsprechenden Ideen vermerkt, zusammengezählt und in eine Rangliste gebracht (15 Min.).

   4. Schritt: Planen
   Anhand der Frage: »Welche dieser Ideen sind innerhalb der nächsten sechs Wochen realisierbar?« versuchen die Teilnehmer, einen Kompromiß über die drei praktikabelsten Ideen zu finden. Die nächste Aufgabe für die Gruppe heißt, diese Ideen in Ziele umzuformulieren, d. h. eine Aussage über die Art

der beabsichtigten Leistung zu machen, die sich nachprüfen lässt. Mit Hilfe des unten gezeigten Schemas kann sich die Gruppe Vorteile und möglicherweise auftretende Probleme vergegenwärtigen. Sie sollte sich 10 Minuten Zeit nehmen, um zu jeder Idee möglichst viele günstige und störende Einflüsse ausfindig zu machen (45 Min.).

Einflussschema	
Günstige Einflüsse	Störende Einflüsse
1	1
2	2
3	3
4	4
5	5

5. Schritt: Umsetzen
Die Mitglieder wählen diejenige Idee aus, die ihnen für die Gruppe am sinnvollsten erscheint, und suchen nach Möglichkeiten, wie sie die günstigsten Einflüsse verstärken und die störenden eliminieren können.
Mit Hilfe der Übung 40 »Brainstorming« oder der Übung 28 »Weg-Ziel-Analyse« können die Ziele für eine Aktion festgelegt werden. Nach sechs Wochen etwa trifft sich die Gruppe wieder, um ihre Erfolge zu begutachten.

Kapitel 4 *Die Übungen*

42. Werbefunk •

Ziele:
1. Feststellung der kreativen Potenz, die in einer Gruppe steckt
2. Analyse der Kooperationsfähigkeit einer Gruppe

Dauer:
ca. 2 Stunden, inkl. Auswertung

Materialien:
ein Kassettenrecorder mit Zähler (vorher auf Null stellen) und eine Leerkassette, Flipchart und Filzschreiber, Tafel und Kreide oder Moderationsausrüstung

Räumliches Arrangement:
1. ein ruhiger Raum
2. ein Tisch in Reichweite einer Steckdose

Ablauf:
1. Der Moderator schreibt folgende Aufgabe an die Tafel:
   Ihr Einkommen hängt davon ab, wie gut Sie sich als eine Gruppe von Unternehmensberatern verkaufen können. Arbeiten Sie ein Manuskript für 5 Sendeminuten aus, in dem Sie für ihre Gruppe werben, und sprechen Sie diese Vorlage auf Tonband. Für die ganze Aufgabe haben Sie 55 Minuten Zeit, doch dürfen Sie mit der Bandaufnahme frühestens nach 45 Minuten beginnen, d. h. 10 Minuten vor Ende der erlaubten Zeit.
2. Sobald das Projekt bekannt ist, wird das Tonband eingeschaltet, um die ganze Entwicklung des Projekts und den anschließenden fünfminütigen Werbespot aufzuzeichnen.
3. Wenn das Programm fertig ist, lädt die Gruppe Gäste von außerhalb ein, die sich die »Sendung« anhören und kommentieren.
4. Nachdem die Gäste ihr Urteil abgegeben haben, wird das Band zurückgespult, und die Gruppenmitglieder hören den Hergang des Projekts ab. Sie versuchen, die Stärken eines jeden Mitglieds herauszufinden, und der Moderator schreibt sie für jeden Teilnehmer gesondert an die Tafel (1 Std.).

43. Spiegelbild ●● ⇌

Ziele:
1. Gegenseitige Beurteilung von zwei Gruppen
2. Maßnahmen zur Verbesserung der Kooperation zwischen zwei Gruppen

Dauer:
2 Stunden

Räumliches Arrangement:
zwei Räume, ein großer für beide Gruppen und ein kleinerer, in dem eine der beiden Gruppen für sich arbeiten kann

Materialien:
Flipchart und Filzschreiber, Tafel und Kreide für jede Gruppe oder Moderationsausrüstung

Ablauf:
1. Es empfiehlt sich, einen externen Moderator zu Rate zu ziehen, der den Gruppen die Aktivität vorstellt und die Diskussion leitet.
2. Der Moderator bittet jede Gruppe, sich 45 Minuten lang mit folgenden Fragen zu beschäftigen:
   – Wie sehen wir die andere Gruppe?
   – Wie denkt die andere Gruppe über uns?
   – Wie sehen wir uns selber?
   – Was wünschen wir uns von den anderen, dass sie es...
     • mehr
     • weniger
     • auch ...tun?

   Jede Gruppe begibt sich für diesen Teil der Aktivität in einen gesonderten Raum und schreibt dort ihre Antworten auf ein großes Plakat.
3. Beide Gruppen treffen sich wieder im gemeinsamen Sitzungsraum und präsentieren ihre Antworten. In dieser Phase sollte möglichst wenig gefragt und diskutiert werden (30 Min.).
4. Danach haben die Gruppen Gelegenheit, Fragen zu stellen und Missverständnisse auszuräumen.
5. Der Moderator leitet über zur Frage:
   »Was können wir tun, um unsere Zusammenarbeit zu verbessern?« Darüber versuchen die Gruppen Einigung zu erzielen und gemeinsame Aktionen zu beschließen.

Kapitel 4 *Die Übungen*

44. Einflusssphären •

Ziel:
Analyse der Kräfte, die auf eine Gruppe einwirken, und Maßnahmen zur Vergrößerung des Einflussbereichs einer Gruppe

Dauer:
mindestens 1 Stunde

Materialien:
Flipchart, Filzschreiber und Klebeband, Tafel und Kreide oder Moderationsausrüstung

Ablauf:
1. Der Moderator zeichnet dieses Diagramm an die Tafel:

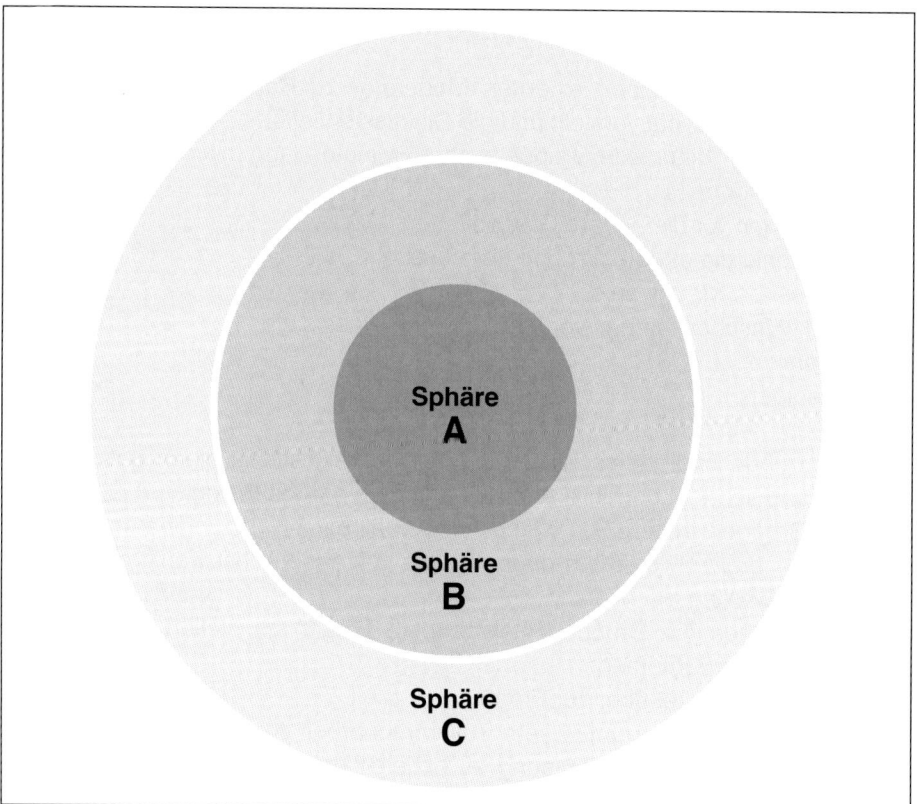

Abb. 11: Diagramm »Analyse der Kräfte«

Er erklärt den Teilnehmern das Modell wie folgt:
Sphäre A symbolisiert die Probleme, die von der Gruppe selbst gelöst werden können.
Sphäre B steht für die Probleme, auf die die Gruppe zwar Einfluss hat, aber nicht völlig kontrollieren kann.
Sphäre C stellt die Probleme oder die Kräfte dar, denen die Gruppe ausgeliefert ist und die sie nicht steuern kann.

2. Jeder Teilnehmer überlegt sich 10 Minuten lang, mit welchen Problemen die Gruppe im Augenblick zu tun hat.
3. Die fertigen Listen werden dem Moderator ausgehändigt, der sie an die Tafel überträgt und ggf. unklare Punkte erläutern lässt.
4. Jedes Problem wird einer der drei Einflusssphären zugeordnet und mit einem kurzen Stichwort im Diagramm verzeichnet.
5. Die Gruppe sucht nach neuen Möglichkeiten, wie sie die Grenzen der Sphären A und B erweitern kann, damit sie mehr Einfluss auf die Kräfte gewinnt, die auf sie selber einwirken.

Ein Teilnehmer kann dazu bestellt werden, diese Ideen an der Tafel aufzulisten.

45. Wolkenkuckucksheim ●●

Ziele:
1. Analyse des Problemlösungs- und Führungsverhaltens in einer Gruppe
2. Untersuchung der Beziehungen zwischen Gruppen

Dauer:
3,5 Stunden

Materialien:
1. je ein »Baukasten«, bestehend aus folgenden Materialien, für jede Kleingruppe:
   1 Packung Papierservietten
   1 Dutzend gleiche Knöpfe
   1 Packung Backschalen aus Papier
   100 kleine Karteikarten (DIN A7)
   100 große Karteikarten (DIN A6)
   1 Päckchen große Büroklammern
   1 Schere
   1 Rolle Bindfaden
   1 Schachtel Buntstifte
   2 Bogen Transparentpapier
   4 Tischtennisbälle
   50 Pfeifenreiniger
   1 Packung Luftballons (gleiche Anzahl für jede Kleingruppe)
2. Flipchart, Filzschreiber und Klebeband für jede Kleingruppe

Räumliches Arrangement:
ein großer Raum mit genügend Platz für alle Kleingruppen; oder ein großer Gemeinschaftsraum und verschiedene kleinere Räume

Ablauf:
1. Der Moderator formiert Kleingruppen mit 5–7 Mitgliedern. (Die Übung ist besonders erfolgreich, wenn die Teilnehmer aus verschiedenen Tätigkeitsbereichen oder Abteilungen kommen.)
2. Jede Kleingruppe erhält einen Baukasten und folgende Anweisung: Sie haben eine Stunde Zeit, um ein mindestens 70 cm hohes Schloss zu bauen und es so phantasievoll wie möglich zu gestalten. Sie dürfen dabei nur die Materialien in Ihrem Baukasten benutzen.
3. Jeder Kleingruppe wird ein Platz (oder ein separater Raum) zugewiesen. Es dürfte nützlich sein, jeder Kleingruppe einen Beobachter zuzuteilen oder den Problemlösungsprozess auf Tonband (oder Video) aufzuzeichnen.

4. Nach Ablauf einer Stunde erhält jede Kleingruppe eine Bezeichnung (A, B, C...), und der Moderator erklärt den weiteren Ablauf: Jede Kleingruppe schaut sich das Schloss einer anderen Kleingruppe 10 Minuten lang an und bewertet dessen Originalität. Kleingruppe A begutachtet Schloss B, Kleingruppe B begutachtet Schloss C usw. Die Bewertungskriterien für Originalität kann jede Kleingruppe selber aufstellen.
5. Nun wählt jede Kleingruppe ein Mitglied aus, das sich der anderen Kleingruppe, deren Schloss sie soeben begutachtet hat, anschließt und ihr Ratschläge zur Verbesserung ihres Schlosses gibt. Dafür sind 20 Minuten vorgesehen.
6. Um möglichst viel aus dieser Erfahrung zu lernen, wenden sich die Kleingruppen nun der Prozessanalyse zu. Es werden Viereergruppen gebildet, die einen Querschnitt aus allen Kleingruppen bilden sollen.
Sie haben 20 Minuten Zeit zur Diskussion der folgenden Fragen:
   a. Wie gut hat unsere Kleingruppe beim Schlossbau zusammengearbeitet?
   b. Welches Gefühl hatten wir während der Begutachtung durch die andere Kleingruppe?
   c. Welche Ratschläge gab der Gutachter unserer Kleingruppe?
   d. Wie sehen Sie die Bewertungsgruppe jetzt?
7. Die alten Kleingruppen sammeln sich wieder, um ihren eigenen Prozess zu analysieren, und werten entweder die Kommentare des Beobachters oder die Tonbandaufnahme aus. Dann versuchen sie, die folgende Aufgabe zu erfüllen:
»Zählen Sie die Faktoren auf, die die Beziehungen zwischen Gruppen positiv und negativ beeinflussen können, und schreiben Sie diese auf ein Plakat. Bereiten Sie mit Hilfe dieser Informationen eine Fünf-Minuten-Reportage vor, die Sie der Gesamtgruppe präsentieren. Sie haben 50 Minuten Zeit für die Auswertung der Ergebnisse und die Vorbereitung der Präsentation.«
8. Jede Kleingruppe macht ihre Reportage und führt ihr Plakat vor.

Kapitel 4 *Die Übungen*

46. Cartoon-Time •

Ziele:
1. Beobachtung der Kooperation zwischen zwei Gruppen
2. Analyse der funktionalen und dysfunktionalen Verhaltensweisen bei der Lösung einer Aufgabe

Dauer:
1,5 bis 2 Stunden

Materialien:
für jeden Teilnehmer: eine Kopie von Kapitel 3, Abschnitt XII »Beziehungen zu anderen Gruppen«; für jede Kleingruppe: eine Kopie des Informationsblattes und der Auswertungsfragen, ein Zeichenblock, ein Satz Buntstifte, eine Rolle Pergamentpapier, Schreibpapier, Bleistift und Radiergummi, Flipchart, Filzschreiber und Klebeband, Tafel und Kreide oder Moderationsausrüstung

Räumliches Arrangement:
ein großer Raum, in dem alle Kleingruppen so viel Platz haben, dass sie ungestört arbeiten können.

Ablauf:
1. Der Moderator verteilt den Essay »Beziehungen zu anderen Gruppen« an alle Teilnehmer und referiert die Hauptpunkte des Artikels. Den Mitgliedern wird genügend Zeit gegeben, um sich die Informationen einzuprägen.
2. Der Moderator lässt gleichgroße Kleingruppen von 4–6 Mitgliedern bilden und bittet jede Kleingruppe, sich in angemessenem Abstand von den anderen niederzulassen.
3. Jede Kleingruppe erhält eine Kopie des Informationsblattes, einen Block Zeichenpapier, einen Satz Buntstifte, eine Rolle Pergamentpapier, Schreibpapier, Bleistifte und Radiergummi.
4. Der Moderator fordert die Kleingruppen auf, die Instruktionen zu lesen und die Aufgabe innerhalb von 50 Minuten zu erledigen.
5. Wenn die Kleingruppen ihre Cartoon-Sammlung dem Moderator abgegeben haben, erhalten sie die Auswertungsfragen und haben 25 Minuten Zeit zur Beantwortung.
6. Die Antworten der Kleingruppen schreibt der Moderator an die Tafel.
7. Die Teilnehmer tauschen ihre Erfahrungen aus und besprechen die Schwierigkeiten und Missverständnisse, die aufgetreten sind.
8. Die Cartoon-Sammlung wird zur Ansicht freigegeben.
9. Später sendet der Moderator Kopien der Cartoons an alle Teilnehmer.

Informationsblatt

Entwerfen Sie in Zusammenarbeit mit der/den anderen Kleingruppe(n) eine Sammlung von Cartoons; die die Gefahren von schlechten Beziehungen zwischen Gruppen illustrieren. An der Herstellung der Cartoons sollten sich alle Kleingruppen beteiligen. Es darf aber jeweils nur ein einziges Mitglied Ihrer Kleingruppe bei der/einer anderen Kleingruppe verweilen, um gemeinsame Fragen zu besprechen.
Sie haben 50 Minuten Zeit für diese Aufgabe. Die Cartoon-Sammlung wird später fotokopiert und allen Teilnehmern als Andenken zugesandt werden.

Auswertungsfragen

1. Wie hat Ihre Kleingruppe mit der/den anderen Kleingruppe(n) zusammengearbeitet? Haben Sie verhandelt, gekämpft, kooperiert usw.?

2. Wie war der Informationsaustausch zwischen den Kleingruppen?

3. Welche Verhaltensweisen haben den Kleingruppen bei der Konzeption der Cartoon-Sammlung geholfen?

4. Welche Verhaltensweisen haben die Kleingruppen bei der Konzeption der Cartoon-Sammlung gestört?

5. Wie hat Ihre Kleingruppe die andere(n) Kleingruppe(n) erlebt?

6. Wie, glauben Sie, hat/haben die andere(n) Kleingruppe(n) über Sie gedacht?

7. Betrachten Sie die Cartoon-Sammlung und untersuchen Sie, ob eine der Kleingruppen mehr Arbeit hineingesteckt hat als die andere(n) Kleingruppe(n)? Wenn ja, warum?

8. Wie stellen Sie sich die Zusammenarbeit mit einer anderen Gruppe vor, wenn ein ähnliches Projekt auf Sie zukommen würde?

Personalentwicklung, Personalführung, Moderation, Seminare: Bücher von  **WINDMÜHLE**

Arbeitshefte Führungspsychologie

Psychologie der Persönlichkeit
ISBN 978-3-937444-64-2, € 15,00

Grundlagen der Führung
ISBN 978-3-937444-67-3, € 15,00

Führungsstile – Management by Objectives
ISBN 978-3-937444-25-3, € 15,00

Motivation und Managemet des Wandels
ISBN 978-3-86451-001-4, € 15,00

Kommunikation I
ISBN 978-3-937444-27-7, € 15,00

Besprechungen zielorientiert führen
ISBN 978-3-937444-79-6, € 15,00

Arbeitsmethodik
ISBN 978-3-937444-63-5, € 15,00

Gezielte Verhaltensänderung
ISBN 978-3-937444-31-4, € 15,00

Transaktions-Analyse
ISBN 978-3-937444-58-1, € 15,00

Psychologie der Gesprächsführung
ISBN 978-3-937444-68-0, € 15,00

Psychologie der Auszubildenden
ISBN 978-3-937444-96-3, € 15,00

Anti-Stress-Training
ISBN 978-3-937444-34-5, € 15,00

Konflikttraining
ISBN 978-3-937444-69-7, € 15,00

Erfolgreiche Teamführung
ISBN 978-3-937444-66-6, € 15,00

Das Mitarbeitergespräch als Führungsinstrument
ISBN 978-3-86541-000-7, € 15,00

Psychologische Grundlagen im Führungsprozess
ISBN 978-3-937444-70-3, € 15,00

Mitarbeiter-Coaching
ISBN 978-3-937444-38-3, € 15,00

Methodik der Konfliktlösung
ISBN 978-3-937444-65-9, € 15,00

Entwicklung zur Führungspersönlichkeit
ISBN 978-3-937444-40-6, € 15,00

Chancenorientiertes Management mit System
ISBN 978-3-937444-80-2, € 15,00

Kommunikation macht gesund
ISBN 978-3-937444-56-7, € 15,00

Innovative Teamarbeit
ISBN 978-3-937444-71-0, € 15,00

Führungsprinzip Achtsamkeit
ISBN 978-3-937444-42-0, € 15,00

Rhetorik und Präsentation
ISBN 978-3-937444-74-1, € 15,00

Projektmanagement
ISBN 978-3-937444-44-4, € 15,00

Neue Ideen mit System
ISBN 978-3-937444-89-5, € 15,00

Soziale Kompetenz
ISBN 978-3-937444-45-1, € 15,00

Der Kontinuierliche Verbesserungsprozess (KVP)
ISBN 978-3-937444-62-8, € 15,00

Coaching und Führung
ISBN 978-3-937444-47-5, € 15,00

Customer Relationship Management
ISBN 978-3-937444-48-2, € 15,00

Intervision
ISBN 978-3-937444-92-5, € 15,00

Führen mit Autorität – aber nicht autoritär
ISBN 978-3-937444-93-2, € 15,00

Effizientes Verhandeln
ISBN 978-3-937444-60-4, € 15,00

Motivation durch Zielvereinbarungen
ISBN 978-3-937444-61-1, € 15,00

Gestaltung personalwirtschaftlicher Prozesse
ISBN 978-3-937444-52-9, € 15,00

Talent Management
ISBN 978-3-937444-59-8, € 15,00

Soft Skills
ISBN 978-3-937444-54-3, € 15,00

WINDMÜHLE VERLAG GmbH · 22122 Hamburg · Telefon +49 40 679430-0 · Fax +49 40 67943030 · **www.windmuehle-verlag.de**

Personalentwicklung, Personalführung, Moderation, Seminare: Bücher von  WINDMÜHLE

Führen in Projekten
ISBN 978-3-937444-55-0, € 15,00

Kreativität und Innovation
ISBN 978-3-937444-72-7, € 15,00

Techniken geistiger Arbeit
ISBN 978-3-937444-81-9, € 15,00

Positive Psychologie in der Führung
ISBN 978-3-937444-90-1, € 15,00

SMPLT Spirituell – mental – psychisches Leadershiptraining
ISBN 978-3-937444-91-8, € 15,00

Personalbeurteilungssysteme
ISBN 978-3-937444-95-6, € 15,00

Selbstmotivierung und kompetente Mitarbeiterführung
ISBN 978-3-937444-98-7, € 15,00

Wie Menschen ticken: Psychologie für Manager
ISBN 978-3-86451-002-1, € 15,00

Prozessorientiertes Personalwesen
ISBN 978-3-86451-003-8, € 15,00

Arbeitshefte Personalpraxis

Taschenbuch Personalbeurteilung
ISBN 978-3-937444-78-9, € 25,00

Die Stellenbeschreibung
ISBN 978-3-937444-76-5, € 25,00

Das Vorstellungsgespräch
ISBN 978-3-937444-77-2, € 25,00

Mobbing, Bullying, Bossing
ISBN 978-3-937444-87-1, € 22,00

Techniken der Personalentwicklung
ISBN 978-3-937444-88-8, € 38,00

Schwierige Mitarbeitergespräche
ISBN 978-3-937444-84-0, € 18,00

Personalentwicklung/ Personalführung

Neue Normalität
ISBN 978-3-937444-99-4, € 24,50

Ich bin dann mal im Seminar ...
ISBN 978-3-937444-57-4, € 29,50

Organizing Talent
ISBN 978-3-937444-15-4, € 22,50

Bereit zur Veränderung?
ISBN 978-3-922789-84-0, € 30,50

Moderationsfibel
ISBN 978-3-937444-14-7, € 24,50

Das Prinzip der minimalen Führung
ISBN 978-3-937444-12-3, € 19,50

Lizenz zum Führen?
ISBN 978-3-922789-83-3, € 28,50

Erfolg durch Coaching
ISBN 978-3-937444-03-1, € 32,50

Führung: Theorie und Praxis
ISBN 978-3-922789-96-3, € 25,00

Führung: Übungen für das Training mit Führungskräften
ISBN 978-3-937444-04-8, € 35,00

Kündigungsgespräche
ISBN 978-3-922789-55-0, € 15,50

Business Talk
ISBN 978-3-937444-13-0, € 25,50

Die ersten Tage im Betrieb
ISBN 978-3-922789-70-3, € 25,50

Das AC in der betrieblichen Praxis
ISBN 978-3-922789-51-2, € 30,50

AC als Instrument der Personalentwicklung
ISBN 978-3-922789-57-4, € 35,00

Qualitätsstandards für PE in Wirtschaft und Verwaltung
ISBN 978-3-922789-92-5, € 35,00

WINDMÜHLE VERLAG GmbH · 22122 Hamburg · Telefon +49 40 679430-0 · Fax +49 40 67943030 · www.windmuehle-verlag.de

Personalentwicklung, Personalführung, Moderation, Seminare: Bücher von ■ WINDMÜHLE

Methodik/Didaktik

ModerationsMethode
ISBN 978-3-937444-07-9, € 42,50

KurzModeration
ISBN 978-3-937444-21-5, € 27,50

Winning Group Results
ISBN 978-3-922789-36-9, € 28,50

Seminar für Trainer
ISBN 978-3-922789-60-4, € 22,50

Beratung in Aktion
ISBN 978-3-937444-19-2, € 29,80

Verhalten und Einstellungen ändern
ISBN 978-3-922789-71-0, € 40,00

Das pädagogische Rollenspiel in der betrieblichen Praxis
ISBN 978-3-922789-59-8, € 30,50

Seminarkonzepte und Übungen

So entkommenn Sie der Falle Stress
ISBN 978-3-937444-10-9, € 16,50

Quellen der Gestaltungskraft
ISBN 978-3-937444-17-8, € 29,50

Mehr Erfolg im Team
ISBN 978-3-922789-64-2, € 35,00

Strategien der Konfliktlösung
ISBN 978-3-937444-09-3, € 34,50

Die Teamfibel
ISBN 978-3-937444-01-7, € 38,50

Icebreaker
ISBN 978-3-937444-20-8, € 34,50

111 x Spaß am Abend
ISBN 978-3-937444-02-4, € 17,50

Arbeitskatalog der Übungen und Spiele
ISBN 978-3-937444-06-2, € 75,00

Übungen zur Transaktionsanalyse
ISBN 978-3-937444-00-0, € 24,50

Kreativ sein kann jeder
ISBN 978-3-922789-42-0, € 22,50

Das Outdoor-Seminar in der betrieblichen Praxis
ISBN 978-3-922789-86-4, € 29,80

So und nicht anders – Ingenieure im Coaching
ISBN 978-3-937444-22-2, € 24,50

Kurskorrektur Schule
ISBN 978-3-922789-75-8, € 25,50

KonfliktModeration in Gruppen
ISBN 978-3-937444-18-5, € 34,50

Prozesskompetenz in der Projektarbeit
ISBN 978-3-937444-73-4, € 34,50

Visualisieren in der Moderation
ISBN 978-3-922789-50-5, € 25,50

Kundenkonferenz
ISBN 978-3-922789-73-4, € 22,50

Potential:Konflikte
ISBN 978-3-922789-78-9, € 30,50

SeminarModeration
ISBN 978-3-922789-89-5, € 19,90

Woran Workshops scheitern
ISBN 978-3-922789-93-2, € 19,90

WINDMÜHLE VERLAG GmbH · 22122 Hamburg · Telefon +49 40 679430-0 · Fax +49 40 67943030 · **www.windmuehle-verlag.de**